感染力

CONTAGIOUS 2.0

洞察人性
策划走心营销

姚群峰 著

企业管理出版社
EMPH ENTERPRISE MANAGEMENT PUBLISHING HOUSE

图书在版编目（CIP）数据

感染力2.0：洞察人性，策划走心营销 / 姚群峰著
. -- 北京：企业管理出版社，2022.9

ISBN 978-7-5164-2675-3

Ⅰ. ①感…　Ⅱ. ①姚…　Ⅲ. ①市场营销学－研究
Ⅳ. ① F713.50

中国版本图书馆 CIP 数据核字 (2022) 第 139096 号

书　　名：感染力2.0：洞察人性，策划走心营销
书　　号：ISBN 978-7-5164-2675-3
作　　者：姚群峰
责任编辑：刘玉双
出版发行：企业管理出版社
经　　销：新华书店
地　　址：北京市海淀区紫竹院南路17号　　**邮　　编**：100048
网　　址：http://www.emph.cn　　**电子信箱**：654552728@qq.com
电　　话：编辑部（010）68701638　发行部（010）68701816
印　　刷：北京博海升彩色印刷有限公司
版　　次：2022年9月 第1版
印　　次：2022年9月 第1次印刷
开　　本：700mm×1000mm　1/16
印　　张：18.25印张
字　　数：270千字
定　　价：78.00元

序

开展病毒营销，制胜存量竞争时代

◇存量竞争时代的市场环境变化

改革开放以来，中国经济社会快速发展，人口红利巨大，企业通过广告、渠道与促销等营销手段，可以建立品牌认知，获取新客户，实现业务增长。

近年来，随着中国经济从高速增长转向高质量发展，企业的市场环境发生了深刻变化，最大的变化是各行各业都进入了存量竞争时代——随着人口红利逐渐消减，大部分行业产能过剩、增量客户趋于枯竭，这导致市场竞争异常激烈。

存量竞争时代，市场环境有三大变化：新媒体、新消费与数字化。

- 新媒体。一是社交媒体、短视频及直播等十分流行；二是媒体与用户注意力日益碎片化，甚至粉尘化；三是人人都是媒体，人们分享信息、参与传播更加快捷与普遍。
- 新消费。人们对美好生活的向往使得需求层次增加。一是消费升级，追求品质与个性化；二是消费去过度化，追求简单、理性；三是年轻人追求新潮与精神享受；四是消费者主权崛起，消费者追求参与权、话语权、选择权。
- 数字化。新冠肺炎疫情与5G加速了经济社会数字化转型进程。

◇**病毒营销成为第一选择**

面对市场环境的剧烈变化，传统营销手段的效率低下，广告失效，渠道瓦解，促销不灵，获客成本居高不下，企业迫切需要创新营销模式，病毒营销成为第一选择。

病毒营销，就是让客户替你免费宣传——客户自发关注并分享转发，使营销信息像病毒一样自我复制与扩散，实现营销信息自动传播、产品自动销售、客户自动增长，最终引爆市场流行。可见，病毒营销的获客成本低、营销效率高。

◇**病毒营销的三大流派**

病毒营销包括三个领域或流派，即产品派、策划派、客户派。这三个流派的招数不同：产品派就是产品“好”，产品直击客户痛点、品质卓越、体验极致，产品能够自动销售；策划派就是营销策划“巧”，策划的营销活动富有感染力，营销信息能像病毒一样自动传播；客户派就是客户关系“铁”，客户成为忠诚粉丝并主动进行宣传推荐，企业实现自动获客、自动增长。

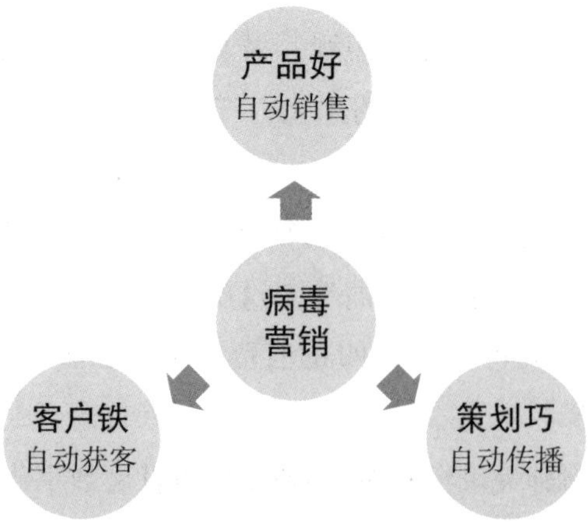

产品是1，是根本；营销策划和客户关系是0，对产品有放大作用。

产品好，营销策划和客户关系也好，就是10、100、1000……产品就能引爆市场流行，快速占领市场。

产品好，却不重视营销策划以及客户关系的维护，也难以有可观的销量，因为“酒香也怕巷子深”。

产品不够好，营销策划和客户关系好，或许能风光一阵子，但最终会露出真面目，结局还是0。

产品很普通，凭借营销策划和客户关系好，能在市场上掀起波澜，如果产品能够不断改进，通常也能引爆市场流行。

本书是“策划派”的武功秘籍，探讨营销策划的“巧”——怎样策划有感染力的病毒营销活动。

◇病毒营销，就是感染力营销

开展病毒营销，核心任务是提升营销活动的感染力，包括设计感染力（策划病毒创意）、实施感染力（开展营销活动）两个步骤，使营销信息像病毒一样自动传播，提高营销效率。

本书剖析了国内外数百个病毒营销案例，广泛借鉴心理学、社会学、传播学、经济学等科学理论，总结和提炼出策划病毒创意、开展病毒营销活动的方法论，是数字时代应对存量竞争的营销策划实战操作手册。

本书包括原理篇、创意篇、实操篇。原理篇论述“感染力框架”，包括第1～2章，主要讲解病毒营销与自动传播的背景、本质与模型。创意篇说明如何“设计感染力”，包括第3～5章，主要讲解怎样策划病毒营销创意、打造自动传播动力，包括利用人性欲望、制造情绪情感、激发心理共鸣来设计病毒基因。实操篇的主题是“实施感染力”，包括第6～9章，主要讲解怎样开展病毒营销活动、搭建自动传播路径：一是构造病毒基因的载体，即具体的营销活动形式，包括内容、事件与活动；二是阐明开展营销活动要遵循的基本法则与注意事项。

本书的内容框架

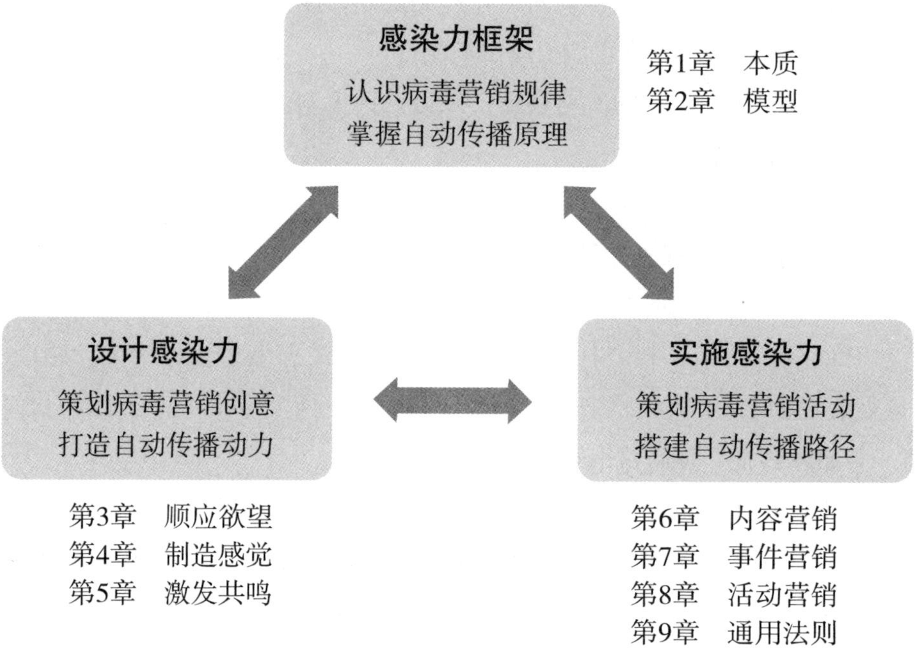
感染力框架
认识病毒营销规律
掌握自动传播原理
第1章　本质
第2章　模型
设计感染力
策划病毒营销创意
打造自动传播动力
第3章　顺应欲望
第4章　制造感觉
第5章　激发共鸣
实施感染力
策划病毒营销活动
搭建自动传播路径
第6章　内容营销
第7章　事件营销
第8章　活动营销
第9章　通用法则

目录

感染力2.0 CONTENTS

洞察人性，策划走心营销

原理篇：感染力框架

认识病毒营销规律
掌握自动传播原理

从心所欲，顺理而行。

——《庄子注疏》

第1章

病毒营销的本质

花半秒钟就看透事物本质的人，和花一辈子都看不清事物本质的人，注定拥有截然不同的命运。

——电影《教父》

1. 病毒营销时代来临

◇数字时代的注意力缺失症

现在是数字化转型时代，新冠肺炎疫情与5G技术加速了经济社会数字化转型进程。数字时代的基本特征如下。

一是存量竞争。经过数十年的改革开放和工业化进程，大多数行业产能过剩，而人口红利逐渐消失，这导致增量客户趋于枯竭，市场进入存量博弈时代。面对存量市场的激烈竞争，很多企业陷入困境——产品与服务日趋同质化，渠道布局都差不多，花费巨资打广告搞促销，却难以吸引消费者眼球。

二是信息泛滥。信息技术持续飞速发展，移动互联网和社交媒体把我们带入信息大爆炸时代，我们每天看到的信息太多了，热点太多，热点转换速度太快，信息的生命周期短得可怕，注意力成了最为稀缺的资源。企业发布的绝大多数营销信息都会石沉大海，很难激起涟漪。

三是碎片化。工作、娱乐、家庭、朋友、媒体、商家都在争夺我们的注意力，我们已经很难连续看一小时书了，甚至连半个多小时一集的电视剧都没办法一口气看完，中间总会走神儿——打开手机刷一刷微信、微博、抖音。简而言之，我们的生活已经碎片化了。

面对泛滥的信息和碎片化的生活，我们普遍患上了注意力缺失症，注意力不集中，总是感到无聊和不耐烦。研究显示，当前人们的平均持续关注时长只有9秒钟。同时，我们在心中编织了一张张屏蔽网，筛选、过滤与自己不相关的信息。这导致企业的营销费用越来越高，营销效率越来越低。

◇数字时代的消费行为

一是消费升级。随着物质生活日益丰富，人们开始追求品质、服务与情感体验，追求个性化多样化消费。年轻一代消费者是数字原住民，他们无网络不生活，个性张扬，希望彰显自我风采，重视消费的象征意义。

二是消费决策逻辑改变。新的消费决策逻辑通常是线上发现、比较判断、下单购买、分享心得等。人们能轻易获得各种产品信息，包括各品牌的折扣、优惠活动等，还有各种开箱视频、测评报告等。人们看重他人的推荐意见，购买前会仔细阅读买家评论，愿意相信熟人、同类人以及名人、专家的建议，购买后会分享自己的体验感受。

三是消费者拥有主权。消费者除了关注产品性价比之外，更关注参与权，评论、分享、弹幕是消费者表达主权的方式。曾经处于弱势的消费者如今用数字化武装自己，他们需要更多话语权、选择权、参与权。消费者不再是企业信息传播的被动接收者，而逐渐成为信息传播的主体。

今天，营销人员怎样才能适应消费行为的变化，突破消费者头脑中的屏蔽网，成功传播营销信息呢？

◇市场营销的关键：消费者自发宣传

在不同的消费阶段，消费者的角色不同：购买前是信息传播的受众，购买中是购买者，使用时是体验者，使用后可能成为信息传播者。

市场营销就是为不同阶段的消费者（受众、购买者、体验者、信息传播者）提供服务。受众需要迅速、低成本地获得信息，企业要让消费者方便、快捷地找到他需要的东西；购买现场不是为了展示高端，而是要降低购买者的选择成本、决策成本；企业要给体验者创造惊喜，让他乐意去传播；企业要设计品牌宣传语、提炼产品卖点，方便传播者将信息传播给别人。

市场营销的关键，就是吸引消费者，让消费者主动替企业做宣传。如果每一个新客户都需要企业付出获客成本——广告宣传、渠道经销或者促销活动费用，这类企业将难以在市场上生存下去。

如果消费者自发地为企业进行宣传，企业就会节省营销费用了。实际上，几乎所有成功的营销宣传都是消费者替企业完成的，广告只在最初起到触发作用。不妨回忆一下，你的大多数日常消费，如购买服装、饮料、化妆品、电器，要么是自己对产品满意，不断重复购买，要么是看到周围人使用，受到他们谈论、分享、推荐的影响，而不是受到广告的影响。

◇病毒营销成为第一选择

传统的市场营销是“硬营销”，企业通过广告宣传、公共关系、促销活动等吸引消费者，向消费者灌输营销信息。

面对数字化转型和存量竞争时代的种种挑战，企业再不能将信息强行“推”给用户。为了吸引眼球，企业纷纷绞尽脑汁，让营销创意更花哨、更出位，新概念和热点层出不穷，病毒营销成为第一选择。

病毒营销，就是通过策划富有病毒性的营销活动，吸引用户关注谈论、分享转发，吸引媒体报道，使营销信息像病毒一样自我复制和传播，以降低获客成本，提高营销效率。

今天，人们在网上热情地散播想法、意见，发布链接、照片、视频等——你告诉我，我告诉他，一条信息很容易就能传播给成千上万人，这使得营销信息能像病毒一样自我复制、自我传播，引爆市场流行。

2.病毒营销的本质：打造感染力，实现自动传播

◇病毒营销的特点：洞察人性，实现走心

策划营销活动时，要从人性出发，激发目标人群的欲望或者情感，或者使其产生心理共鸣，抓住受众心理——这就是所谓的“走心”，也称“抓心”。同时，病毒营销是“软营销”，营销活动中有机地植入了企业的营销信息。

这样一来，营销活动就能吸引受众的注意力，实现润物无声、潜移默化的营销效果，吸引消费者主动关注、自发谈论、晒单分享，吸引媒体报道，营销信息就像病毒一样自动蔓延，企业由此可以低成本发展客户。

所谓自动传播，就是让客户关注、分享转发营销信息，让客户替你宣传，实现低成本引流。

◇病毒营销的核心：病毒性

我们对有些话“左耳进，右耳出”，但对有些话听了就再也忘不掉，还可能转告他人——这种话就富有病毒性。营销活动病毒性的强弱，决定了营销沟通效率的高低。营销活动的病毒性强，用户就容易记住，还愿意转告他人，营销就会事半功倍；营销活动的病毒性弱，人们就难以关注，事倍功半，企业就要多开展营销活动、多花钱。

本书研究的感染力，就是营销活动的病毒性。

面对数字时代的消费者，企业不要试图去说服他们，而要去打动他们；营销策划的核心任务就是打造感染力，实现自动传播——抓住受众心理，引起受众注意，引发人们谈论和分享，提升营销沟通效率。

感染力不是与生俱来的，而是由人创造的。洞察目标人群的欲望与情感，结

合产品特点，策划走心的营销活动，就能使人们主动关注并谈论分享营销信息。

新款手机、新型汽车、新上映的大片电影……有些东西天生就吸引眼球。可是，有些产品很难引起人们的注意，大部分产品太普通了，人们对这些产品熟视无睹，怎样才能通过富有感染力的活动，让人们关注、谈论它们呢？

案例 天花板：怎样吸引人

泰国Shera牌天花板是一种新型环保的纤维板，品牌理念是绿色生活与高质量。Shera牌天花板制作了一个46秒的短片《壁虎的爱情故事》：一对相亲相爱的壁虎生活在天花板上，突然，天花板破裂了，一只壁虎不小心掉下去摔死了，另一只壁虎悲痛万分，自己也跳下去以身殉情。伴随着经典的*Love Story*背景音乐，这个凄美的爱情故事感人至深。短片最后推荐人们使用安全、高质量的Shera牌天花板，让人印象深刻。

◇本书专注于病毒营销策划——怎样打造感染力？

一个笑话能否引人发笑，取决于笑话本身，还是讲笑话的人？

很多人都会讲笑话，无论他们讲什么笑话，都会把大家逗得哄堂大笑。但是，笑话有很多种，有些笑话本身就非常有趣，无论谁去讲述，都会引人发笑。笑话本身可能与讲笑话的人同样重要，甚至更为重要。因此，即使我们没有讲笑话的天赋，也可以去创造、寻找好笑的笑话。

具有病毒性的营销活动，就像好笑的笑话——无论由谁去讲述，无论讲述人的话语有没有煽动性，无论讲述人的个人魅力如何，都能广为流传。

那么，究竟什么样的笑话才好笑呢？或者说，究竟什么样的营销活动才具有病毒性呢？本书聚焦于怎样打造具有病毒性的营销活动。

- 怎样策划病毒创意？怎样打造自动传播的动力？——笑话好笑的“基因”有哪些？怎样设计这些“基因”？
- 怎样开展病毒营销活动？怎样搭建自动传播的路径？——笑话要怎样讲才好笑？

第 2 章

感染力模型

自由是对必然的认识。

——斯宾诺莎

营销活动的病毒性，即感染力，亦称传染性、传播力，分为引人注意和让人谈论两个层面。引人注意的感染力弱，让人谈论的感染力强。

策划病毒营销活动，分为内核和载体两个方面。内核是指策划病毒基因（病毒创意），即打造自动传播动力；载体是指开展病毒性营销活动，即搭建自动传播路径。

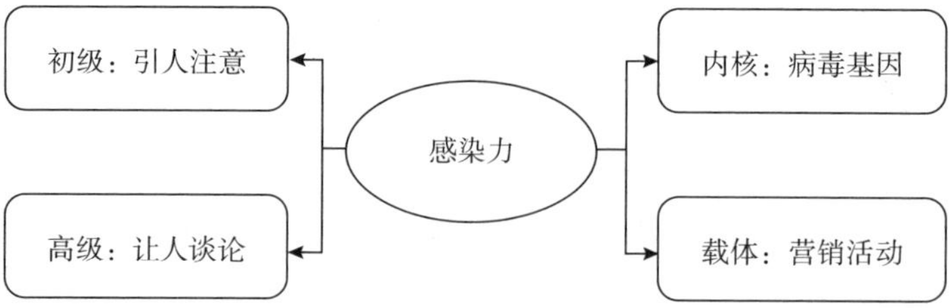

图 2.1　解析感染力

1. 感染力的内涵：引人注意，让人谈论

◇引人注意

引人注意，就是吸引目标用户注意到产品和品牌信息。品牌吸引的用户越多，知名度就越高，就越有可能被更多的消费者接受。赢得关注，才有可能赢得交易；收获的关注越多，由关注带来的交易量就越大。如果不被注意，那就等于不存在。

传统营销是强迫用户关注，向消费者强行灌输营销信息，而不是吸引注意力。那么，怎样才能吸引注意力呢？

（1）制造差异与变化

差异、变化能够引人注意。没有差异，没有变化，就没有注意。

我们能够很快适应有规律性的事物，往往对持续不断的、有规律性的感官刺激视而不见、充耳不闻。警车、消防车、救护车的警报声，汽车防盗器发出的刺耳声音，警报灯明暗交替的闪烁，都利用了我们对差异与变化的感知。家里物品的摆放、楼道的照明灯，只有发生了变化，例如家人重新摆放了物品、灯泡突然坏了，才会引起我们的注意。因此，要吸引人们注意，就要制造差异与变化。

怎样制造差异与变化？创新产品，推出差异化产品，当然会引人注意；通过营销活动制造差异，就是创新营销活动，给消费者制造心理上的变化——激发人性欲望或情感，激发心理共鸣，从而吸引注意力。

（2）激发兴趣，满足需求

人们关注什么呢？亚里士多德曾论述："听众对那些极其重大的事情、与自身利益密切相关的事情、惊人的事情以及令人愉快的事情尤为关注，所以必须让他们觉得他们听到的演讲正是这类事情。"成功学大师戴尔·卡耐基（Dale Carnegie）说过："世界上只有一个办法可以影响他人，就是谈论他想要的，并告知怎样得到它。"

数字时代，消费者购买的不仅仅是产品本身，还包括品牌代表的社会形

象和情感溢价。通过营销活动满足人们的兴趣，就是塑造品牌形象，让产品满足人们的心理需求、具有情感价值。

产品价值等于理性价值与感性价值之和。理性价值又称功能价值，是指产品提供的基本效用，例如食品能提供人体所需的能量。感性价值又称情感价值，是指产品品牌所提供的主要形象和联想。例如，情侣衫的价格就相当于普通T恤衫的价格再加上情感价值。考试前去必胜客祈求胜利，平安夜一只苹果卖十几元，遇到喜事买喜茶庆祝，都是同样的逻辑。

◇认人谈论

让人谈论，即成为谈资，让人们相互分享该信息，吸引媒体报道。今天，人们可以非常方便地谈论和分享信息，通过微博、微信、今日头条、抖音等平台，撰写文章、上传视频、发表评论、转发信息，只要动动手指，就可以瞬间把信息分享给全世界。

谈论分享能提升品牌的知名度，吸引人们注意，这是市场流行的前奏。可是，我们为什么会与人交谈呢？笔者认为，人们谈论分享的原动力有4个方面。

（1）本能驱动

谈论分享是人的本能欲望，即使没有外在奖励，人们也会这样做。美国心理学家多纳德·维尼考特（Donald Winnicott）发现，分享能增进快乐，快乐是社交媒体上分享行为的主要驱动力。美国哈佛大学神经生理学家贾森·米切尔（Jason Mitchell）和黛安娜·塔米尔（Diana Tamir）研究发现，当人们分享信息时，大脑会分泌化学物质多巴胺，让人感到愉悦。大家可能都有这种体验：当我们向朋友推荐好书、精彩的电影或者美食时，我们的大脑会产生如获奖般的生理喜悦。

人们乐于帮助他人，通过帮助他人，感觉自己有用、被别人需要，产生自我价值感，从而感到快乐。因此，人们会主动分享自以为对别人有价值的内容，我们就经常在朋友圈中看到鸡汤文和生活小诀窍等。

（2）获得信息

交流的欲望是人类与生俱来的，人们会为了过上美好生活而谈论分享。对我们的祖先而言，交谈是一种有效的生存手段。通过交谈，人们可以分享关于食物供应、危险动物及天气状况等方面的重要信息。在历史发展过程中，人类一直通过交谈了解世界，进而得知在特定场景下应该如何行动，什么样的行为是得体的。现在，我们在网上谈论分享，这与我们的祖先进行交流的动机一样，即对信息的渴求。

在今天这个信息爆炸的时代，很多人将朋友的分享作为主要的信息来源，频繁翻阅微信、微博、抖音中朋友分享的消息。当我们从信任的人那里得到某个自己感兴趣的信息时，会自然而然地把这个信息“内化”，好像自己确实体验过一样，然后将其分享出去。

（3）建立关系

人们通过交谈来建立和发展社交关系。交谈拉近了人与人之间的距离，让人们互相了解。无论是面对面，还是在网上，我们与他人交谈的行为都表明我们在意对方，愿意花时间与其相处。研究发现，如果我们能与某个陌生人一起大笑，我们就能像对待自己的朋友一样大方热情地对待他。

社交关系与人们的幸福感紧密相关。研究发现，对于大多数人而言，社会交往越频繁，对生活的满意程度就越高。女性喜欢通过交谈来构建和维护自己的社交圈子；男性往往愿意谈论自己或熟悉的事物，以给他人留下美好的印象。

（4）塑造形象

人们的很多社会行为，包括与他人交谈、在网上分享转发信息，都是为了影响别人对自己的看法，也就是塑造自己的形象、经营自己的声望、给自己带来社交资本——让自己看起来更优秀、更高尚、更富有、更时尚……

顾客为什么会在网上晒单？其实，人们晒单的内在动机，是想展示一个“加强版”的自我，所有有利于人们提升自我形象的事物，都适合晒单。虽然顾客既看经济学专著又看通俗小说，但他晒《宏观经济学》的概率更大。

怎样才能让人们注意并谈论分享我们的营销信息呢？人们之所以会与他

人谈论分享我们的营销信息，是因为这样做会显得自己品德高尚、乐于助人、酷炫时尚、不同凡响、技高一筹、才华横溢、优美动人等——没有人会为了帮助你而与他人谈论分享你的产品。

2.打造感染力：设计内核，选择载体

◇设计感染力：制造病毒基因，策划病毒创意

研究信息内容的病毒性，可以借鉴文化基因理论（Memetics）。该理论基于达尔文进化论解释了文化的进化规律和传递机制，代表人物是英国科学家理查德·道金斯（Richard Dawkins）。他在《自私的基因》（*The Selfish Gene*）一书中提出了“Meme”一词，国内译作“文化基因”“模因”或者“弥母”等。就像基因在生物进化或病毒感染复制过程中起到的作用一样，文化基因在社会文化的形成和演化中具有类似的关键作用。

感染力是对营销活动的病毒性强弱的衡量，其内核类似于病毒感染过程中的“病毒基因”，也就是社会文化传播过程中的“文化基因”。本书借用“病毒基因”这个词表示营销活动感染力的根源和内核。

设计感染力，就是制造“病毒基因”，策划病毒营销创意，引起人们的兴趣与关注，被人们讨论、分享、转发——这就是自动传播的原动力。

策划富有感染力的营销创意，制造病毒基因，要利用人性的弱点，激发人性的欲望，或者唤起人们内在的情感反应，或者吻合某种大众心理和价值观，实现走心，即触动目标人群的心灵按钮。本书归纳总结了常见的病毒基因，可以分为3种类型：人性欲望型、情感情绪型、大众心理型。

营销是心灵的沟通，是对人性的探索，是顺应人性欲望、制造感觉情绪、激发大众心理。数字时代，营销策划人员应该是半个心理学家，能够敏锐洞察人性欲望和大众心理，这是策划病毒营销活动的基本功——而不是喋喋不休地说自己的产品多么好。

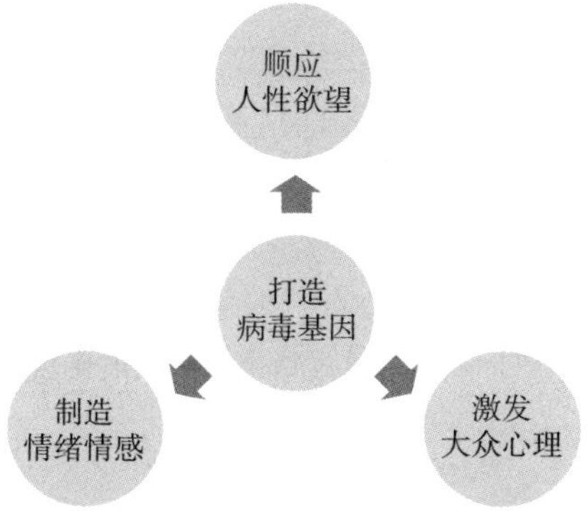

图 2.2　设计病毒基因的方法

◇实施感染力：选择病毒载体，开展病毒活动

具体的营销活动是病毒基因的载体，是感染力的表现形式，而病毒基因是营销活动的内核。

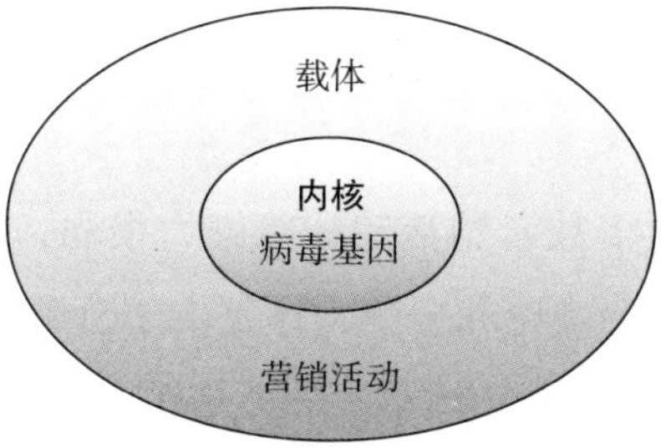

图 2.3　营销活动的构成

传统的营销活动主要是广告宣传、公共关系与促销活动。面对存量竞争与数字化转型，病毒营销成为第一选择，广告内容化、公关事件化、促销活动化，营销活动转变为新奇的内容、被热议的事件以及有趣的活动。

本书将各种各样的病毒营销活动归为内容营销、事件营销、活动营销三大类、13 种常见的营销方式。现实中的营销活动可能采用一种营销方式，也可能是多种营销方式的组合。

图 2.4　传统营销与病毒营销的活动形式

3. 自动传播＝营销创意（病毒基因）＋营销活动

营销活动是营销信息和营销创意（病毒基因）的媒介与载体，是自动传播的路径。

营销活动的内核是营销创意（病毒基因）。营销活动的病毒性与感染力的强弱，取决于其所包含的病毒基因的种类与活性。

营销活动要富有感染力，必须包含至少一种病毒基因。如果营销活动所含病毒基因的种类多、活性强，那么营销活动的感染力就比较强，人们就会积极关注、热烈谈论，营销信息就能像病毒一样自动复制、自动传播，很快引爆市场流行。

在经营实践中，大多数营销活动的感染力很弱，或者几乎没有感染力，人们既不会关注，也不会谈论和分享，这是由于营销活动所包含的病毒基因的种类少、活性差，这样的营销活动实际上是在做无用功，白花钱。

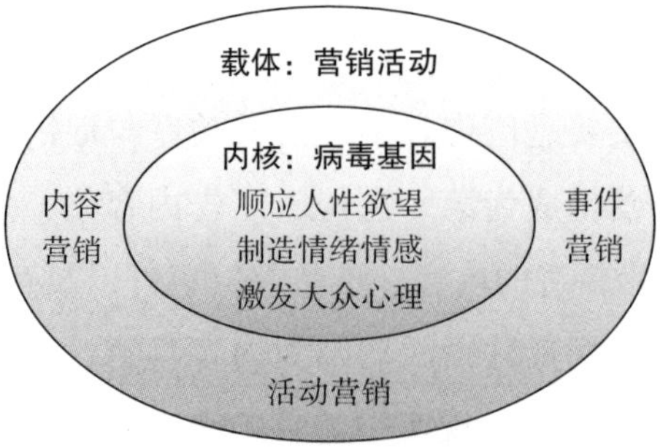

图 2.5　感染力模型

创意篇：设计感染力

策划病毒营销创意
打造自动传播动力

劝服别人时请专注于他们的感觉、情感和人性的弱点，千万不要诉诸理智。

——查斯特菲尔德

人并非理性生物，他们由情感驱使，被偏见支配，傲慢与虚荣是他们的动力之源。

——戴尔·卡耐基

第3章

顺应人性欲望，设计病毒基因

人是一种受本能欲望支配的低能弱智的生物。

——弗洛伊德

生命是一团欲望，欲望得不到满足就痛苦，满足了却又无聊。人生就像钟摆，在痛苦与无聊之间摆动。

——叔本华

1. 针对人性本能，激发欲望

◇大脑的构成与作用

人类的大脑是为了适应生存环境而逐步进化的，包括脑干、间脑、大脑皮层三个部分，各部分的功能不同。

脑干又称旧脑、脑核、爬行脑、本能脑，是最早进化出来的部分（爬行动物就有），负责控制生理性的本能欲望（如食欲、性欲、追求安全等），是人类大部分行为背后的深层动机的源泉。

间脑又称中脑、边缘系统、情感脑，是后来进化出来的部分，包括下丘脑、海马状突起和杏仁核体等，负责控制人的情感情绪，支配人类的大部分行为。脑干和间脑组成初级大脑，是潜意识脑。

大脑皮层又称新皮层、理智脑、意识脑，是最晚进化出来的部分，包括左、右两个脑半球，负责控制人的思维、认知、语言、想象、理性等高级功能。

大脑皮层不仅进化时间短，而且发育成熟晚。脑干在婴儿时期就比较完善，间脑在青春期早期趋于完善，而大脑皮层到成年早期才基本发育成熟。脑干和间脑的运行速度很快，耗能很低；而大脑皮层的运行速度很慢，相对更加耗能。

早期人类最重要的事情莫过于生存，他们必须利用本能和情感的力量对环境做出快速反应，因而本能脑（脑干）和情感脑（间脑）在大脑中的优先级较高（如耗能方面），对人的掌控力较强。今天，人类的大部分行为依然是由本能和情感驱动的，而非由理智驱动。

自控力是一种后天培养获得的理性能力，是由理智脑决定的。大多数时候，我们的自控力是有限的。如果我们的安全受到严重威胁（如面临重大危机、失去掌控力等），或者心理受到强烈刺激（如产生愤怒、兴奋等情绪）的时候，我们的本能脑或者情感脑就会活跃起来，而理智脑就会相对受到抑制，思维认知活动的效率就比较低。如果我们感到安全或者心情平静，思维认知活动的效率就比较高。俗话说“先处理心情，再处理事情”，就是这个道理。

◇人性是人天生的基本欲望

人性，即人的本性、本能，是人天生的基本欲望。基本欲望是人与生俱来的，由人的脑干（本能脑）所控制，就像预先烧制在硬件上的底层架构，只能读取，无法修改。人类的大多数基本欲望与动物相似，具有遗传学基础。在人性本能面前，人类就是一种完全被多巴胺、内啡肽和催产素等神经化学物质所控制的动物，与巴甫洛夫实验中的狗没有太大差别。

人性本能是人类日常行为的原始驱动力，人类后天形成的认知和理性也难以压制这些基本欲望。人有多种欲望，同一种欲望对不同的人的驱动强度不同。以性为例，性对几乎每一个成年人都是愉悦的，但对个体的驱动力不同。其他欲望也是如此，比如有的人追逐成功，有的人淡泊名利。

那么，驱动人们行为的基本欲望有哪些？根源是什么？怎样影响我们？这些问题是根本性的，很难回答。几千年来，尽管不同的宗教、圣人、大师都有自己的理论体系，但目前还没有为人们所公认的权威结论。

（1）弗洛伊德的人格论

心理学家弗洛伊德在《自我与本我》（*Ego & Id*）一书中指出，本我、自我、超我构成了人的完整人格。

本我：指潜意识里的欲望，包括原始的、天生的、满足本能冲动的欲望，如贪婪、愤怒、性欲等。本我是无意识的，个体察觉不到。

自我：指“自己”，负责处理现实世界的事情，包括自己可意识到的执行、思考、感觉、判断与记忆等。

超我：指良知或内在的道德判断，部分有意识。

在弗洛伊德的眼里，人类这种动物的行为主要是由本我驱动的，例如性欲、贪婪、愤怒、自卑、恐惧、自私等，而理想、信仰、道德、梦想、情感、责任等超我，也驱动人类的行为。

（2）马斯洛的需求层次理论

心理学家亚伯拉罕·马斯洛（Abraham Maslow）指出，动机是由多种不同性质的需求组成的，他把人类想要满足的需求从低到高归纳为一张清单。

生理：饥饿、口渴、性、身体舒服

安全：保障、安定、稳定

归属：爱情、家庭、朋友、关爱

尊重：成就、有能力、受肯定、独立、地位

学习：知道、理解、精神沟通

审美：对称、秩序、美、平衡

自我实现：发挥潜能、实现理想

自我超越：高峰体验、超人性、天人合一

这就是大名鼎鼎的马斯洛需求层次理论。人的需求是分层次的，低层次的需求（生理、安全、归属）属于低级的生存性需求，高层次的需求（尊重、学习、审美、自我实现、自我超越）属于随着生物进化而逐渐显现的需求，是高级的发展性需求；生存性需求是有限的，而发展性需求是无限的。

人的需求是一个从低到高逐步上升的动态过程：当某一特定需求未被满足时，这种需求就会在意识和行动中占据主导地位，并产生激励作用；一旦它相对得到满足，就会被更高层次的需求所取代。人的需求结构很复杂，在某个时期通常会有多种需求，但只有一种需求居于主导和支配地位。

2.利用人性欲望，设计病毒基因

营销人员在策划营销创意时，应该针对人的原始需求，激发人性欲望，这样才能直抵人心，引起人们的兴趣和关注，被人们谈论、分享、转发，营销信息才能像病毒的自我复制一样广泛传播。

但是，人性欲望的种类很多，究竟哪些人性欲望能引起人们强烈、持续的兴趣，值得营销人员去研究并熟练掌握呢？

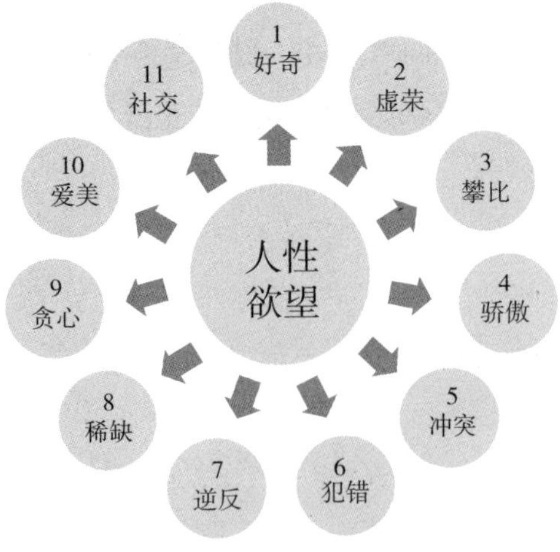

图3.1 人性欲望型病毒基因

在长期营销策划实践与研究的基础上，结合心理学、经济学、人类学等领域的研究成果，笔者总结出病毒性较强的11种人性欲望型病毒基因，包括好奇、虚荣、攀比、骄傲、冲突、犯错、逆反、稀缺、贪心、爱美、社交。

接下来，我们看看怎样基于这11种人性欲望设计病毒基因，策划病毒创意，包括原理、方法及典型案例。

第1节　好奇

悬念是保持观众注意力最有效的方法。

——希区柯克[①]

1.好奇心是人的本能

好奇心是指人们渴求未知信息、追求新鲜事物的猎奇心理。

好奇心代表了人类求知的欲望，促使人们学习更多知识，不断适应生存环境的变化。人们越缺乏信息，就越好奇。好奇心能让人对事物产生兴趣，进行持续的关注。

◇神秘引起好奇、激发兴趣

神秘感能勾起我们的好奇心，让我们保持关注。在漫长的进化过程中，出于对安全的考虑，人类在潜意识里想知道更多的信息——窥探成为人类的本能。我们对神秘的东西感到困惑，困惑驱使我们想要了解更多，不时想起，不断与人讨论，以寻找答案。秘密就像潘多拉的魔盒，诱惑我们去打开它，越神秘就越能激发我们窥视、揭秘和谈论的兴趣。

神秘的事情激发人们的好奇心与求知欲，吸引人们关注，人们忍不住想要去寻找真相、揭晓谜底。当真相揭晓的时候，人们会迫不及待地议论和传播，这样信息就传播开来。神秘的事情是典型的谈资，当你知道了某个秘密，你就会迫不及待地告诉相关的人。

---

① 阿尔弗雷德·希区柯克（Alfred Hitchcock，1899—1980），电影导演、编剧、制片人，电影悬念大师，擅长拍摄惊悚悬疑片，电影代表作是《蝴蝶梦》《惊魂记》。

案例 毛姆的“征婚启事”

英国作家毛姆[1]成名前生活贫困。他写了一部精彩的小说，但出版后无人问津。于是，毛姆别出心裁地在报上登了一则征婚启事：“本人是个年轻又有教养的富翁，希望能和毛姆小说中的女主角一样的女性结婚。”

几天后，全伦敦书店中毛姆的书销售一空！

◇知识缺口产生好奇心

美国卡内基梅隆大学行为经济学家乔治·洛温施坦（George Loewenstein）提出了知识缺口理论。所谓知识缺口，就是我们想知道却不知道的状态。当我们觉得自己出现知识缺口时，就会产生痛苦。我们会执拗地想要消除这种痛苦——就好像身上痒痒一般，总想伸手去挠——这样就产生了好奇心，驱动我们把知识的缺口填满。

为什么有些事情会激发人们的狂热兴趣？因为这些事情让人产生了知识缺口。在看戏时，我们会猜想接下来将发生什么事情、结局是什么，但答案不到最后一幕都不会揭晓。对“结局是什么”的好奇吸引我们看下去，哪怕我们根本不喜欢。这种情况通常发生在我们观看电视剧、电影、体育比赛时。

根据知识缺口理论，在沟通交流时，应该先引起受众的兴趣，而不是强行灌输信息。要先想办法使受众希望了解这件事，再告诉受众详细信息。例如，以悬疑或谜题开场，就能抓住受众的注意力，激发受众的猜想——结果是什么？我猜得对不对？

① 威廉·萨默塞特·毛姆（William Somerset Maugham，1874—1965），英国小说家、剧作家，代表作是《月亮和六便士》《人生的枷锁》。

2. 利用好奇心

怎样制造神秘感呢？第一，要绝对保守秘密，因为秘密一旦公开，神秘感就消失了。第二，传递信息要适可而止，既要透露足够的信息引起人们的好奇，又要“犹抱琵琶半遮面”，促使人们发问。要小心翼翼地透露信息，把握好“度”，只揭开“冰山一角”，绝不能提供太多信息，轻易地满足人们的渴望。第三，不断制造神秘感，吊人胃口，让人们产生渴望，想要了解更多。

利用好奇心、打造神秘感，通常有4招：制造悬念；传播神秘故事；制造品牌秘密；限制用户。

（1）制造悬念，激发兴趣

设置悬念是文学作品中常见的表现手法。文学作品利用人们对故事发展和人物命运前景的关切和期待心理，设置悬而未决的矛盾冲突，让读者在冲突的发生、发展、加强、解除过程中产生紧张、渴望、揣测、担忧、期待、快乐等种种复杂的心理感受。设置悬念能使故事情节曲折生动，引人入胜——让读者产生沉浸式体验，进入故事呈现的场景中，从而持续吸引读者的注意力。

内容营销经常制造悬念。悬疑广告通常会描述一件看似奇怪的事情，激发人们的好奇心，吸引人们关注。网络软文、微电影通常用剧情离奇的悬疑故事来吊受众的胃口。

案例 苹果公司的发布会营销

苹果公司将新产品上市发布会打造成一场迎接“神器”的重大仪式，使其成为全世界关注的盛会。乔布斯时代，苹果发布会的保密程度非常高，乔布斯视其为最高商业机密，iPhone 4的外观设计曾被严格保密了30个月。2014年9月，iPhone 6发布会邀请函上那句意味深长的“Wish we could say more”（剧透到此为止）勾起了用户和媒体强烈的好奇心。每次新品上市前，苹果都会放出大量吊胃口的信息，以及各类“谍照”和“内部人士”信息，吸引广大“果粉”的高度关注和热烈讨论。

用户和媒体都不知道苹果将要发布什么产品，因此对发布会抱有很高的期待。苹果借发布会介绍新产品的功能和卖点，揭开新产品的神秘面纱，满足众人的期待。让人热血沸腾的发布会，以及全球“果粉”通宵排队购买、买到手之后的炫耀等，都会引发市场热潮，进一步吸引广大潜在用户。

（2）传播神秘故事

当人们明白了鸽子是怎样从黑帽子里变出来的，魔术就失去了吸引观众的魔力；喜欢看电影、电视剧的朋友都知道，剧透会让神秘感消失；对明星来说，隐私很珍贵。

有些旅游景点传播离奇的神秘事件，吸引人们去探秘，满足人们的猎奇心，如麦田怪圈、尼斯湖水怪。

案例 麦田怪圈

1980年秋天，英格兰威尔特郡的麦田圈引起了全世界专家学者的关注，人们将麦田圈与飞碟相提并论，称其为“世界第二大奇谜”。

1991年7月17日，英国一名直升机驾驶员在飞过威尔特郡的麦田上空时，赫然发现麦田上有一个等边三角形，三角形内有一个双边大圈，三角形的每一个角上各有一个小圈。7月30日，洛克列治镇附近的农田中出现了一个怪异的鱼形图案。8月，该地区出现了7个类似图案。

麦田圈的传奇故事不断上演，人们对麦田圈的关注度越来越高。很多游客慕名而来，只为看看被传得神乎其神的麦田圈。

当然，这些麦田圈是人为制造的，这些人被称作“麦田圈艺术家”。麦田圈总是出现在春天和夏天麦田郁郁葱葱的时候，每当麦田圈出现，当地的旅游旺季就开始了，当地农民从麦田圈旅游中获得的收入远比种麦子多。

（3）制造品牌秘密

品牌背后的秘密越多，消费者就越感兴趣。当我们被一种神秘的产品所吸引时，我们便会向朋友打听，了解产品的使用体验，还会上网查询，了解产品的功能特点和历史，甚至会加入产品的讨论社群。

你的企业或产品有秘密吗？赶快制造一点秘密引人“窥探”吧！企业可使用大量的报道、传说、成长故事、客户体验故事甚至含糊、冲突的信息把自己包装起来，打造企业和企业家的“神话”传说，塑造企业的神秘感，吸引大众的注意力，这是企业开展故事营销和CEO营销的基本原理（参见本书实操篇的“故事”“造英雄”等内容）。

案例 营造配方的神秘感

可口可乐的主要配料是公开的，其包装上就有配料表，包括碳酸水、白砂糖、焦糖、磷酸、咖啡因等。但有传闻称，可口可乐的核心技术在于其不足1%的神秘配方——“7X”。据说，这个神秘的配方被锁在亚特兰大某银行的保险柜里，全世界只有7个人知道这家银行的地址，他们中的5位持有保存配方的保险柜的钥匙，另外2位知道密码，必须同时转动5把钥匙并对准密码才能打开保险柜。

在美国肯塔基州路易斯维尔市的肯德基总部内，有一个守卫森严的秘密房间。要进入该房间，要先打开外门，再打开房门上的3道锁。房间里有一个保险柜，里面放着肯德基的最高商业机密——1940年由创始人哈兰·山德士上校发明的吮指鸡块的烹饪秘方。

依靠现在的科学技术，在实验室里分析饮料与炸鸡粉的成分简直易如反掌。人们对可口可乐的成分进行了无数次分析，都没有找到“7X”。人们化验炸鸡粉，发现里面只有面粉、盐、味精和黑胡椒这4种普通的作料，并没有传说中的11种香草和香料。

可口可乐、肯德基的神秘配方的传奇故事吸引了很多人关注，秘方已经成为品牌形象的重要组成部分，可以说是无价之宝。很多人对可口可乐、肯德基的“忠诚”不是因为其口味，而是因为口味背后那些故事带来的神秘感，人们习惯在可口可乐和吮指鸡块中感受这种神秘，品尝这种神秘。

（4）限制用户，让人期待

谷歌公司的Gmail邮箱在推广初期不接受公开注册，新用户需要获得现有用户的邀请才能注册，谷歌只在小范围内发放邀请函。得到邀请函的人除了拥有Gmail邮箱之外，还可以向自己的朋友发放邀请函。获得邀请函的人自豪感油然而生，得不到邀请函的人则充满期待。一时间，好像全世界的人都在寻找Gmail的邀请函。利用人们的好奇心和稀缺心理，谷歌轻松宣传推广了Gmail。

Facebook上线初期，只有拥有哈佛大学后缀的电子邮箱才能注册，这导致其他常春藤大学的学生都想挤进去看看。等到Facebook向常春藤大学学生开放注册时，非常春藤大学的学生也都想挤进去。就这样，Facebook轻松地获得了大量用户。

游戏运营商也善于通过限制用户来激发人们的好奇心。新游戏正式运营之前，通常会进行封闭测试，只有少数铁杆粉丝才能受邀参加。封闭测试让产品先在社区、论坛上火起来，产生较高的关注度，同时限制普通用户使用。这种神秘感所引发的巨大消费欲望，在游戏正式运营后就会爆发出来。

第2节　虚荣

人一辈子都在寻找重要感。

——尼采

人性一个最特别的弱点就是：在意别人如何看待自己。

——叔本华

1. 人人需要尊重与赞美

◇虚荣是人性本能

虚荣是指追求表面的光彩和虚幻的荣耀，俗称“爱面子”，是一种渴望得到别人的关注、肯定与尊重的心理。虚荣心是人的本能，它驱使人们关心名誉、声望和身份，是很多非理性行为的根源。

当人们享有某种特权、处在某个光环之中时，心理就会膨胀，产生一种至尊的荣耀感。很多人喜欢依靠外在的东西来撑面子，这其实是内心软弱的表现。事实上，人的成长与修行，就是抛开面子、不断克服虚荣心的过程。

◇消费是为了炫耀与攀比

美国经济学家凡勃伦（Veblen）首先发现了商品价格定得越高越畅销的现象。这被称为凡勃伦效应，它反映了人们进行挥霍性消费的心理动机。

凡勃伦指出，随着人们的基本生活需求得到满足，人们对物品的占有更多的是基于竞赛心理，消费是为了炫耀和攀比，而非物品本身的使用价值。

炫耀背后是被关注的满足感，攀比背后是对比产生的优越感。奢侈品商家都明白，定价昂贵只是手段，能让用户炫耀才是目的，价格昂贵却不能炫耀的物品，就不会有人购买。昂贵的物品，必须要有一定的辨识度。例如LV箱包、博柏利（Burberry）围巾上的经典图案，辨识度都很高，人们很容易发现谁使用了奢侈品。如果奢侈品无法被人们从众多物品中识别出来，那购买者岂不是白花钱了？

案例 电影《大腕》中的台词

“一定得选最好的黄金地段，雇法国设计师，建就得建最高档次的公寓。电梯直接入户，户型最小也得400平方米。”

“什么宽带啊，光缆啊，卫星啊，能接的全给他接上，楼上面有花园，楼里有游泳池，门口再站一英国管家，戴假发、特绅士那种，业主一进门，甭管有事儿没事儿都得跟人家说：May I Help You, Sir? 一口地道的英国伦敦腔，倍儿有面子！”

“社区里再建一所贵族学校，教材用哈佛的，一年光学费就得几万美金。再建一所美国诊所，二十四小时候诊，就一个字儿：贵！看个感冒就得花个万儿八千的……”

“什么叫成功人士？成功人士就是买什么东西都买最贵的，不买最好的。所以，我们做房地产的口号就是：不求最好，但求最贵！”

这段疯人院里关于房地产的台词，就反映了“不买最好，只求最贵”的消费心理。

消费本质上是一种意见表达、一种身份认同。人们通过财富外显来证明自己更强、达到某个级别或者跻身某个群体。人们消费是为了表达自己“成为什么样的人”——有些消费品成为人们身份的象征、品位的标签，成为消费者表达社会地位与自我的符号。

有闲阶级、富裕阶层消费高端奢侈品，例如豪宅、游艇、高级跑车、名表等；中产阶层消费普通奢侈品，例如豪华车、名牌包、出国旅游等。年轻人的炫耀心理较强，我们经常看到一些20岁左右的打工仔、“月光族”，拿着最新款iPhone手机，穿着名牌衣服。

2.利用虚荣心

人们为什么向往奢侈品？奢侈品的本质是稀缺，它是少量生产或量身定制的，既有卓越的品质，又代表着阶层特权和文化优越感。奢侈品是降低沟通成本的高效工具，是人们彰显身份、体现社会地位的标签，因而通常被采取高定价策略。

如果奢侈品突然降价了，很多人都买得起，它就无法继续满足炫耀心理。

案例 蒂芙尼：拒绝时尚

20世纪90年代，蒂芙尼（Tiffany）曾经推出低价位的时尚银饰，广受年轻女性的欢迎。

但是，蒂芙尼很快意识到自己犯了错误，便对该系列产品进行急刹车，大幅提高价格。这是由于蒂芙尼的目标客户是富裕的中老年女性，而不是年轻时尚女性，低端的时尚产品会损害自己作为奢侈品的品牌形象。

蒂芙尼拒绝成为时尚，拒绝低价，拒绝年轻女性客户，这样会减少一部分收入，却保持了自己的传统奢侈品市场形象，赢得了目标客户的长期信任。

为了获得虚幻的荣誉和地位，塑造个人形象，人们会持续地投入时间和金钱等资源。例如，游戏玩家投入很多时间练习和升级，甚至花钱购买道具，当目标实现时就迫不及待地向朋友们炫耀。

小罐茶，专为“成功人士”打造的大师手工茶，宣称“八位泰斗级大师手工制茶，每天炒制1466斤鲜茶叶，立志要把茶从农产品和文化品中拯救出来”，广告画面是大师亲自焙火、炒茶。小罐茶4克售价50元，单位价格远超过茅台酒，无论是买给自己还是送人，都有“面子”。2018年，小罐茶以20亿元的销售额问鼎茶叶江湖。

有些人去旅游，去网红景点打卡，最快乐的体验是发朋友圈并获得他人点赞。很多“00后”的基本行为动机就是把自己的行为发到社交媒体上，让人点赞，以塑造自己期望的个人形象，“如果不发社交媒体，我干这事儿有啥意思？”

案例 QQ会员经营虚荣心和优越感

QQ会员管理体系的本质是经营虚荣心，已经成功运转了十几年。

初期，QQ会员是一套基于虚荣心的外显体系，给用户的都是一些纯粹用于炫耀的象征物，例如“红名”“红毛”“等级”等。

后来，腾讯开始“卖特权”，经营优越感。QQ会员建立了一种多层级的特权体系，“红毛”从纯粹用于炫耀的符号变成优质生活的象征，用户的支出越多，特权就越多，“红毛”所代表的优越感光环就越亮。

为了维持用户消费水平（10元/月），腾讯利用几乎零成本的虚拟物品来开发特权，并建立了会员特权矩阵，分别满足外显、沟通、娱乐、生活等层级的虚荣需求。

- 外显需求：“红名”、等级加速、排名靠前。
- 沟通需求：更高好友上限、聊天记录漫游、群特权。
- 娱乐需求：游戏特权、票务特权。
- 生活需求：美食特权、信用卡特权、购物特权。

第3节　攀比

木秀于林，风必摧之；行高于人，众必非之。

——中国俗语

世界上无所谓幸福，也无所谓不幸，只有一种境况与另一种境况的比较，如此而已。

——大仲马

1.横向比较带来心理不平衡

◇嫉妒是人的本能

嫉妒，也称妒忌，是指人们发现他人在才能、名誉、地位或境遇等方面胜过自己时产生的一种由怨恨、愤怒、羞愧等组成的复杂心理状态，俗称“红眼病”“酸葡萄心理”。

“恨人有，笑人无”是大众的普遍心理。戴尔·卡耐基说过：“如果你想树敌人，就胜过你的朋友；如果你想得到朋友，那就让你的朋友胜过你。”世界上最好的安慰，并不是告诉对方“一切都会好起来的”，而是苦着脸说，“哭什么，你看，我比你还惨”。

嫉妒源于同一领域的竞争。人只会嫉妒在同一领域比自己强的人，而不会嫉妒其他领域的人。周瑜嫉妒诸葛亮是因为他们同处一个领域，而诸葛亮比他强；周瑜与赵云、关羽不在一个领域，就不会嫉妒他们。后母皇后嫉妒白雪公主，是因为白雪公主比她长得漂亮。

嫉妒源于可比的、被破坏的优越感，否则只会表现为自卑或羡慕。没有新衣服的小孩看到别家小孩穿着新衣服时，通常会羡慕，而不是嫉妒；但是当他看到自己的父母抱着其他孩子时，往往会嫉妒——很生气，甚至会动手打人，因为他在父母面前具有优越感。我们最容易找到的比较对象是周围的熟人，因此嫉妒之火最容易烧向自己的亲朋好友。例如，一个人不会嫉妒马云，却会嫉妒比自己日子过得好的朋友。

◇优越感来自横向比较

动物学家发现，一些群居动物通过进食顺序来体现社会等级，等级高的动物有优先进食权，等级低的动物如果先进食就会被惩罚，这在狮子、狼、鬣狗、秃鹫、狐猴等群居动物中表现明显。猩猩通过捶打胸口来展示自己的强壮身体以及力量，狒狒、猴子、狮子、鳄鱼、河马等动物通过激烈的打斗来争抢族群中的“王位”。与动物一样，人在潜意识里都渴望权力与地位，想成为“人上人”，追求更高的等级和更多的特权，希望站在社会金字塔的顶端俯瞰众生。

没有对比就没有优越感。优越感、幸福感等精神利益主要来自横向比较，而非单纯的物质拥有。研究表明，人们的幸福感与收入水平并非强相关，人均收入高的国家国民幸福感并不强。那么，人们为什么还努力多挣钱呢？这在很大程度上也是横向比较带来的心理落差所致。

◇基于对比心理的诱饵效应

行为经济学家丹·艾瑞里（Dan Ariely）指出，我们总是靠观察周围的事物来确定彼此的关系。

如图3.2的左图所示，我们面临两种选择A和B，选择A在属性1（如价格）方面较好，选择B在属性2（如质量）方面较好。显然，A、B各有所长，让人难以选择。如图3.2的右图所示，我们可以增加一个选择 –A，看看会怎样。很明显，–A与A相似，但二者又很容易比较，–A不如A。将A、B、–A进行比较，我们会觉得，A不仅比 –A好，也比B好。

创造出 –A，构建出 –A与A的简单直观的比较关系，使A看起来较好，不仅相对于 –A，也相对于B。将 –A作为诱饵添加到场景中，会使人们更可能选择A。这就是“诱饵效应”。

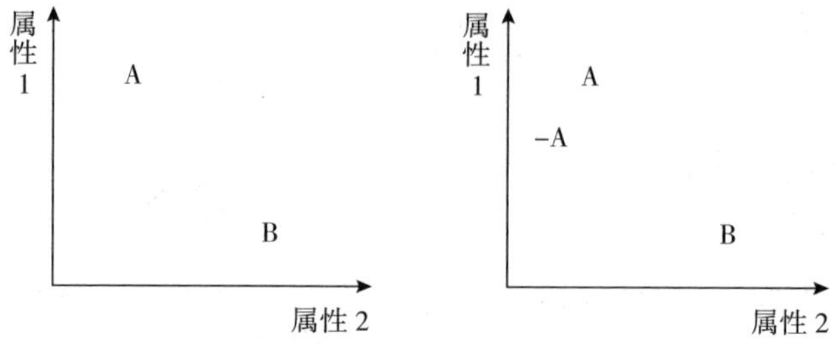

图3.2 对比心理

2.利用对比心理

消费不是个人的事情，而是相对于别人的事情。如果你的产品能让用户产生优越感，就会被他们主动传播。比如游戏中的连杀截图，游戏迷们很乐意把它们分享到朋友圈，以此展示自己在游戏中获得的优越感和地位等。

利用人们的对比心理进行营销主要有4个方法：设置客户等级制度；与竞品比较；惹人羡慕；利用诱饵效应。

（1）设置客户等级制度

等级制度是一种层级区分的诱惑，让人们相互比较，满足人们对优越感的追求，激励人们展开竞争。排行榜把这种竞争直观化，明确告诉你：你在哪里，你前面有多少人，你后面有多少人，达到下一个等级还需要什么条件。

例如：贴吧根据积分将用户分为1～18级，5年内每天都活跃的用户是18级；QQ根据使用时长，将用户分为"星星""月亮""太阳"等级别，用图标表明用户的身份，为了提升身份，有些人花费上百元点亮各种QQ标识，有些人长期、频繁地登录，最终让腾讯获益无穷。

几乎所有的网络游戏都有升级制度。只有拥有高等级，才能拿到好装备，才显得厉害。玩家的练级热情高涨，从1级到10级，再到30级、50级……没有尽头。

（2）与竞品比较

品牌的宣传文案与竞品比较，突出产品卖点，令人印象深刻。

M&M巧克力的文案："只溶在口，不溶在手。"广告画面宣传M&M巧克力豆的独特卖点，通过对比两只手，体现糖衣包装的玛氏巧克力不会溶化在手上，不会弄脏你的手，直击受众的痛点。

陌陌的文案："别人在论坛抢沙发，我在陌陌找沙发。"以"抢沙发"和"找沙发"进行对比，没有指名道姓攻击竞争对手，体现了陌陌区别于其他平台的文艺特色。"沙发"不仅表示第一个回帖，也可以是去陌生人家里做"沙发客"，寓意"沙发客"的世界充满了冒险和未知，与品牌主题"总有新奇在身边"相吻合。

（3）惹人羡慕

在任何社会中，总有少数人能获得较高的人生成就，他们需要可视的标志来展示自己的优越地位。

奢侈品定位为上流社会的身份象征，打造排他、稀缺的品牌形象，宣传文案通常故意"扎心"，惹人羡慕，让人心酸。

芝华士（Chivas）威士忌有一则平面广告，画面上有一位60多岁的老者和一位年轻漂亮的女子，老者颇具成功人士风范，他们面前的桌子上摆放着芝华士威士忌，广告语是："不得不承认，人生实在不公平。"

案例 房地产行业的"扎心"文案

- "忙于成功的人生，很失败。"
- "赶时间的人，总是没时间。"
- "别让你的房子，拖累了你的孩子。"
- "故乡眼中的骄子，不该是城市的游子。"
- "别让这座城市留下你的青春，却没留下你。"
- "20岁不会做梦的人，30岁都在帮别人圆梦。"

（4）利用诱饵效应

用高价商品作为诱饵，让消费者进行直观对比，使得价格稍低的商品显得物美价廉。

餐馆菜单上的高标价菜品，即使没人点，也能给餐馆增加盈利。因为人们一般不会点菜单上最贵的菜，却可能会点价格排第二位、第三位的。

一家珠宝店的展柜里摆放了几只万国表（IWC）。中间一只标价10万元，旁边两只标价8万元，展柜底部摆着一只款式稍简单的万国表，价格只有5万元。顾客会感觉5万元的手表价格合理。

苹果公司对iPhone 6的定价是：①16GB，649美元；②64GB，749美元；③128GB，849美元。推出128GB版本，大大提高了顾客选择64GB版本的概率，64GB的iPhone 6成为最受欢迎的版本。

有些星巴克店铺会在黄金位置摆放依云（evian）矿泉水，售价28元一瓶，这与一杯咖啡的价格差不多。其实，这些矿泉水只是陪衬，让顾客比较：一瓶矿泉水都28元，一杯咖啡30元算贵吗？

第4节　骄傲

自满者败，自矜者愚。

——中国古语

人生大病，只是一个傲字。

——王阳明

1. 自高自大是普遍心理

骄傲，也称傲慢，是指夸大卖弄自己、羞辱怠慢别人。适度自尊并不是傲慢，只有过分自尊自大、自以为是才是傲慢。

骄傲是人性本能。心理学研究发现，正常人的自我认知都有轻微的自大倾向，也就是说，人稍微有点骄傲是正常的。我们常说的乐观主义，其实就是指轻微的自大倾向。

各种人性欲望之间关系复杂，有些只有细微的差别，有些则是因果关系。例如，嫉妒的主观因素是自己的贪婪，客观因素是他人的骄傲。骄傲和虚荣不同，骄傲主要关系到我们怎样看自己，而虚荣则关系到我们让别人怎样看我们；骄傲是坚信自己具有某种价值，而虚荣是渴望别人相信我们具有某种价值。

骄傲不同于自信。自信和谦逊是人类的美德。当你真正自信时，你就会谦逊起来。谦逊不是自我贬低或自我嘲弄，而是一种对他人的尊重。

今天，分享信息极其方便，我们一不小心就会傲慢起来。我们可能会炫耀自己在知识、金钱、智力、外表、技能、权力、学历、社会关系、地域等方面的优势，例如，在朋友圈晒出国外旅游和美食图片，在论坛、微博、微信上发表评论。

2.利用骄傲心理

利用骄傲心理策划病毒创意，主要有4种方式：打造“第一”；打造极端属性；揭秘或挑战全行业；刺激怠慢人。

（1）打造“第一”

人们往往只能记住“第一”。我们知道世界第一高峰是珠穆朗玛峰，却很少有人知道世界第二高峰是什么。这是由于“第一”与其他明显不同，容易抓人眼球，而人类具有猎奇心理，总想挖掘“第一”背后的秘密。

企业可以发掘自己在信誉、历史、工艺、质量、技术、功能、外观、销量、产量、发展潜力、区域等方面的特点，使自己在某方面独占鳌头或者名列前茅，人为创造“第一”，制造“世界纪录”，比如最薄的手机、最轻的自行车、最快的操作系统、最浓稠的番茄酱、全球首款双屏手机等。以薄手机为例，如果你的手机做到了全球最薄，那就满足了人们的好奇心——原来最薄的手机是vivo，才4.75毫米啊！

三一重工的广告语是“中国销量最大的挖掘机”；香飘飘奶茶的广告语是

“杯装奶茶开创者，连续7年全国销量领先”“一年卖出7亿多杯，连起来可绕地球两圈”。

值得我们重视的是，《中华人民共和国广告法》禁止使用“国家级”“最高级”“最佳”等用语，企业策划的宣传语要严格遵守国家法律，并有客观事实或数据作为支持，不可虚假宣传。

案例 锤子手机宣传口号的变迁

进入竞争激烈的手机市场，锤子手机怎样才能吸引眼球呢？

2014年5月20日，在锤子手机的发布会上，罗永浩声称锤子手机是“东半球最好用的智能手机”。

随后，方舟子举报锤子手机涉嫌虚假宣传，违反《中华人民共和国广告法》。于是，锤子手机的宣传口号变为“全球第二好用的智能手机”。

接着，“打假斗士”王海向工商部门举报，工商部门对“全球第二好用的智能手机”等宣传语立案调查。

2014年9月10日，iPhone 6发布。锤子手机推出新口号：我们眼中全球第二好用的智能手机。

2014年11月15日，锤子手机称，2014年“双11”购物节，在2000元以上的国产手机中，锤子手机“销量排名第二”。

2014年年底，面对降价、天猫销量造假等一系列负面新闻，锤子手机的宣传口号改成了“年度话题手机”。

请欣赏锤子手机的宣传语：

“天生骄傲。”

“漂亮得不像实力派。”

“以傲慢与偏执，回敬傲慢与偏见。”

“锤子科技的一小步，智能手机进化的一大步。”

（2）打造极端属性

奔驰的广告“The best or nothing”（要么最好，要么没有），通过文案的极致对比反映公司对产品质量的严格把控，霸气十足，品牌的完美主义和强大自信一览无遗。

如果产品在某些属性上特色鲜明，企业可以通过“极端实验”将它们体现出来。牛仔裤品牌李维斯曾经拍了一个“拉车”广告，用牛仔裤来拉抛锚的汽车，以体现牛仔裤的结实。有一款日本棒冰，特点不是好吃而是“硬”，公司甚至专门去测量它的硬度数值。有报道说，某顾客吃棒冰的时候把自己的牙磕断了，于是把棒冰公司告上了法庭，最后当然是和解了。

除了产品实际属性的极端化，我们还可以制造一些表面的、虚拟的极端化。如果你在一个队伍里面跟着大家统一行动，就很难凸显自己；但如果你在一个队伍里倒着走，你就成了“倒着走的第一人”，就成了“第一”。

（3）揭秘或挑战全行业

该方式包括两种手段：揭行业的内幕；挑战全行业。

揭行业的内幕，就是揭示行业的潜规则，用别人的缺点衬托自己的优秀，让公众痛恨其他企业的做法，从而认可自己。揭行业的内幕容易激起同行的愤怒，揭秘者既要有足够的胆量和魄力，又要有挑起争端后的处理能力，否则会导致局面失控，得不偿失。

案例 奥克斯发布《空调成本白皮书》

奥克斯刚进入空调市场时，高调揭秘空调行业的价格内幕。

2003年，奥克斯发布《空调成本白皮书》，首次揭露了空调业的利润真相，并将当年空调的平均售价拉低了20%。奥克斯在白皮书中详细列举了1.5匹冷暖型空调1880元零售价的主要构成——生产成本1378元，销售费用370元，商家利润80元，厂家利润52元，这使空调成本结构大白于天下。

此举赚足了眼球，使奥克斯空调快速进入大众视野。

挑战全行业，即与全行业为敌，颠覆本行业。只要企业从消费者的利益出发，顺应发展潮流，就能立于不败之地。这看似一步险棋，实则有惊无险。

案例 农夫山泉“单挑”纯净水行业

2000年4月，农夫山泉公司宣布：天然水才是健康水；农夫山泉不再生产纯净水，只生产天然水。农夫山泉凭借自身的资源优势——千岛湖的国家一级水资源，向全国1000多家纯净水厂商发起了挑战。

为了展示天然水与纯净水的差异，农夫山泉在全国多家中小学开展用纯净水和天然水养殖水仙的实验活动，并在央视公布实验结果。

娃哈哈、乐百氏等69家纯净水企业联合发表声明：农夫山泉用伪科学的手段贬低纯净水，是不正当竞争。娃哈哈的宗庆后说：“水仙在粪水里长得更好，难道粪水比纯净水更好吗？”

这场大战以农夫山泉被罚款结束，但该活动吸引了大量媒体报道，产生了市场轰动，助力农夫山泉天然水快速占领了市场。

案例 五谷道场：非油炸，更健康

2004年，五谷道场一句广告语“拒绝油炸，还我健康”，把方便面行业闹得天翻地覆。

五谷道场打破了方便面面饼油炸制作的常规，让一个行业集体失语，让公众重新审视方便面的营养价值。当时，油炸食品致癌的说法被热议，五谷道场的这一举动在市场上引起了强烈震动。

（4）刺激怠慢人

当今广告界的巨星级撰稿人尼尔·法兰奇（Neil French）为芝华士威士忌撰写的广告文案，请欣赏。

案例 芝华士的广告文案

THIS IS AN ADVERTISEMENT FOR CHIVAS REGAL
IF YOU NEED TO SEE THE BOTTLE
YOU OBVIOUSLY DON'T MOVE IN THE RIGHT SOCIAL CIRCLES
IF YOU NEED TO TASTE IT
YOU JUST DON'T HAVE THE EXPERIENCE TO APPRECIATE IT
IF YOU NEED TO KNOW WHAT IT COSTS
TURN THE PAGE, YOUNG MAN

文案翻译如下。

这是芝华士的广告
如果你还需要看看瓶子
显然，你不在一个恰当的社交圈里活动
如果你还需要尝一尝
说明，你没有品尝它的经历
如果你还需要知道它的价格
翻过这一页吧，年轻人

你没有看错！这则文字广告，没有产品，没有图片，没有商标，没有电话号码，甚至连标点符号都没有。

“翻过这一页吧，年轻人”，把有钱富商的傲慢态度表现得淋漓尽致，让人“羡慕嫉妒恨”。该怎么办呢？我就是要买一瓶！

有些品牌反其道而行之，同样吸引人。

万科旗下的兰乔圣菲别墅的文案：“没有一定高度，不适合如此低调”“没有CEO，只有邻居”。别墅的目标客户通常厌倦了城市喧嚣，追求田园生活。文案将“CEO”和“邻居”进行身份对比，让客户产生共鸣——放下名利与地位，忘掉尊贵与虚荣，享受阅尽奢华后的淡泊与闲情。

第5节 冲突

每一场戏都必须表现一次争斗。

——伏尔泰

戏剧的中心问题是制造各种目的和性格的冲突。

——黑格尔

人天生喜欢看热闹。冲突、争议能够制造热闹的景象。冲突越激烈，场面越热闹，人们就看得越入迷。

经营冲突的常见方法有两种：一是吵架、攻击与打赌；二是制造争议话题。

1.吵架、攻击与打赌

人们关注冲突，尤其是名人、名企之间的争议、攻击与打赌。

当今互联网领域的明星企业家都擅长“吵架营销”，经常摆出某种偏激的姿态，“攻击”竞争对手，语出惊人，让广大网民看得不亦乐乎，每吵一架人气都能暴涨一大截，引起广泛传播。

商界“大佬”之间的冲突，如打赌，通常都是表演出来的，表面上你来我往，面红耳赤，甚至火药味儿十足，其实都是演给观众看的。经营冲突的理想境界是：观众越聚越多，广大粉丝加入阵营，摇旗呐喊；一些媒体煽风点火，一些媒体火上浇油，还有一些媒体品头论足。这样才热闹，才能让品牌维持足够的市场热度。

案例 央视财经频道举办的著名赌局

（1）马云和王健林的“10年1亿赌局”

2012年12月12日，在央视财经频道主办的第十三届中国经济年度人物颁奖盛典上，获奖人马云和王健林就企业发展模式展开了辩论，最后打起赌来：到2022年，如果电商占中国零售业市场份额50%以上，王健林输给马云1亿元，反之则马云输给王健林1亿元。赌局是关于中国互联网经济与实体经济的竞争与融合发展问题，这对人们的工作与生活具有重大影响，所以吸引了大量媒体的持续报道与大众的关注。

（2）董明珠与雷军的“5年10亿元赌局”

2013年12月12日，在央视财经频道主办的第十四届中国经济年度人物颁奖盛典上，获奖人董明珠和雷军就企业发展模式展开了激辩。

董明珠首先进行市场调查，她问现场观众，有多少人使用小米手机？现场只有3个人举手。雷军表示，这说明我们的市场空间很大，还有99%的人都没用小米手机。

随后，董明珠把矛头对准了小米的短板：工厂和供应链。她问雷军：“如果全世界的工厂都关掉了，你还有销售吗？”雷军回答：“今天强调专业化分工，做工厂的人专心做工厂，做产品的人专心做产品。”

接着，董明珠又曝了一个猛料：刚才在后台，她和雷军就“杠”起来了，雷军说5年以后小米会超过格力，自己当时没有回应，现在在台上她要说“不可能”。主持人陈伟鸿见缝插针：“那你跟他打个赌吧。”

董明珠接着说，小米的网上销售模式也可以为格力所用，假如她和马云合作，利用好传统和电商两个零售渠道，“那不是天下都是格力了吗？”

雷军说，小米的优势在于极其贴近用户、轻模式以及全天候服务。然后，雷军抛出赌约：“5年之内，如果我们的营业额击败格力的话，董明珠董总输我1块钱就行了。”

董明珠说：“要赌就不是1块钱，我跟你赌10个亿。”

2013年格力营业额1200亿元，而小米才316亿元。格力与小米的10亿元赌局，其实代表了传统企业与互联网企业的竞争。后来，两人不断拿这个赌约说事儿，媒体也不断报道，持续吸引了大众眼球。

2. 制造争议话题

◇没有真相，只有立场

日本导演黑泽明的电影《罗生门》讲述了一个道理：同一件事，不同当事人的角度不同，叙述的故事和心理感受就不同。《贞观政要》记载，大臣许敬宗对唐太宗说过一段话："春雨如膏，农夫喜其润泽，行人恶其泥泞；秋月如镜，佳人喜其玩赏，盗贼恶其光辉。"

尼采说："没有事实，只有诠释。"所有一切都被文章作者、影像拍摄者或是分享者诠释过了。

事实是个多面体，有多个角度和衡量标准，通常没有绝对的对与错，"盲人摸象"其实是一种常态。立场就是真相，角度才是真理，认知和事实都是表达自我的工具。

◇制造话题，吸引大家讨论

有些话题的争议性比较强，"仁者见仁，智者见智"，例如，对历史事件和历史人物的评价，涉及伦理的话题，以及转基因、中医、吃狗肉等话题，由于信息不对称、生活环境与经历导致的价值观多元化等，人们很难有一致的观点和看法，争议性比较强。

曾经有企业为了宣传一次展会，宣称将采用麒麟作为中国的象征物和展会的吉祥物，并向社会征求意见，引发了大众的议论。随后，该企业抛出话题，引导讨论：中国的象征物是龙还是麒麟？并列出了麒麟象征中国的几个理由，拥护者众多，反对者也不少。在讨论中，很多人知道了此次展会。最终，麒麟与龙均作为吉祥物出现在展会上，皆大欢喜。

曾经火爆的选秀节目《中国好声音》，每季都会出现一些引起争议的选手。正因为他们不是绝对的"对"，也不是绝对的"错"，才会引起观众的争论，使节目持续得到曝光。

制造争议话题时要小心谨慎，既要确保话题足够开放，人们能够畅所欲言，又要把握好尺度，防止产生负面影响。例如，某企业为了引起大众关注，在招聘时出怪招——不招属猪和属狗的员工，果然引起了广泛关注与议论，被多家媒体报道，但是，人们纷纷谴责该企业用人歧视、封建迷信。

案例 小镇改名字

美国一家互联网企业要推广自己，但是费用预算太低，只有30万美元，该怎么办呢？

创始人找到一座美国小镇，与镇长及名流贤达们商量能否把小镇的名字改成网站的名字，作为报酬，他们给镇上捐30万美元，用于改造图书馆。这个建议太匪夷所思了！小镇的领导们不敢擅自做主，便召开全镇大会讨论，居民们陷入了热烈的争论。这场争论还引起了当地报社、电视台的注意，并进行了报道。

实际上，他们没打算捐款，也没打算让小镇改名，只是希望这场争论激烈、热闹。于是，他们推波助澜，最终引起了各大媒体的注意。结果呢？居民们经过民主投票，否决了改名字的建议，而这家企业几乎没花一分钱就完成了宣传任务。

案例 婚恋网站“逼婚”事件

2014年春节期间，某婚恋网站投放了一组主题为“因为爱，不等待”的广告，制造“逼婚”话题。在其中一则广告中，女主角大学毕业、参加工作、逐渐成熟，而在她每年回家与外婆的交流中，外婆却始终重复一句话：“结婚了吧？”最终，女主角“为了外婆”“为了爱”，不再挑选，迅速结婚。

很快就有网友发现，广告中所指的“爱”是亲情而不是爱情——不嫁人就对不起家人，这无疑是一种亲情绑架。一些网友在微博上发起“万人抵制”活动，要求婚恋网站删除该广告，并声称“与道德绑架和陈腐婚恋观斗争到底”，甚至有大龄女青年到该婚恋网站总部“抗议”。

话题成功引爆后，该婚恋网站除了俏皮道歉之外，一直强调自己是“实名制婚恋交友平台，成功率极高，因此逼婚纯属误伤”。随着微博话题关注度直线蹿升，微信朋友圈被“刷屏”，该婚恋网站的产品卖点得到充分曝光，给关心此事的“剩男”“剩女”们留下了深刻的印象。

事件在网上引爆后，线下活动立即跟上，传统媒体也关注并报道，线上线下相辅相成，放大了事件的影响力。通过这次活动，该婚恋网站的百度指数拉出了一条陡峭的上升曲线，网站流量和APP下载量都大幅度上升。

第6节　犯错

思想史就是一部说人性坏话的历史。

——马斯洛

只要条件许可，机会成熟，人人都是想作恶的。

——叔本华

1.轻微犯错是人的潜在欲望

人性中的罪恶，诱惑我们打破常规、违背标准规范，做一些自己知道不该做的事。罪恶是好奇、逆反、懒惰、贪婪，以及追求自由、求新求异等心理状态的复合体。

“一念而从善，一念而从恶，一念而成佛，一念而成魔。”善与恶、佛性和魔性同存人心，共同造就了人性。

我们内心深处或多或少都会迷恋一些轻微的犯错、越轨行为，也会不时地想要挑战美德。当然，犯错是有底线的，过线的“大错”为人不齿，但在不超越底线的前提下“小错”一下，我们会觉得有趣、好玩，难以忘怀。例如，周末睡个懒觉，小小放纵一下，或者在心情不好时故意不接熟人打来的电话。我们会从这类行为里获得一点满足感，当然，也会有一点内疚和不安。

2. 经营犯错感

利用人性的犯错心理策划病毒创意，有4种方式：激发罪恶感；减少罪恶感；负面诱惑；打破禁忌。

（1）激发罪恶感

读书APP“有书”的宣传语是：“你有多久没有读完一本书了？”很多人表示，这句话让他们产生了罪恶感，因此想马上加入读书群，改变不读书的生活状况。

（2）减少罪恶感

有些商品给人提供了便利，但可能会让人觉得自己偷懒、不负责任，导致消费者不愿购买，商品无法打开市场。

有些年轻人注重“养生”：用最贵的眼霜，熬最长的夜；啤酒里面加枸杞，可乐里面加党参。这样一边作死、一边养生的行为，本质不是养生，而是减少罪恶感。

案例 纸尿片开拓美国市场

纸尿片刚在美国销售时，广告中的卖点是“方便”——不用像尿布那样一天洗好几回。奇怪的是，商家打了广告，销量却不见增长。于是，商家找来一群家庭主妇进行访谈。

调查员问：“纸尿片怎么样？”

主妇们都答：“方便。”

“什么情况下最常用呢？”

有人想了一会儿，说：“婆婆不在时会用。”

“为什么？”

“因为婆婆看不惯。”

在很多婆婆看来，媳妇用纸尿片，那是懒惰——尿布不花钱，为什么不用？纸尿片多浪费钱啊！

于是，商家改变宣传的卖点，强调纸尿片柔软、透气、预防小孩儿红屁屁，这给了主妇们一个很棒的理由——我买纸尿片是为了孩子好啊！纸尿片很快就迎来了销量增长。

案例 即食通心粉、电饭煲进入日本市场

日本的家庭主妇大都认为在做饭上节省时间是偷懒的表现，会产生罪恶感。

某企业向日本市场推出两款意大利即食通心粉。一款产品预先放入了洋葱，以简化烹饪过程，节约烹饪时间；另一款产品在包装上善意地提醒主妇们，“要想让通心粉更加美味，请加入适量的洋葱”。哪款产品卖得好？让主妇自己添加洋葱的通心粉卖得好！为什么呢？原来，如果在做饭时利用冷冻、快餐、熟食类食材，日本家庭主妇就会感觉自己没有尽到职责。她们在烹饪通心粉时，加一道需要手工完成的工序，自己准备一点洋葱，表明这顿饭是自己精心准备的，自己不是一个偷懒的、不称职的家庭主妇，就能减轻这种罪恶感。

电饭煲既简单又方便，能够节省家庭主妇的时间。但是，电饭煲刚进入日本时，日本人却不感兴趣。即使有的家庭主妇想买，也会碍于面子、迫于社会压力而作罢。于是，电饭煲商家改变了宣传策略，不宣传电饭煲的“便利”特点，转而宣传电饭煲能够最大程度地利用食物中的营养元素，让食物更香、更好吃。这样一来，日本的家庭主妇们纷纷喜欢上了电饭煲。

（3）负面诱惑

人们有时候喜欢出格的东西，甚至对恶作剧、负面信息感兴趣。营销策划人员要引导人们偏离惯常的行为，激发人性中的“恶”——诱使人们想一想，他可以拥有那些渴望拥有但尚未拥有的东西。例如：如果是床垫公司，可以将产品命名为“星期六早上的懒觉”；如果是耳机厂商，可以给耳机设置一个“震聋”按钮；如果是汽车厂商或经销商，可以投资建设大型试车场，顾客试车时，可以想开多快就开多快。

案例 PINK的负面营销

PINK是“维多利亚的秘密”（以下简称“维密”）的子品牌。2014年上半年，配合美国学校的春假，PINK推出了以“Bright Young Things”为宣传口号的产品系列，上市销售印有“Call Me”“Kiss Me”“Wild”等词语的内衣裤，引起了广大家长的强烈不满。他们认为，这些衣服暗示女孩子必须性感，而这会教坏孩子们。家长们在Facebook上抗议，要求维密撤下“Bright Young Things”广告及系列产品。

家长赢了维密，PINK的广告因为“有指导女孩性感的不良暗示”而被叫停，但该事件却赢得了媒体与公众的关注，PINK系列产品随之热销起来。

（4）打破禁忌

故意打破社会禁忌可以吸引眼球，比如，在很多国家，性是神秘的禁忌话题。面对打破禁忌的话题，人们一定会不断谈论，没有人会犯困、打哈欠。

案例 世界杯“我是射手”话题营销

安全套生产商杰士邦善于将禁忌与搞笑合二为一，制造热门话题。

2014年世界杯期间，杰士邦在微博上推出微话题“我是射手”，让网友聊聊自己心目中的最佳射手及理由。该话题精准捕捉了世界杯的关键词——射，一语双关，将足球射门和杰士邦产品自然、有趣地结合，将比赛的最佳看点与性的激情完美地衔接起来。

由于这个话题的参与门槛低，互动性强，发布后很快就吸引了上千万人参与，一度进入微话题热门排行榜。

第7节　逆反

让你往东你往西，让你打狗你撵鸡。

——中国俗语

1.逆反与追求自由的心理

◇逆反心理

逆反心理，是指人们对别人的要求采取相反的态度和言行的心理，这源于人们维护自尊、保护自由的欲望和对潜在损失的恐惧。

青少年的逆反心理比较严重。在青春期，人的个性意识开始萌芽，形成自主、自我意识，力求摆脱家长的控制。在这个时期，家长的施压容易造成青少年的反叛行为，这就是“罗密欧与朱丽叶效应”——少男少女相爱，两个家族却是世仇，由于双方父母横加干涉，两人反而更加相爱，爱的体验更深了。如果没有人干涉，两人自由交往，或许他们的爱情不会那么惊天动地。最后，为了反抗父母拆散他们的行为，两人殉情，用最极端的悲剧方式来声张自己的自由意志。

当我们被禁止拥有某些东西时，我们会对它更加渴望。如果禁果不被禁止食用，或许它就没有那么美味了。1920年，美国颁布了禁酒令，于是，违反禁酒令就成为当时很多美国人的一种“爱好”，很多人为了寻求刺激而成为“违法者”，法律的神圣感大大降低了。

事物越被限制，越稀缺，人们的渴求度就越高。法律禁止的含有色情、暴力内容的影视作品、图书，由于受到严格的审查、控制甚至被禁止，反而更受人们欢迎。1882年，惠特曼的《草叶集》因大胆的诗风遭禁，销量却戏剧性地攀升。

◇追求自由的心理

追求自由的心理与逆反心理相近。

追求自由是人的本能，心理学上的“感应抵抗效应”是指人们会对命令甚至建议做出本能的反抗。

心理学家做过一个实验，在两间男洗手间里分别悬挂禁止涂写的牌子，在一块牌子上书写警告语“严禁胡乱涂写”，在另一块牌子上以相对柔和的语气声明“请不要胡乱涂写”，过一段时间检查涂鸦的情况，挂着“严禁胡乱涂写”牌子的洗手间被涂写得更加严重了。

2. 利用逆反心理

利用逆反与追求自由的心理策划病毒创意有 3 种方式：挑战主流文化；正话反说；给人自由。

（1）挑战主流文化

现代社会的竞争压力大、生活节奏快，年轻人厌倦了传统价值观，希望打破主流文化，追求自由、开放、情趣，甚至通过出格的方式来表达个性。例如，迪塞尔（Diesel）的燃动香水故意标榜一种“邪恶”的态度，以展示叛逆精神。

案例《奇葩说》：挑战主流价值观

2014年，由爱奇艺出品的“说话类”综艺节目《奇葩说》横空出世，一改大众对网络综艺节目“粗制滥造”的印象，节目形式新奇有趣，观点犀利，内容充实，节奏明快。节目会聚了一大批个性张扬、被称为“奇葩”的选手，以辩论的形式讨论恋爱、金钱等年轻人关心的话题。

《奇葩说》让少数派和异见者发声，挑战和颠覆主流价值观，冲击了人们的思维方式，吸引了广大年轻人的眼球，获得了巨大成功。

案例 阿迪达斯：这就是我

他们说："太粉了""太粗放""太放肆""太浮夸""太假""太快""太呆""太娘""太man""太完美""太幼稚""太狂热""太懒""太怪""太晚"……在这"众说纷纭"的最后，一句"太不巧，这就是我"显得力道十足。

这则名为"这就是我"的广告，展示了年轻人无畏周围质疑的目光、尽情展现自我和个性的态度，传达了阿迪达斯的品牌理念。

（2）正话反说

555牌香烟的广告文案"禁止抽各种香烟，连555牌也不例外"，某品牌手表的广告文案"这种手表走得不太准，24小时会慢24秒，请谨慎购买"，都利用了逆反心理。

案例 陌陌：总有新奇在身边

"别和陌生人说话，别做新鲜事，继续过平常的生活。胆小一点，别好奇，就玩儿你会的，离冒险远远的，有些事想想就好，没必要改变。待在熟悉的地方，最好待在家里，听一样的音乐，见一样的人，重复同样的话题。心思别太活，梦想要实际，不要什么都尝试。就这样活着吧。"

压抑沉闷的女声和家长式的唠叨，这就是陌生人交友工具陌陌的广告短片《总有新奇在身边》的旁白。

短片以反语的方式，鼓励年轻人走出去"发现身边的新奇"——看似消极的文案、夸张的画面、充满睡意的配音，一针针刺痛人们沉睡的内心，引起年轻用户的强烈共鸣。

（3）给人自由

命令、威胁、告诫人们哪些事不可以做，这样的安全驾驶宣传往往无法产生效果。而美国旧金山交通局给了人们最想要的东西——自由，选择的自由。因此，活动奏效了。

案例 “自由”让人们系上安全带

1993年，美国旧金山交通管理局举办了一次行车安全宣传活动，活动主题是“系安全带或交罚款，由你决定”(Click It or Ticket)。

“Click It or Ticket”这一口号，简洁、押韵，人们可以轻松记住。更重要的是，这个活动给人们一种选择：系不系安全带，由自己选择；如果不系，就得交罚款。

这次活动很成功，18~24岁的年轻人开车时系安全带的人数增加了10%。

第8节　稀缺

物以稀为贵。

——中国俗语

1. 稀缺效应

稀缺效应，就是物以稀为贵的现象，无论是物品，还是资源、机会，数量越稀少，人们就越觉得珍贵。

稀缺能提高商品的价值、激发购买欲望。不管商品本身是时尚的，还是传统的，只要能让人们感到稀缺、无法轻易得到，人们就会认可其价值。让少部分人先用起来，让先用的人拥有超越别人的优越感，也让围观者羡慕，会激发人们购买和拥有的欲望，吸引更多的人产生兴趣，形成口碑传播。当你看到周围的人谈论或者排队抢购某商品时，你往往也会觉得它不错。

稀缺能激发占有欲。有时候，我们的喜悦并非来自对稀缺商品品质的体验，而是对稀缺的占有。例如，在争抢稀缺性资源时，人们容易陷入疯狂——血脉偾张，情绪激昂，认知能力、分析能力也会随之降低。几年前房价暴涨时，笔者曾经参加一场二手房竞买，房主将对该房子感兴趣的中介、买主安排在同一时间看房，由于存在竞争，大家纷纷加价，房价当场就上涨了10%。精明的房主制造了一种争抢稀缺资源的氛围，刺激购买者加价——大部分竞争者甚至没有想过，买房是为了居住，而不只是为了拥有它。

2. 饥饿营销

饥饿营销，就是通过调控产品供应，或者限制购买数量、购买时间，或者限制消费人群，制造供不应求的抢购气氛，以激发人们的购买欲望。

企业要把握产品上市的节奏，人为地制造稀缺感，利用数量有限让消费者“渴望得到”。比如，告诉消费者某产品数量有限，不能保证一直有货，采取“限时”“限量”等手段，将消费者的胃口吊起来，这样一来，既能使产品显得更有价值，刺激客户的购买欲望，又能激发占有欲，满足客户追求个性化的消费心理。例如，星巴克、喜茶推出限量版主题杯，引发“抢杯大战”，还有“前300名免费入群”“免费手册还剩最后49本”等。

2022年，麦当劳在中国推出一款纸质汉堡猫盒，顾客购买指定套餐就能获得，全国限定10万份，买到的网友几乎都会在社交媒体上晒一下自家“主子”和汉堡猫窝的合照。这吸引了众多网友围观，一时间“麦当劳崩了”“能睡猫的汉堡”等话题迅速成了热搜。

以前钻石和蓝宝石、翡翠并没有多少差别，后来戴比尔斯减少了全球的钻石供应量，让钻石变得非常稀缺，并通过广告宣传对大众进行洗脑，钻石的价格就扶摇直上。

耐克的限量版球鞋，包括AJ的各种系列和明星联名鞋款，“限量”规则比较复杂，不同区域的限量版不同，不同颜色的推出时间不同。由于限量以及购买规则比较复杂，有些粉丝就到相关平台去寻找代购或转卖，鞋价随之被抬高，一双原价千元的鞋被炒到上万元的现象屡见不鲜。

一般而言，拥有强势品牌的高价商品、时尚品或奢侈品，适合开展饥饿营销，例如化妆品、服装服饰、高档酒、房产、豪华汽车、新款手机等。

案例 日本银座西装店的“打1折”活动

日本东京银座有家绅士西装店首创了“打1折”的销售方式，先公布打折销售的时间：第1天打9折，第2天打8折，第3天和第4天打7折，第5天和第6天打6折，第7天和第8天打5折，第9天和第10天打4折，第11天和第12天打3折，第13天和第14天打2折，最后两天打1折。

实际情况是：第1天前来的客人并不多，即使来了，也只是看看，一会儿就走了；从第3天起，顾客开始一群一群地光临，第5天打6折时，顾客就像洪水般涌来，人们急于购买自己喜爱的商品，不会再等下去，这就引起了抢购的连锁反应；绝大多数商品在打5折和6折时就卖光了。

案例 奢侈品行业的饥饿营销

服装服饰的奢侈品牌，经常限量出售、限时供应，避免过多的人拥有同一款产品。一旦有顾客预订的货品到货，会先在货架上展示一段时间，再通知顾客取走，这样既延长了顾客的等待时间，还将专柜的展示款也卖掉了。爱马仕一直坚持定制化生产凯莉包，无论多大牌的明星，都要等候3~4个月才能拿到手，于是，明星大腕们对其爱不释手。

“如果你没有在等候名单上排过队，就不能算是一个合格的奢侈品粉丝。”这是奢侈品行业的一句名言。路易威登、爱马仕、迪奥、香奈儿、古奇等国际顶尖奢侈品牌，都有长长的等候名单，很多顾客要等一年多，还有顾客等了四五年，即便是在有存货的情况下。

2009年年初，在国际金融危机的影响下，茅台酒的销量下滑，有些经销商甚至降价抛售。为了稳定价格，茅台公司实施控量供应，缩减经销商配额，最高控量达50%，立刻扭转了不利局面。五粮液也曾通过控货限价促使经销商哄抢，推动产品价格稳步上涨。

一些汽车品牌经常打着“按订单生产”的旗号，刻意控制新车供应量，制造供不应求的气氛，经销商们则趁机加价销售。日产汽车曾推出一款名为费加洛的具有浪漫风格的中古型轿车，并宣布只生产2万辆，先接受预订，然后抽签发售。消息传出后引起轰动，申请人数超过30万。

案例 手机品牌的饥饿营销

苹果公司通过控制市场供应营造预约购买、排队购买、产品供不应求的气氛，强化了用户的优越感和品牌归属感。

以iPhone 4S为例，2011年10月14日在美国上市后，32GB机型售价为749美元（按当时的汇率换算，约为人民币4774元），而比美国上市时间晚3个多月的中国内地市场，售价却高达5888元。2012年1月13日，iPhone 4S上市首日，全国各地顾客疯抢，甚至出现打架事件。苹果香港网站推出了iPhone摇号预订系统，规定每人最多预订2台。

2011年9月5日，小米手机开放网络预订。9月5日13:00至9月6日23:40，预订数量超过30万部，小米网站随即宣布停止预订并关闭了购买通道。2011年12月18日早晨，小米手机开始面向普通消费者直接销售，每人限购2部。3小时后，小米宣称库存10万部手机全部售完。2012年1月4日下午，第二轮上线的10万部小米手机在2小时内被抢购一空。

小米创新销售模式，实行分批开放、限量发货，采取秒杀、预售F码等方式。当时，很多人以搞到一个小米F码为荣，有卖家在淘宝上销售F码。

第9节　贪心

天下熙熙，皆为利来；天下攘攘，皆为利往。

——司马迁

1. 人性贪婪

◇欲壑难填

贪婪是指过分追求或占有物质利益、名誉、权力等，表现为贪财、贪食、贪玩、贪权等——即使已经得到很多了，还想得到更多。

金钱能满足人的欲望，无论是食欲还是性欲，无论是虚荣心还是爱美之心，无论是去医院看病不排队还是坐飞机头等舱，都可以用金钱来实现。

贪权，也称恋权，就是迷恋权力、贪图更大的权力。贪权与虚荣类似，但有所不同。虚荣的人需要别人的赞美，贪权的人需要控制、支配、影响别人。

贪权容易上瘾，无论这权力是大还是小。很多官僚就习惯于从说“不”而非“是”中获得更多“快乐”。事实上，迷恋权力是历史上很多伟人得以成就伟业的最强驱动力。在某种程度上，人们对知识的追求也源于对权力的迷恋，所有的科学技术创新都根源于此。

有哲学家说：“我们可将财富比作海水，喝得愈多，愈是口渴，名声亦复如此。”人的欲望是一个填不满的黑洞，心满意足是一个不可能实现的梦想。

案例 你爱的是什么？

国外某网站曾经做过一个调查：“如果一个穷人假冒富人和你谈恋爱，被你发现，你会如何反应？”90%的人选择坚决断绝关系，因为“诚实是最重要的品质”。

过了一个月，这个网站又出了一道题：“如果一个富人假冒穷人和你谈恋爱，被你发现，你会如何反应？”90%的人选择继续交往，因为“我爱的是他的人，又不是他的钱”。

◇**损失厌恶心理**

人们对损失和收益的敏感程度不同，比起收益带来的快乐，我们更在意损失带来的痛苦，这就是损失厌恶心理。

根据损失厌恶心理，要强调损失而不是利益，告诉人们“不这样做会失去什么”，而不是“这样做会得到什么”，这样能让人印象深刻并采取行动。

◇**互惠心理**

人具有回报欲，负债感让人难受；给予他人小恩小惠，通常可以换取更大的利益，这就是互惠心理。商家通常采取免费试用、赠送小礼品、低价促销等策略，与客户建立互惠关系，让客户产生负债感，激发客户的购买动机。

互惠心理与贪婪不同，但这两者经常共同发挥作用。

2.经营贪婪心

利用人性的贪婪策划病毒创意有6种方式：强调利益；制造损失感；捆绑定价；鼓励试用；追求性价比；赠送。

（1）强调利益

亚当·斯密说：“人天生，并且永远，是自私的动物。”“人的本性就是追求个人利益。”

现代营销学的奠基人西奥多·莱维特（Theodore Levitt）指出，人们买的不是钻头，而是墙上的孔——好把孩子的照片挂上去。

人们感兴趣的是自身的利益，没有人对你的产品感兴趣。撰写营销文案时，要始终围绕这样的主题：这对你有什么好处？你为什么应该购买？要把产品能给用户带来的好处讲得清清楚楚，而不是自我陶醉、自娱自乐，喋喋不休地吹嘘自己的产品多么独特，功能多么丰富，性能多么强大。

（2）制造损失感

商家经常通过限时低价优惠来营造抢购氛围，利用时间紧迫感让用户“害怕失去”，这种损失感会激励人们迅速下单购买。

“免费活动截止到××日”“最后一天清仓大甩卖！”“最后1小时免费入群”“全年最低价，错过等一年！”这些广告语制造“机会即将失去”的氛围，激发消费者的损失厌恶心理和稀缺心理。

电商低价促销的招数令人眼花缭乱，例如返利、打折、团购、点购、秒杀、抽奖、积分换购、买一送一等。

在低价的诱惑下，人们兴奋、激动，难以自制，往往会过度消费或超前购买。

（3）捆绑定价

有这样一句营销名言：“别把圣诞礼物放在一个盒子里。”把好处分散，用户感知到的好处就会增加；把损失捆绑，用户感知到的损失就会减少。因此，商家通常会千方百计地分散好处、捆绑损失。

例如，某商家的定价策略是“产品50元，包邮”，而不是“产品45元，邮费5元，共50元”。还有商家这样定价：“买4999元电脑，送耳机，送高档鼠标垫，送免费1年上门维修。”让用户一次性支出，他就觉得不太痛苦，如果把电脑、耳机、维修等分别定价，用户就会感觉是多次付出。

（4）鼓励试用

当一个人想象自己拥有某物品时，就会想象自己使用该物品的美好场景，该物品在他心中更值钱了，他因而害怕失去该物品，这就是虚拟所有权心理。让消费者免费试用、试看、试玩，以及场景化、消费者体验、引发联想等，都是为了让消费者产生虚拟所有权心理。

一旦消费者试用了某商品，他就会把该商品当成自己的，给该商品更高的评价，把得不到（不购买）看作损失。有些企业实行零风险承诺，例如“30天不满意全额退款”“7天无理由退货”“退货包邮费”等策略，消费者没有后顾之忧，会放心购买，最后也很少有人会退货退款。

（5）追求性价比

利用人们爱占便宜的心理，有些品牌追求极致性价比。

案例 早期的小米手机：性价比之王

2011年小米手机上市时，小米公司将其定位为“性价比之王”，高配置低价格。小米1是国内首个实现双核芯片、1.5GB存储空间、4英寸屏幕、800万像素摄像头、待机时间450小时的智能手机。当时，国内市场上同等配置的手机价格在四五千元，而小米定价为1999元，完全打破了人们的预期。

小米手机第一年就卖了700万台。很多人除了自己用，还买给亲戚朋友，42%的用户买了2~4台。

（6）赠送

损失厌恶心理导致免费具有很强的诱惑力。多数交易都是交换，一手交钱，一手交货，而免费是天上掉馅饼。面对免费，如果我们无动于衷，该得到的东西没有得到，就相当于发生了损失。

免费不是折扣，免费与折扣完全是两回事。2元钱与1元钱之间的差别微不足道，但1元钱与免费之间却是天壤之别！“零”是一种特别的价格表示法，它所激发的本能冲动是不可抑制的。我们原来压根儿没想买的东西，一旦免费，就变得特别有魅力。面对一份免费的冰激凌，你是否曾排在长长的队伍里等待？面对航空公司的积分换里程计划，你是否曾为了积攒积分，宁可舍弃时段更合适、价格更低廉的其他航空公司的航班？面对商店的“买二送一”活动，你是否曾为了得到“送一”而买下那两件你并不需要的东西？

如果你在做生意，用好“免费”这个秘诀，就可以一鸣惊人。想让顾客盈门？想增加销售额？拿出一部分免费商品吧！

第10节　爱美

美是一种善，其所以引起快感，正因为它是善。

——亚里士多德

不能说凡是合理的都是美的，但凡是美的确实都是合理的。

——德国哲理

1.爱美是人的天性

英国诺福克郡发现了一件大约50万年前的阿舍利（Acheulian）石斧，斧心有一块海菊蛤化石，这个贝壳化石被精心地规划在石器中央，在打制过程中被完整地保存下来。后期的阿舍利石斧制作更加精致，刃缘平直光滑，形成对称、均衡和规整的几何形状，有扁桃形、卵圆形等。制造石斧，只需把石头的一边打磨锋利就可以了，可是制造者却花工夫把斧头做得很漂亮。也就是说，史前人类就热爱美丽的事物，除了石斧的实用性功能，人们还追求艺术审美。

人们追求感官的愉悦，而美丽的事物让人身心愉悦，感到亲切、轻松。美丽与食物、住所、安全等一样，都是人类的基本需求。

2.颜值经济

颜值是一个网络用语，指美丽的程度。如哲学家所说："美丽比一封介绍信更具有推荐力。"美丽就是生产力，颜值就是传播力。

打造颜值经济包括4个方面：新产品满足爱美需求；外观设计提升产品价值；打造"美丽"的品牌形象；探讨有关美的话题。

（1）新产品满足爱美需求

随着生活水平不断提高，人们越来越追求美好生活，美成为人们的重要需求。近年来，医美、美妆、健身等产品成为市场热点。

（2）外观设计提升产品价值

如果产品的外观能够满足我们对于美的追求，表面光滑、质地均匀、设计简洁、容易使用……我们就会喜欢它。麦当劳品牌创始人雷·克罗克（Ray Kroc）要求快餐店的地面要特别干净，卫生间要经常消毒，从而使麦当劳彻底颠覆了当时传统快餐店的形象，走上了传奇的成功之路。

视觉冲击能高效地传递信息，高颜值产品往往会激发消费者的爱美天性，使其快速做出购买决策。例如，完美日记、花仙子、钟薛高、元气森林、喜茶、奈雪的茶等新消费品牌，面向年轻消费者，追求唯美设计，传达个性、活力、时尚、舒适、多元等价值观，产品的高颜值吸引消费者纷纷购买。

案例 苹果产品是美的化身

1973年，里德学院的一名新生只上了一学期课就辍学了。随后，他花了一年时间旁听了该校著名的书法课。10年后，这位名叫史蒂夫·乔布斯的辍学学生组装出了世界上第一台具有多种字型和能够自动调节文字间距的电脑——苹果麦金塔（Macintosh），开创了一个时代。

乔布斯认为，人们渴望优雅美丽的东西，电脑在房间里占据一定的空间，人们会经常看到它，如果电脑的外观优雅、美丽，人们就会感到赏心悦目。

1998年8月15日，乔布斯展示了iMac，它共有6种颜色：邦迪蓝、葡萄色、橘色、酸橙色、草莓色及蓝莓色。iMac的形状让人们感到新奇，外形像半颗鸡蛋，屏幕具有一定的弧度，而尾端是圆的。iMac的设计完美地体现了为人们所公认的美丽元素：颜色亮丽、表面光洁、对称、曲线、容易使用。

苹果产品设计精良，富有魅力，因此定位于高端市场，价格较高，成为身份和实力的标志。

（3）打造“美丽”的品牌形象

自然美景、高颜值形象让人感到愉悦，广告代言人通常都是高颜值人物。新媒体都深谙此道，微信文章、微博内容经常使用美景、高颜值图片来提高内容的吸引力。

海南省三亚市依托美丽的热带风光，利用举办“世界小姐”总决赛、高颜值形象云集的优势，打造“美丽”的旅游胜地形象，成为发展颜值经济的翘楚。

案例 四川航空：打造“美丽”的品牌形象

四川航空是一家中小型航空公司，在飞机数量、硬件等方面缺乏优势，便打造“美丽川航”的品牌形象，在民航市场的激烈竞争中脱颖而出。

2003年8月，四川航空推出以“8位美丽空姐和8位英俊飞行员”为形象代表的宣传，制作了巨幅广告矗立在机场高速公路旁，并印制了20万张广告画随报纸发行。接着，以“美丽川航的美丽行动”“走进美丽川航”“美丽川航更美丽”为题的文章陆续刊登在众多媒体的醒目位置。

除了广告宣传，四川航空还系统化地打造“美丽文化”，以“真、善、美、爱”之心为旅客提供精品服务，在企业、员工、旅客、社会的多重关系中铸造价值共同体、利益共同体和美丽爱心共同体，以美丽关爱感动人心，以感恩事业铸造和谐。通过这些措施，四川航空很快获得广大乘客的认可和赞美，“美丽”成为四川航空的代名词。

（4）探讨有关美的话题

究竟什么是美丽？这是人们普遍关注的话题，能吸引人们参与讨论。

案例 多芬：“爱美丽”活动

联合利华旗下的多芬品牌（Dove）持续开展“爱美丽”活动，成功推广了“发现女性之美”的品牌理念。

（1）实验：你比你想象中美丽

根据一项调查，世界上只有4%的女人觉得自己美丽。所有的女性品牌都在告诉女性消费者：你比你想象中美丽。但是，怎样才能令人相信呢？

多芬与美国罪犯肖像艺术家吉尔·扎马拉（Gil Zamora）合作，做了一项社会学实验，并拍成短片。吉尔先根据7位女性对自己五官和外形的描述为她们画了像，再根据当天见过她们的陌生人的描述为她们另外画了一幅像。

有趣的是，这些女性所描述的自己的形象与她们在陌生人眼中的形象差异很大，陌生人眼中的她们比她们眼中的自己要美丽得多。

为什么女人觉得自己丑？因为这个世界一直在兜售美丽，导致女人背负了太大的压力。这时候，多芬打出宣传语："You are more beautiful than you think." 2013年戛纳国际广告节钛狮奖，这则短片当之无愧。

（2）真美运动

2004年10月，多芬开展"真美运动"（Real Beauty Campaign），制造话题，推广品牌。多芬选择6位22岁至95岁的"典型女性"拍摄了一组广告，展现她们自信、生动、充满活力的一面，并配合她们的照片提出诸如"有皱纹还是非常棒？""灰色还是出色？""超重还是出色？""半空还是半满？""瑕疵还是无瑕？"等问题，观众可以登录网站进行投票。这项活动旨在启发女性认真思考美丽这个话题，例如"社会对美丽的定义""追求完美""美丽和身体吸引力之间的差别""媒体塑造美丽形象的过程和手法"等。

关于美丽的准则的话题引起较大争议，多芬邀请广大网友进行深度探寻，引起人们的踊跃参与和热烈讨论。随着话题的延伸，多芬品牌自然深入人心。

第11节　社交

离群索居者，不是野兽，就是神灵。

——亚里士多德

1.社交是人的本能

作为社会性动物，我们需要与他人建立联系，相互交流，以获取信息、建议，或者物质、情感上的支持，这能让我们的生活更加安全、富有成就感。人们普遍喜欢交往、表达、分享——我觉得快乐，就希望朋友也感受到快乐；我感到不快，就希望向朋友倾诉。

社会交往有助于延长人的寿命。社会心理学研究发现，与朋友联系紧密、交际圈大的人，得感冒、心脏病的概率及死亡率都比较低。

社交可分为情感社交与功利社交。情感社交是为了获得情感沟通与情感体验，或者找到有共同兴趣爱好的人。当一个人心智尚未成熟或者生活不如意时，就需要从朋友那里获得情感上的沟通与支持。功利社交是为了获得利益或帮助，例如有些人认为“朋友就是要互相帮助、互相麻烦的”。成年人之间主要是功利社交，情感社交较少。很多人会混淆这两种社交——当你满足一个“情感朋友”提出的“功利需求”时，你就“够义气”“有人情味”，否则就“不够朋友”。

数字时代，人们的社交欲主要表现为3个方面：互助利他；信息欲；存在感与归属感。

（1）互助利他

人人都有利他的动机。有哲学家说：“快乐的源泉在于帮助他人，成为对他人有用的人。这样你便会感到自己存在的意义，享受最纯粹的喜悦。”

我们关心别人，想使其生活好转；我们喜欢在网上分享一些实用信息，以加强与朋友的联系、增进友谊。实用信息指对人有用、有帮助的信息，例如能够节省金钱和时间、带来快乐和健康、获得更好的体验的信息。

如果与产品有关的信息可以帮助其他人，人们就会主动分享。饿了么、共享单车、打车软件等APP，用户使用后会获赠5~10个红包，让用户分享给他的朋友。

（2）信息欲

信息欲是指人对信息的渴求，信息欲与吃饭、睡觉、安全、性一样，是人的本能欲望和基本需求，其本质是人的社交欲。

数字时代，信息欲主要表现为手机控和连接欲，具体体现为手机随时在线、电量充足、手机随身等。人的信息欲比以前更加强烈了，信息成了像空气一样须臾不能离开的东西，几乎成了马斯洛需求金字塔中最底层的需求。

移动互联网给“70后”“80后”的生活与工作带来了巨大的便利，但“90后”“00后”是完全生活在线上。他们须臾不能离开电子设备，睡醒马上用，深夜也在用，在微博、微信、优爱腾、抖音、快手和B站的陪伴下成长，他们几乎就是活在网上、活在手机里。

案例 社交媒体方兴未艾

现代社会，很多人都患上了社交焦虑症。面对人们的社交软肋，以及人们渴望了解别人的心理，社交媒体应运而生——不需要具备社交能力，不需要跨越物理和心理的距离，就可以在虚拟世界里轻松地开展社交。据统计，目前非接触型社交已经占到人类社交活动的80%。

当前，社交媒体十分流行，例如微博、微信、陌陌、抖音、快手、贴吧，以及Facebook、Twitter、Pinterest等，传统互联网平台也增加了评论、点赞、分享、转发等社交功能。

（3）存在感与归属感

现代社会的生活节奏快，社会结构多元化，人们缺乏交往，过度保护个人隐私，邻里多不相识，相互之间遥远而陌生。

人们感到孤独、寂寞，渴望被关注，便会做出一些不平凡的事情来吸引别人的注意，以获得所谓的存在感。

社交的本质是身份认同。人们需要与他人联系，让自己被接纳、被认同、受重视、受喜爱。世界上之所以存在大大小小的机构和组织，是因为人们能够借助它来巩固自己的社交关系。人们参加各种团体、网络社群，或是参加各种兴趣组织与群体性文化体育活动，都是希望获得一种社交联结感，即归属感。

2. 利用社交欲

利用社交欲开展营销，主要包括3个方面：产品满足社交需求；通过社交圈推广新产品；孤独经济。

（1）产品满足社交需求

社交需求经常表现为隐性需求，或者与其他需求混合在一起，例如朋友聚会吃饭就是饮食、娱乐、社交等多种需求的混合。具有社交功能的产品，容易受到人们的青睐。例如，百威啤酒的广告是三个男青年携手欢呼助威的场景，与朋友聚会、共享快乐联系在一起。

早期的网络游戏是反社交的，特点是虚拟世界、逃避现实、消磨时间。今天，手机游戏成了年轻人的重要社交工具，边打游戏边语音聊天，没有朋友在线就不玩，或者专门约到一起玩游戏。

案例《王者荣耀》：社交娱乐工具

为了方便用户享受社交乐趣，《王者荣耀》建立了多层次的用户社交关系，包括熟人及陌生人社交的5类用户关系链。

①社交好友：《王者荣耀》支持微信和QQ登录，用户可以导入微信和QQ中的社交关系，玩家一进入游戏就有了好友，这样游戏很快就有了大量用户。

②游戏好友：社交好友一起玩游戏，就默认成为游戏好友。另外，通过搜索“附近的人”“最近一起游戏的人”等方式也能获得游戏好友。

③找新朋友：用户通过交友名片和朋友搜索等功能可以寻找新朋友。

④附近的人。与微信“附近的人”一样，支持性别筛选，可以查看用户

资料及当前状态。

⑤师徒体系：好友间形成师徒关系，协同完成任务，可以获得经验、金币、称号等奖励，激励用户与他人建立密切关系。

通过用户之间多层次的社交关系，《王者荣耀》具有了极强的社交属性，成为一款社交工具。

案例 网易云音乐：打造音乐社交

以前，音乐软件只能提供音乐下载及试听服务，人们听音乐的方式是播放本地音乐。而音乐的本质是情感，人们听音乐时需要传达和分享情感。网易云音乐通过歌单、乐评、个性化推荐等功能打造独特的产品优势，颠覆了传统的“曲库模式”，开辟了“音乐社交”的先河。

歌单就是歌曲列表集合，用户可以把自己喜欢的音乐创建成一个歌单。网易云音乐改变了传统曲库型产品发现音乐的模式，把歌单作为音乐内容的组织形式，用户通过收藏、评论、分享歌单等行为，极大地丰富了相互之间的社交关系。2021 年年底，用户自主创建的歌单总量超过 4 亿个，用户日均创建歌单量 62 万个。

用户可以在歌曲下面撰写评论，超过 50% 的用户边听歌边看评论（行业平均水平不足 10%），而“999+”乐评也成为判断歌曲热门程度的标准之一。2021 年年底，网易云音乐累计产生 4 亿条乐评，用户日均生产 150 万条乐评，成为国内规模最大的乐评库。

在乐评功能的基础上，网易云音乐还推出了点赞机制和精彩评论置顶功能，激励和引导用户创作内容。高质量的评论能第一眼就被后来听歌的人看到，吸引听歌者来看评论区，逐渐改变了用户的听歌习惯，让用户从评论区中寻找共鸣。运营人员通过算法推荐等手段，引导广大用户生产优质音乐评论。

通过海量歌单库和丰富乐评等内容，网易云音乐逐渐成为丰富优质的音乐内容社区，形成了浓厚的社交氛围，评论、动态等社交互动有效拉近了音乐人与用户、用户与用户之间的距离。

（2）通过社交圈推广新产品

2013年5—6月，游戏《疯狂猜图》在微信朋友圈风靡一时。游戏很简单：由系统提供一张图片，再给出24个待选汉字或字母，用户需要使文字与图片相匹配，并在答案框里输入正确的答案。如果猜不出来，可以选择用金币获得提示，或者将图片和待选内容分享到微信朋友圈，向好友求助。朋友如果觉得游戏有趣，会下载游戏，成为新用户。新用户遇到困难，会再分享到自己朋友圈，吸引更新的用户。

2013年下半年，多款产品通过微信朋友圈形成了病毒传播。例如，《百度魔图》让用户与明星“PK”颜值，《魔漫相机》让用户将自己的容貌拍成幽默漫画，都是靠让用户拍出好玩的图片在朋友圈分享引爆了市场流行。2014年春节期间，微信、淘宝、新浪微博等开展的“抢红包”活动，吸引了数亿人参加，强力推广了移动支付业务。

（3）孤独经济

叔本华在散文《要么庸俗，要么孤独》中精辟地分析了人们的社交需求。一个人渴望社交的程度通常与他的年龄成反比——婴儿独自待一小会儿就会惊恐地哭喊，而很多老年人却喜欢独处。过度的社交令我们庸俗，喜欢独处、能够忍受孤独的人通常拥有丰富的精神世界。“从这种意义上说，我们可以把社会人群比喻为一堆火，明智的人在取暖的时候懂得与火保持一段距离，而不会像傻瓜那样太过靠近火堆；后者在灼伤自己以后，就一头扎进寒冷的孤独之中，大声地抱怨那灼人的火苗。”

现在，越来越多的人喜欢养宠物。为了排解孤独寂寞，很多人把感情寄托在动物身上。现实生活中的沉重物欲让人们向往纯粹自然，面对宠物时人们会产生莫名的轻松。宠物是很好的倾听者，宠物也需要人的保护和照顾，这使人感到被尊重、责任感和价值感。

现在宠物行业的增长速度很快。有些宠物已经消费升级，开始追求品质生活，包括膳食均衡、美食、名牌用品、健身、相亲、摄影、保险等。

单身生活正成为一种社会潮流。当前，国内的单身成年人超过2亿人。他们的收入水平较高，消费观念前卫，贡献了手机游戏一多半的营业额。“90

后”“00后”逐渐成为品质消费的重要力量，很多年轻人追求独乐自在、自由悦己的生活方式，这激发了相应的消费形态，例如一人食、一人租、一人旅游、自助唱吧、自嗨锅、速食品、迷你小家电、小户型公寓等。

自嗨锅，就是自热火锅，是一款解决孤独的产品。有些年轻人喜欢宅在家里，又想吃火锅，怎么办呢？来一个自热火锅，一边刷手机，一边吃火锅，不仅不孤独，还很享受。

鸡尾酒品牌锐澳（RIO）聚焦单身青年的生活场景，打出广告“RIO微醺，一个人的小酒”，迎合目标用户的生活状态，去陪伴用户，就这样走进了用户心里。

跟陪伴相关的产业正在崛起，比如陪聊陪玩的宠物、家庭机器人、智能音箱、APP等。苹果手机的语音助手Siri会讲故事、说方言、唱Rap，还能够持续迭代升级，为用户排解寂寞。买宠物还是买一个机器人？这可能会成为令人纠结的问题。

第4章

制造情绪情感，设计病毒基因

感人心者，莫先乎情。

——白居易

如果不诉诸情感，就无法说服他人。

——亚里士多德

1. 情感能引人注意、让人分享

◇情感是深层的行为动机

情感是人对外界刺激产生的心理反应和特定感觉，由间脑所控制。我们与外部环境进行交互，会产生各种各样的情感，包括高兴、悲伤、喜欢、厌恶、恐惧、愤怒等，并伴有一系列生理变化，譬如瞳孔放大、呼吸加速、心率加快和血压升高等。情绪是一种短暂的情感，容易被唤起，也容易消失。例如，我们会在看笑话时感到快乐，在看恐怖片时感到恐惧，但看完后这些情绪会快速消失。在多数情况下，情感与感情、情绪的内涵一致，本书不对这几个概念加以严格区分。

如前文所述，我们的脑干（本能脑）和间脑（情感脑）是潜意识脑，大脑皮层（理智脑）是意识脑，我们日常的大部分行为是由本能和情感驱动的，是由潜意识脑决定的。美国爱荷华大学神经学家安东尼奥·R·达马西奥（Antonio R Damasio）指出："人类几乎所有行动决策的临门一脚都是由情感驱动的。人们日常生活中做的大部分决定，根本没有逻辑思考，完全是情感驱动的。"我们的大脑会有意识地接收信息，然后将其转化成潜意识。以学习驾驶技术为例，在学习阶段你会有意识地思考每个动作，而一旦学会了开车，一切就变得极其自然了，因为你的潜意识脑开始为你服务，这样一来，你在开车时就可以腾出意识脑来考虑其他事情。

人们通常是先有感觉、感受，然后才会思考——通过理性去寻找理由。在阅读充满情感的内容时，人们会反射性地做出各种情感反应，例如恐惧、喜悦、敬畏、厌恶等；然后，人们将即时的感觉和随后的分析推理结合起来，形成判断。

在面对特殊的场景时，情感会让我们跳过理性思考，直接在深层次的本能下行动，迅速采取恰当的行为和应对方式。情感反应是一种无须推理的直觉判断过程，就像我们看见鲜花就会愉悦，听到"癌症"一词就会心悸。人们的成长过程，就是不断学习、积累生活经验、进行社会判断和价值判断的过程，就是不断建立情感反应、不断形成直觉的过程。

情感在人类进化史上具有重要的作用，例如恐惧与愤怒都是驱动人类保持安全的本能，当我们感到害怕时就会准备逃跑，愤怒则会使我们做好战斗准备。研究发现，不同的情感会驱动人采取不同的社会行为：快乐会让人想要分享，悲伤会让人期待获得同情，恐惧会让人寻求依赖，愤怒则会驱动人们巩固同盟关系。

◇情感能吸引注意力

情感能加强记忆。我们会忘记童年的大部分事情，但对于非常兴奋（例如考了第一名）、悲痛（例如亲人去世）或恐惧（例如被他人打骂）的时刻，却总是记忆犹新。

实验发现，人们会注意到那些具有情感色彩的词语。科学家在屏幕上显示一对数字，用不相关的词把数字隔开，如“2文章3”“4表格7”，被试者要快速判断数字的奇偶性，并按下相应的按钮（两偶按A，两奇按B，一奇一偶按C）。实验结果显示，当数字中间的词带有情感色彩时，被试者很难将其忽略，按按钮的时间明显延长。

利用情感吸引人们的注意力，典型例子是“希望工程”用大眼睛女孩作为形象代言人，女孩眼神里流露出的渴望令人感动，吸引人们关注并参与“希望工程”。网络文章为了吸引眼球，标题中往往含有“惊喜”“气愤”“震惊”等情感词汇。

◇高唤醒情感激发分享行为

有些情感就像流行性感冒一样，具有较强的感染力。这是由于分享情感能够帮助人们维持和强化社会关系，在经历重要的情感体验后，人们普遍倾向于与朋友分享，让朋友也产生同样的情感触动。如果一位大妈发现附近的超市正在举行重大优惠活动，例如大白菜5角钱1斤，她肯定会告诉街坊邻居，和他们一起分享她的惊喜；如果在路上碰到了倒霉事，例如开车遇到“碰瓷儿”的，我们也会将此事告诉朋友，以发泄自己的愤怒和郁闷；如果我们发现了一家很棒的餐馆，也一定会与周围的人分享。

情感既能让我们欢笑、哭泣和呐喊，也能让我们与他人谈论分享。但是，并不是所有的情感都富有感染力，都能激发人们的谈论分享行为。那么，究竟哪些情感具有感染力，病毒性较强呢？这与唤醒有关。

所谓唤醒，是指个体在生理和心理上进入激活状态，包括激活脑干的网状系统、自主神经系统和内分泌系统，这会导致心率加快、血压升高，使身体感官处于警醒状态，可以随时对外界刺激做出反应。根据唤醒程度的高低，心理学家对人类的情感进行了分类，高唤醒情感既包括惊讶、兴奋、快乐等积极情绪，也包括恐惧、愤怒、担忧等消极情绪；低唤醒情感既包括满足、放松、安逸等积极情绪，也包括无聊、羞愧、消沉等消极情绪。

心理学研究发现，高唤醒情感富有感染力，低唤醒情感缺乏感染力。当人们产生高唤醒情感时，人们向他人分享交流的意愿比较强烈；当人们产生低唤醒情感时，人们就不太愿意分享，而是倾向于低调行事，比如独处。

案例 唤醒驱动分享效应

心理学家曾经开展一个原地慢跑实验：要求一半受试者在椅子上静坐1分钟，并放松自己；要求另一半受试者到另一个实验室中原地慢跑1分钟。任务完成后，心理学家做了另一个实验，告诉这些受试者实验的目的是观察人们与他人的分享行为，并让他们读最近报纸上的一则消息。读过之后，他们可以选择是否将此消息用电子邮件分享出去，可以分享给任何人。

原地慢跑本身不能激活情感，它只是一种生理唤醒，让人心跳加速、血压升高。原地慢跑实验证明了唤醒会驱动分享——参与原地慢跑实验的受试者的分享率达到75%，是放松组受试者的3倍。由此可见，任何形式的唤醒，无论是生理的、情感的，还是纯粹形式上的，都能激发人们的分享行为。

2. 利用人性情感，设计病毒基因

◇营销就是制造感觉、引导行为

以往，人们重视产品的功能和价格，重点关注产品是“好”还是“不好”，营销工作的重点是针对理智脑，“以理服人”，引用相关数据，突出产品功能特性等，向人们说明产品多么优质，功能与性价比是主要竞争手段。

随着收入水平的提高，人们越来越追求情感需求，重视产品的情感价值，淡化其功能与性价比，购买决策的关键是“喜欢”还是“不喜欢”这一情感态度。例如，麦当劳的广告语是“我就喜欢！”

今天，企业营销工作的重点是针对情感脑，“以情动人”。企业应该针对人的情感脑设计病毒创意，激发人们产生恰当的情感，从而引导人们的行为，驱使人们主动进行分享和传播。

案例 家用发电机公司通过展现情感来宣传自己

美国Generac公司向家庭用户提供备用发电机。Generac公司曾经进行了一项用户调查，让用户通过画图来描述自己与发电机的关系。男性用户通常把备用发电机描述成保护家庭的超人；女性用户则描述，如果没有备用发电机，自己就像被置于即将沉没的泰坦尼克号。Generac公司的营销宣传原本要展现技术的先进，但根据这一调查结果，改为通过情感来宣传品牌，强调产品在关键时刻能给用户带来安全，保护他们的生活和家庭。新营销策略使公司销售额在两年内翻了一番。

◇激发人性情感，制造感觉

如果营销活动能产生高唤醒情感，人们就愿意注意、分享它。

策划营销创意时，应该绕开人的意识脑、理智脑，直达人的潜意识脑、情感脑，激发能产生分享行为的高唤醒情感，以引起人们的兴趣、关注，甚至谈论、分享，使营销信息像病毒一样自我复制、广泛传播。

那么，能引起人们的兴趣和分享行为的情感都有哪些呢？在长期的营销策划实践与研究的基础上，结合心理学、生理学等领域的研究成果，笔者总结了病毒性较强的10种人性情感型病毒基因：意外、同情、可爱、快乐、幽默、恐惧、正义、亲情、友情、爱情。

这些情感之间的关系复杂而微妙，有些互相关联，有些互为因果。

亲情（Family）、友情（Friendship）、爱情（Forever Love）被称为广告创意的“3F黄金法则”，三者都与爱有关。血缘的传递缔造了亲情，无私的帮助与体贴是友情的表现，而爱情更是人类文明生生不息的基石。

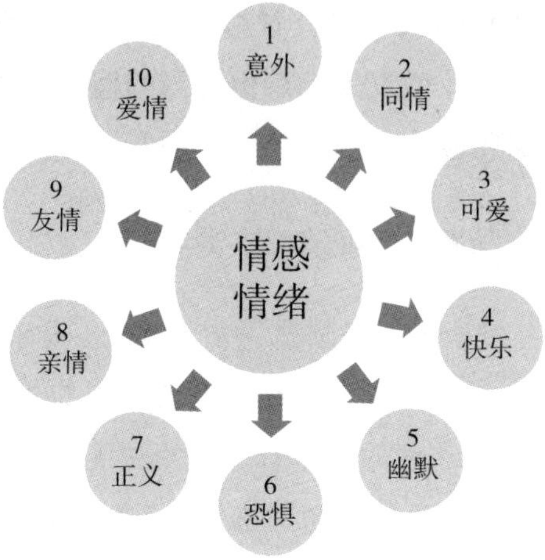

图4.1　情感情绪型病毒基因

接下来，我们看看怎样基于这10种情感，设计病毒基因，策划病毒创意，包括原理、方法及典型案例。

第1节　意外

吸引注意力很简单，只要给大猩猩穿一个护裆就可以了。

——大卫·奥格威[①]

1.意外吸引注意力

当人们发现事物不符合预期、不符合常规的时候，感到惊讶、惊喜或者惊吓的心理状态，就是意外。

① 大卫·麦肯兹·奥格威（David MacKenzie Ogilvy，1911—1999），英国人，被誉为“广告教父”，奥美广告公司创始人。

当我们看懂某种因果关系时，大脑会把这份领悟记录下来。在遭遇相同场景时，大脑会快速地从记忆库中调取信息，采取合理的应对方法，这就是习惯。

意外能够吸引人们的注意力。要想引人注意，就要出人预料，打破人们的预期，让人们感到惊讶。

人们总是关心不寻常的事情。如果发生的事情与大脑的预测一致，我们就不会感到意外。如果习以为常的因果关系被打破，如果事情不符合预期，人们就会兴奋起来，暂停其他事情，启动应急系统，增加认知努力，努力寻找答案——为什么预测会出错？同时，认知这种新的场景，对大脑预测系统进行补充或修正，以便今后能对这种情况做出正确的反应，不再犯错。

令人感到意外的信息容易被传播。比如“德国著名足球教练喜欢吃鼻屎”就容易被传播，因为“著名足球教练”和“吃鼻屎”是对立的，是高大与低俗的对立，两者结合就变成“不可思议”。如果是“著名足球教练喜欢跑步”或者“小孩喜欢吃鼻屎”，就不令人感到意外，就没有传播性。

2. 利用意外情绪

利用意外心理策划病毒创意，主要有两个方法：打破常规；超越预期。

（1）打破常规，令人耳目一新

营销创意打破传统或规则，打破人们的预期或直觉，制造反差或反转，能让人印象深刻。例如，耐克的宣传文案“要做就做出头鸟”，知乎的宣传文案“认真，你就赢了”，农夫山泉的“我们不生产水，我们只是大自然的搬运工”。

手机边缘通常是圆润的，而锤子科技的坚果PRO手机竟然可以用来削苹果，罗永浩亲自进行视频演示，这让很多人注意到并谈论它。

20世纪50年代，德国甲壳虫汽车进入美国市场时，发现生不逢时。那时，美国正处于战后的黄金年代，消费主义文化让美国人追求高端、大气、尊贵。美国恒美广告公司（DDB）逆向操作，推出了经典的“Think Small”（想想还是小的好）广告。广告画面大片留白，甲壳虫汽车只有邮票大小，文案以低姿态来定位自己，引导受众，通过展现“小而美”来对抗“大而无用”，获得了成功。

当企业的营销宣传违背自身利益时，人们往往认为企业是真诚的，相信其观点。几乎所有企业都希望当老大，但租车公司艾维斯宣称“我们是第二，所以我们更努力”，就显得不同凡响；房地产商说自己的楼盘不在“黄金地段”，而在“白银地段”，表明自己“有升值潜力”，或者说“我们喜欢挑剔的买房人”，就令人印象深刻。

有些企业的宣传语故意带有语病，例如“今年过节不收礼，收礼只收脑白金”，“新飞广告做得好，不如新飞冰箱好”，引人琢磨，让人印象深刻。

案例 网易严选：还是别看这个广告了

2020年新冠肺炎疫情流行期间，由于人们居家隔离，网易严选将原来的促销广告换成了公共场所的温馨提醒，广告牌上写着：“还是别看这个广告了，这原本是我们2.23—2.29的促销广告，现在临时换掉了。虽然一切正走向正轨，但也建议您少在公共场合聚集，别在广告前停留太久。在家用心生活，等春来。”这波反向操作成为亮点，博得了很多人的关注。

案例 中华电信：世界越快，心则慢

当大部分通信运营商都在宣传自己的网络速度多么快时，台湾中华电信却在提倡“慢”。

短片以爱因斯坦的名言开场——“速度，是穿越时空的一种方式。”金城武以复古造型扮演一位20世纪50年代的作家，一身笔挺的西装，戴着黑框眼镜，通过黑胶唱片、老歌、转盘电话、传统打字机等意象，带领观众回到那个年代。天地织就的蒙蒙雨帘，闲适浪漫的赏雨品茗，随风翻动的书页，笔力遒劲的书法……一个个慢镜头细致地刻画着生活片段，配以缓慢的音乐节奏、沉稳的色调，唤醒观众对于“慢生活”的美好记忆。

这则短片用“世界越快，心则慢”这一略带隐晦的口号，传递出“高速成就慢生活”的寓意，提醒观众：使用中华电信的极速网络服务，会有更多的时间慢慢享受生活，网络服务的好坏与生活质量息息相关。

反观那些高喊“更快”“最快”“就是快”“比快还快”的运营商，实在是缺乏想象力，不知创意为何物。

案例 阿里巴巴请客户敲响上市钟

2014年9月19日，阿里巴巴的股票在纽约证券交易所上市。出人意料的是，敲响上市钟的不是马云，而是淘宝产业链上的8位代表：卖家、买家、客服、快递、模特、农民网商、国外网商、服务商。马云在敲钟前说：“我们努力15年就是为了让他们站在台上，只有他们成功了，我们才有可能成功。”

国内那么多公司到美国上市，都是创始人带领团队或亲友无比激动地上台敲钟，只有马云安排8位客户上台，令人印象深刻。

（2）超越预期，制造口碑

今天，社会行为的标准提高了，准时上班、高效工作、高质量完成任务、按预算完成项目，这都是我们应该做的，我们不会因为这样做而得到额外奖励。只有把事情做到极致，超越人们的预期，才能引人注意，产生感染力。

案例 餐馆提供超预期服务

我们出去吃饭等位很常见，通常是干巴巴地等待。怎样把等待变成一种享受呢？有些餐馆在入口处设置等位专区，提供茶水、水果、扑克以及手机充电、擦鞋等服务，统统免费！

在餐桌边，服务员为长发的女士提供发带扎住头发，给戴眼镜的顾客擦镜布，将桌上的手机用塑料袋装起来，每隔15分钟服务员会主动为顾客更换热毛巾；在卫生间，服务员为顾客打开水龙头、挤洗手液、递擦手纸；用餐完毕，服务员会送上口香糖，一路遇到的服务员都会向顾客微笑道别。

这些优质服务超越了顾客的期望，产生了巨大的口碑效应。

案例 索尼制造的新闻事件

20世纪80年代，一名美国游客在东京某百货商店买了一台索尼录像机，回国后发现包装箱里漏装了零件。第二天，她正准备与索尼交涉，索尼已先她一步打电话来道歉。50分钟后，公司经理登门鞠躬致歉，送来一台新机器，另外赠送了一盒蛋糕、一套毛巾和一张著名的唱片。经理还告诉她，公司在太平洋彼岸打了35个紧急电话才找到她。因为出售了一台漏装零件的录像机，不仅打越洋电话找顾客，经理还亲自登门道歉并赠送礼物，如此谦恭有礼，殷勤备至，花费早已超过一台录像机的价格，反映了索尼对商品质量和客户的重视。

这件事经过媒体宣传，产生了轰动效应，提升了索尼的品牌形象和销量。

第2节 同情

恻隐之心，人皆有之。

——孟子

1.富有同情心是人类的美德

同情，即怜悯、恻隐、可怜，是指对他人的痛苦或不幸感同身受，产生理解、关怀的情感反应。

看见他人痛苦，就像自己在受苦，同情心驱使我们去帮助别人。古时候，人类防范灾难的能力低下，在巨大的灾难与痛苦面前，人类经常产生畏惧与绝望的情绪，唯一能做的事情就是相互关心、分担痛苦和不幸、同舟共济、共渡难关，这样，同情就逐渐发展成为人类的一种内在美德。

同情心是人类道德的基石。美国教育家威廉·贝内特（William J. Bennett）指出：“如果勇气是当别人面对困难时与他站在一起，那么同情就是当别人感到悲痛时与他站在一起，同情是一种认真对待别人的现实——不仅是他的生活境况，还有他的内心世界、他的感情——的美德。它是一种与处于困境或不幸中的人结成伙伴，支持他、为他分忧的积极态度。”

案例 春天来了，我却看不见她

早春的寒风不时掠过衣衫褴褛的老人的身体。

老人面前有一块牌子，上面写着“自幼失明”。路人行色匆匆，无人施舍一点给这位可怜的老人。

一位诗人经过，看到这一幕，轻轻蹲下，在牌子上添了一句话。诗人离开后，奇迹出现了——人们纷纷把钱施舍给这位老人，让老人十分惊讶。

原来，诗人写的是：“春天来了，我却看不见她。”这句话激发了人们的同情心，让人们纷纷伸出援助之手。

◇同情的生理基础：催产素

神经生理学家发现，人类大脑分泌的催产素是一种与建立情感联系、同情与共情有关的激素，能够安抚神经系统，让人产生积极的情绪。共情，又称同理心、同感，是指设身处地地理解别人、体验别人内心世界的能力。科学家让受试者观看一则身患癌症的小男孩的故事，在观看过程中，检测到受试者的大脑都释放了催产素，并且产生量与受试者的悲伤程度相关。

催产素不仅能提升人的同情心、共情心和情感共鸣，还能让人更慷慨、更宽容、更信任别人，帮助人们维持健康的人际关系。科学家通过实验发现，与对照组相比，受到催产素影响的实验组给慈善组织的捐款更多。如果这种化学物质在某人身上被抑制，他就会更多地显示出自私的品格。

如果营销活动能使人们的大脑释放催产素，人们就会觉得品牌或产品比较可信，容易建立起信任关系。

2. 契合同情心的品牌宣传

2018年前后，电商平台上有位饱经风霜的老农，称××县苹果滞销，后当地政府声明这是虚假事件。有网友发现，这位“滞销大爷”多次为不同的“滞销”农产品做广告。价格低廉的水果，加上悲情的老农，轻易就激发了广大网友的同情心。近年来，抖音、快手等直播平台上活跃着一些网红主播，有的擅长情绪表演，有的以“工厂倒闭”“血泪清仓”等噱头，激发人们的同情心。

虚假宣传并不可取，也不可能使企业获得可持续发展，但在某些特殊情境下，如果能够做一些契合消费者同情心理的宣传，也会取得非常好的效果。

案例　加多宝的危机公关

加多宝花费十多年时间将租来的“王老吉”商标打造成国内驰名的凉茶品牌，随着商标使用权到期，广药集团要收回商标。为了延续在消费者心中的形象，加多宝通过文案技巧向消费者暗示，现今的加多宝凉茶就是从前的王老吉凉茶，但是这种“打擦边球”的做法遭到了广药的起诉。2013年1月，法院判决加多宝停止使用“王老吉改名为加多宝”“全国销量领先的红罐凉茶改名为加多宝”等宣传语。

加多宝应该怎样开展危机公关呢？传统做法是反诉广药集团垄断。但是，老百姓对这种事情不感兴趣。于是，加多宝开展悲情营销，激发人们的潜意识脑、情感脑。

2013年2月4日14点，加多宝官方微博连发4条哭诉微博：

“对不起！是我们太笨，用了17年的时间才把中国的凉茶做成唯一可以比肩可口可乐的品牌。”

“对不起！是我们无能，卖凉茶可以，打官司不行。”

“对不起！是我们出身草根，彻彻底底是民企的基因。”

“对不起！是我们太自私，连续6年全国销量领先，没有帮助竞争队友修建工厂、完善渠道、快速成长……”

加多宝这次“喊冤”微博的配图堪称经典，含泪哭泣的小宝宝们满脸委屈，让人瞬间产生怜悯之心与保护欲望，不少网友喊出了“宝宝，加油”的口号。

加多宝的这4幅“对不起”图片，调侃对手，正话反说，表面是道歉、自嘲，实际是喊冤、抗议。这种向公众示弱、向对手示强、笑着自揭伤疤的风度，立刻博得了大众的同情。这4幅“对不起”图片迅速成为“刷屏王”，不到2小时被转发4万多次，获得评论1万多条。

案例 蒙牛向对手“示弱”

1999年，牛根生从伊利离职，创立了蒙牛。当时，伊利是内蒙古乳品市场的第一品牌。4月1日，呼和浩特主要街道上的300多块广告牌全部打出了蒙牛的广告：“向伊利学习，为民族工业争气，争创内蒙古乳业第二品牌！”一石激起千层浪，“蒙牛”成了呼市市民的热议话题。人们记住了蒙牛，也记住了蒙牛是“内蒙古乳业第二品牌”。

不久，蒙牛在冰激凌的包装上打出了“为民族工业争气，向伊利学习”的字样。

蒙牛以弱者之姿博得了舆论的同情，捆绑行业老大，成功借势上位。

第3节　可爱

打动人心的最佳方法，是跟他谈论他最珍视的事物。

——戴尔·卡耐基

1.讨人喜欢，让人顺从

可爱，就是讨人喜欢、让人喜爱，让人产生兴趣、亲切、珍惜、愉悦等感觉。对于喜欢的人，我们会模仿他的行为、顺从他的要求。营销就是要让人顺从。而要让人顺从，先要让人喜欢。

◇人们喜欢的人

要想讨人喜欢，先要知道人们喜欢什么样的人。一般而言，人们喜欢以下几类人群。

（1）外表好看的人

在潜意识中，人们认为外表好看的人就是优秀的人，这是光环效应所致。

所谓光环效应，又称晕轮效应，是指一个人的某一正面特征（例如外表魅力）会影响人们对他的整体看法。因此，人们会自动给长得好看的人添加一些正面标签，例如“有才华”“善良”“诚实”“机智”等，而且在做出这种判断时，人们并没有意识到外表魅力所起的作用。在社会生活中，长相好看的人更招人喜欢，更容易获得他人的帮助，他们的观点更具有说服力，人们更容易顺从他们。我们发现，品牌代言人通常都是俊男靓女，销售培训课程会教人怎样打扮，推销员都长得比较端正。

（2）相似的人

中国人见面都有“攀亲”的习惯，其实就是“寻找相似”，俗称“套近乎”，以拉近彼此的距离，让对方喜欢自己。

其实，人与人之间相似的方面可能有很多，譬如观点、个性、背景、生活方式、兴趣爱好、出生地、学校、年龄、宗教、政治立场、运动项目、生活习惯，以及穿衣打扮、言谈举止等。这些相似看起来微不足道，实际上却很有用。当传达的内容、营销的信息与受众的价值观、品味或生活方式有关时，相似者的影响力就比较明显。

一些有所企图的人，例如推销员，通常会使自己在某些方面与目标相似，以讨目标的喜欢，从而提高让目标顺从自己的可能性。一些销售培训课程会教学员如何去模仿和迎合客户的身体姿态和口头表达风格等。

（3）熟悉的人

人们会喜欢自己熟悉的事物，这就是曝光效应，又称多看效应、暴露效应、接触效应、熟悉定律。

实验发现，一个人的面孔在屏幕上闪现的次数越多，他的观点或建议就越容易被受试者接受。美国地方选举中，选民们经常根据名字是否熟悉选择候选人，俄亥俄州曾经有个候选人在选举前夕改姓为布朗，因为该州大多数政治望族都姓布朗，此举对于他最终竞选成功起到了一定的作用。

一旦品牌被消费者所熟悉，就会影响消费者的决策。通过长期持续的广告宣传，脑白金和海飞丝分别形成了“送礼就送脑白金”“去屑就用海飞丝”的市场印象。今天，我们看到，品牌在社交媒体上刷存在感，不断地造话题、蹭热点，以维持市场曝光度。

（4）恭维自己的人

恭维，不管是真是假，无论是否准确，人们都喜欢。弗洛伊德说：“人可以防御他人的攻击，但对他人的赞美毫无抵抗力。”尼采说：“赞扬比责备有更多的强加于人的成分。”我们喜欢说好听话的人，经常会相信别人的赞美之辞。

美国著名的推销员乔·吉拉德（Joe Girard）是吉尼斯世界纪录认可的“世界上最成功的销售员”，他的成功秘诀很简单，就是持续做一件既愚蠢又麻烦的事——每个月给13000多个老客户寄贺卡，上面写着“我喜欢你”，每年寄12次，像钟表一样精准。

很多时候，我们很清楚，别人讨好、亲近我们，是有求于我们，诱使我们还以好感或者答应他们的请求。但是，喜欢恭维是人性，即使知道又如何？

◇“卖萌”讨人喜欢，提升亲和力

“萌”是动漫用语，是指读者在看到美少女角色时感觉其非常可爱的心态。最初，“萌物”是指动漫中的美少女，典型特征是眼睛占全脸的五分之一、扎着双马尾、有口头禅、神态高傲等。现在，“萌物”已经泛化了，从美少女、宠物、小孩到日常用品，万事万物皆可“萌”。

今天，萌文化已经成为一种普遍的文化现象，不只是年轻人喜欢“萌物”，越来越多的成年人也享受“萌”为生活带来的温度。

“卖萌”来自网络语言，就是装可爱、讨人喜欢的意思。人们在生活中面临各种压力，可爱的事物能让人放松，激活人们的童心和对年轻的渴望。

“卖萌”易被分享。“萌物”通常带有喜感，容易引起快乐情绪，能够产生大量话题。如果用户购物时遇到被“萌”的快乐，想不让他分享都难。

“卖萌”是品牌与年轻消费者进行亲密沟通的捷径，能实现品牌年轻化、提升品牌亲和力。品牌借助各种“萌物”，将品牌理念以更具趣味的方式传递给消费者，快速打造年轻有趣的品牌形象。

2. 卖萌营销

常见的“萌物”有“语言萌”“宝宝萌”“宠物萌”以及“物品萌”，它们都讨人喜欢，让人愉悦，吸引人的眼球，激发人的分享冲动。不同类型的“萌物”还会激发其他情绪，让人产生不同的行为。

（1）“语言萌”能增加亲切感

“淘宝体”传播开来后，“亲”这个词已经成了全民“卖萌”的首选词汇，成为最好的打招呼词语，让店主与顾客的距离一下子就拉近了。

萌言萌语能产生溢价，化解危机。我们知道，导购人员及其话术会影响消费者对店铺的评价，影响产品的价值，会撒娇、会“卖萌”的商家更有亲和力，这无形中就提升了产品价值。当企业与用户发生矛盾时，萌言萌语会软化用户的敌对情绪。

（2）“宝宝萌”使人产生保护、珍惜的欲望

“宝宝萌”的“萌点”在于小宝宝的可爱形象——粉嫩的皮肤、凸起的脑门、大大的眼睛和鼓鼓的腮帮。“宝宝萌”会使人产生保护、珍惜的欲望，产生轻柔、谨慎的行为，表现出更高的精细动作能力。

2009年，依云公司推出了《旱冰宝宝》广告，片中一群宝宝做着各种高难度的滑旱冰动作，创造了在线广告点击量的世界纪录。2013年，依云又推出了《宝宝和我》广告，几个大人发现镜子中的自己变成了小孩，并跟随自己舞动。依云希望通过宝宝的形象唤起成年人心中的纯净与活力，而这正是依云努力塑造的品牌精神。

20世纪90年代，在海尔公司拍摄的《海尔兄弟》动画片中，两个身穿短裤的勇敢少年历经种种艰难险阻畅游世界，两人萌萌的形象深入人心，为海尔早期的品牌宣传立下了汗马功劳。

加多宝“对不起”体微博的配图，主角就是几个哭泣的宝宝，让人顿生保护欲望。米其林轮胎创造了一个轮胎造型的白色小人，具有迷人的微笑和可爱的形象，带给消费者友好、热情和安全的感受，仿佛它随时随地都会帮你一把。安全套品牌杜蕾斯自称“小杜杜”，红遍了微博。

（3）“宠物萌”让人轻松愉悦

宠物看起来很可爱，具有新奇的幽默感，让人轻松愉悦。现在，越来越多的年轻人喜爱性格高冷、独立的猫，养猫成为一种时尚。猫在年轻人生活中是一种心灵的陪伴，当人们举起镜头拍摄猫的时候，实际上完成了情绪的寄托与工作压力的释放。

品牌迎合目标人群的喜好，开展“萌宠营销”，让萌萌的宠物治愈人们的心灵，以宠物为媒介实现品牌与用户之间的互动，让品牌容易走进用户心里。喜欢萌宠的人很容易聊到一起，宠物、拍照神器等元素自然是这部分人群热衷讨论的。

品牌在营销内容中融入萌宠元素，能够迎合年轻人“撸猫/狗”的生活态度。例如，华为为了贴合用户需求并展现手机的功能特点，讲述产品设计师与猫之间的故事，产品设计师还原了自己生活中与猫相处的模式，吸引了广泛关注。

2019年2月，星巴克推出一款粉色猫爪双层玻璃杯——猫爪杯，杯子内层设计为猫爪形状，外层印有樱花图案，当内部倒入有颜色的液体时会呈现猫爪的形状。由于杯子造型可爱，颜色粉嫩，且数量有限，引发网友抢购，有的网友在星巴克开门前几小时就开始排队，还有网友搭起帐篷彻夜排队买杯。

2007年，荷兰艺术家霍夫曼（Hofman）创作的大黄鸭曾经环游世界，传播和平、快乐与友爱，它使庞大的建筑变得娇小，使冰冷的城市水域变得可亲，让人们重拾童年的温暖与漂流的梦想。

日本熊本县的资源匮乏，但其推出的吉祥物“熊本熊”几年时间就成为日本人气第一的卡通形象，并带动熊本县成为世界知名旅游城市。

美团的外卖小哥曾戴着一款“萌萌的”黄色袋鼠耳朵配饰，吸引了大量眼球，在微博和抖音上引发大量话题，黄色大耳朵也成了美团的独特标识。

现在，很多互联网企业直接以动物命名，或者以动物作为品牌标识，这样就可以尽情地“卖萌”了，譬如腾讯的企鹅、天猫的黑猫、京东的狗、小米的兔子、美团的袋鼠等。美国社交游戏网站Zynga的标识是一只狗。“Twitter”是一种鸟叫声，创始人杰克·多西认为这种叫声短、频、快，符合网站的内涵，便将“Twitter”作为网站的名称，而Twitter的标志也是一只蓝色的鸟。在Twitter上，全球的信息就像鸟叫声一样，叽叽喳喳汇聚在一起。

案例 “三只松鼠”的萌宠营销

“三只松鼠”致力于打造萌宠的品牌形象，“鼠小贱”“鼠小酷”“鼠小美”这三只可爱的松鼠很吸引人。松鼠形象贯穿了公司的方方面面，包括品牌名称与标志、产品包装、办公场所、促销活动以及广告宣传，到处都是松鼠。

“三只松鼠”将品牌人格化，致力于打造“主人文化”——将顾客称作“主人”，品牌使命是“让天下主人爽起来”，典型特征是“萌货”“求包养”，用主人与宠物的关系代替传统的商家与消费者的关系。

客服以松鼠的口吻与顾客交流，通过独特的语言体系在顾客头脑中形成生动鲜明的形象，例如，客服部叫“全球主人满意中心”，客服化身为“松鼠星人”，专门为“主人”（顾客）递送一种叫作“鼠小箱”的包裹，里面附赠的袋子叫“鼠小袋”，拍下产品就是“领养一只鼠小箱”。

（4）“物品萌”激发玩乐情绪

“物品萌”是指俏皮可爱的物品会使人联想到玩乐，产生追求乐趣和纵情享乐的情绪，激发人们自我奖励和自我放纵的欲望。

汽车界的“卖萌”案例较多。与常见车型不同，甲壳虫、MINI、SMART这些汽车本身就是“萌物”，赢得了众多追求生活乐趣的女性消费者的喜爱。

第4节　快乐

人是爱玩耍的动物，任何人都抵御不了享乐的诱惑。

——亚里士多德

悲伤可以自行料理，而快乐的滋味如果要充分体会，就必须与人分享才行。

——马克·吐温

1. 快乐的感染力强

◇追求快乐是人的本能

快乐，就是开心、高兴、好心情，是人觉得幸福或者需求得到满足时感到愉悦的心理状态，常见的表达方式就是笑。快乐是人的本能，当母亲对婴儿微笑时，婴儿的本能反应是自己也微笑。

美国心理学家卡尔·罗杰斯（Carl Rogers）说：“愉快地活着，是一门专业”“人生最重要的，是拥有制造快乐的能力”。

娱乐是让人快乐的活动。除了吃饭、睡觉，人类最基本的需求就是娱乐；不论是大人还是小孩，人们无时不娱乐，无处不娱乐。

◇“快乐激素”让人愉悦

神经生理学研究发现，多巴胺、血清素、内啡肽、催产素等神经化学物质能驱动情感、激发欲望，给大脑奖励，让人感到快乐，属于“快乐激素”。其中，大脑的左前额叶皮质能分泌多巴胺，它在大脑神经元之间传递兴奋、开心的信息，让人感到愉悦。外界刺激越强烈，多巴胺的分泌量越多；当刺激足够强烈，人就会产生一种如痴如醉、如梦如幻的美妙感觉，涌起一阵阵快感。

科学家发现，很多刺激都能使大脑分泌“快乐激素”，改善人的情绪。

◇快乐具有强大的感染力

人们越来越追求快乐。人们的生活水平越高，工作时间越短，快乐需求就越高。随着中国社会进入现代化建设新阶段，人们的生活水平越来越高，快乐需求也越来越高。今天，快乐成为最稀缺的东西，没有人会拒绝快乐，假如快乐能够成为一种商品，每个人都将是它的顾客。

所谓“好心情效应”，是指人们心情好时，做判断时更加爽快、不假思索，也容易被说服。苦恼之人在做出决定之前通常会反复考虑，一般的论据很难左右他们。

人们喜欢分享快乐、分享美好的体验，快乐是推动传播的动力。开展营销活动时，要创造轻松、愉快的气氛，让人们心情愉悦，人们才乐意参与、分享。

2.娱乐营销

经营快乐情绪，开展娱乐营销，通常有4招：产品娱乐化；制造仪式感；制造娱乐事件；高调作秀。

（1）产品娱乐化

随着产品充裕化、功能同质化，产品价值的大小越来越取决于其所包含的情感能量及其对人们精神需求的满足。消费者不仅想得到产品，还想得到快乐，甚至更想得到快乐，满足快乐需求成为产品差异化的重要手段。

美国管理学家斯科特·麦克凯恩（Scott McKain）指出，所有的行业都是娱乐业，商业的本质是作秀，公司就是一个舞台，所有的员工都是演员，每一项工作都是一出戏。当一个行业被娱乐化时，其业务流程和核心竞争力便会发生重构，新的市场机会就会显现。企业要顺应潮流，重新定义自己的价值创造逻辑——把本行业看成娱乐业，贴近人的情感重新设计产品，给产品赋予娱乐属性。

当前，各行各业都出现了娱乐化的趋势。麦当劳、可口可乐等企业干脆直接把“快乐”作为品牌的核心价值。麦当劳前CEO吉姆·坎塔卢波（Jim Cantalupo）说过：“记住，我们不属于餐饮业，我们属于娱乐业。”可口可乐在营销活动“Taste the Feeling”（品味感觉）中，在全球各地抓拍了150多个人们畅饮可口可乐的画面并做成宣传片，以强化快乐的情绪。开市客将购物变成了探险寻宝之旅。宝马唤醒了人们贪玩、爱玩的本性，宝马3系列敞篷跑车宣传海报的主角是一位身穿卡其裤和衬衫的白发老人，给人的感觉是“快乐能够唤起贪玩的童心”。

案例 迪士尼打造快乐型产品

迪士尼宣称，自己的产品是一种基于快乐的生活方式，宣传口号是“迪士尼带给你的将全部是快乐的回忆，无论什么时候”。

迪士尼曾经发现，人们逛公园时之所以不快乐，是因为缺乏新鲜的体验，总是经历乏味的不断重复。于是，迪士尼重新定义了快乐——新鲜的体验和不重复，这催生了迪士尼的新型快乐产品“全球主题乐园”（包括探险世界、明日世界等娱乐项目）。

迪士尼为顾客提供快乐的另外一招是将服务流程娱乐化。在迪士尼乐园里，我们会听到与一般娱乐服务业截然不同的话语体系。例如，将游客称为“来宾”，将雇员称为“演职员”，将公共区域称为“舞台”，将限制区域称为“后台”，将招聘称为“选角”，将职位称为“角色”，将领班称为“主角”，将招聘面试称为“试演”。这些独特的用语时刻提醒着每位员工，要像倾情表演的演员一样全心投入愉悦来宾的工作中去。

案例 可口可乐的“昵称瓶”与“歌词瓶”

2013年夏天，可口可乐在中国推出“昵称瓶”，每瓶可乐上都写着“分享这瓶可口可乐，与你的×××”。这些昵称有“白富美”“天然呆”“高富帅”“邻家女孩”“大咖”“有为青年”“文艺青年”“小萝莉”等。这些“昵称瓶”迎合了当时的网络文化，几乎所有喜欢可口可乐的人都能找到属于自己的“昵称瓶”。很多人找到属于自己的“昵称瓶”后非常高兴，通过微博、微信晒图片，在网上形成一轮传播狂潮，使可口可乐的销量增长了20%。

2014年，可口可乐又推出了“歌词瓶”，歌词大多出自人们耳熟能详的歌曲，从周杰伦到五月天，从世界杯主题曲到毕业季应景歌等。另外，消费者扫描瓶身上的二维码，就可以观看音乐动画，还能在社交平台上分享。

可口可乐通过“昵称瓶”和“歌词瓶”，与年轻客户进行个性化的情感沟通，传递了“快乐”的品牌理念。

（2）制造仪式感

仪式感能够制造难忘瞬间。古代皇帝登基的时候，都会举办庄严隆重的登基仪式，让人印象深刻，婚礼、葬礼、毕业典礼、加入党派的仪式等也是同样的逻辑。

线上课程培训班举办结业典礼、颁发结业证书，不需要多少成本，却能大幅提高学员的满意度。有些社群吸收新成员加入时举行复杂的仪式，这能让成员印象深刻、体验升级。

案例 乔布斯：重视打造仪式感

乔布斯非常重视产品上市的仪式感，每次新产品发布会，他都殚精竭虑，反复演练，确保完美。在麦金塔电脑、iPhone的每一次发布会上进行现场演示的那一刻，乔布斯其实不是苹果的CEO，而是一个演员，整个发布会就是一出舞台剧。新产品发布会吸引了大量眼球，具有很高的新闻价值，自然就占据了报纸头版和电视的黄金时段。

乔布斯也重视产品的包装设计，为消费者创造拆开包装的仪式感。乔布斯深受日本包装文化的影响。日本的包装文化源自礼物的包装，而礼物的包装理念是“我把我的心包给你”，拆开包装当然是神圣的仪式。

（3）制造娱乐事件

制造娱乐事件，就是举办大型娱乐活动，营造欢愉的氛围，并在活动中有机地植入营销信息，在欢声笑语中将品牌理念与产品信息潜移默化地传递给观众。例如，百事可乐开展的“新一代的选择”活动，通过超大阵容的明星和演艺活动，使消费者在娱乐享受中感受百事可乐的品牌文化。

（4）高调作秀

作秀是打造个人品牌的有效手段。娱乐无边界，很多企业家、名人都认认真真地作秀、搞怪，制造话题，既能吸引媒体的关注和大众的眼球，打造知名度，还能赋予品牌娱乐、好玩的内涵。

案例 布兰森：作秀搞怪，娱乐大众

理查德·布兰森（Richard Branson）是一位极具传奇色彩的亿万富翁，是维珍集团的创始人。

为了给公司拍广告，布兰森曾经在英吉利海峡的海滩上裸跑。为了推广维珍可乐，他在纽约时代广场开着坦克碾碎可口可乐。维珍航空公司成立时，他剃掉腿毛，化身空姐，在飞机上为乘客提供服务；维珍航空公司开通新航线时，他身着一袭传统的苏格兰红裙并主动亮出裙底！

布兰森颠覆了传统CEO的形象，他的这些惊世骇俗的搞怪行为，制造了巨大的话题，既娱乐了大众、吸引了眼球，也打造了维珍品牌的娱乐形象。

曾有记者问布兰森为何这么喜欢作秀，他回答：“我觉得做人不必太严肃。维珍现在是世界上最受人尊敬的五大品牌之一，它和好玩画上了等号，我觉得假如能逗大家笑，就算让自己出丑，也对品牌无害。”

案例 张朝阳：拉风耍酷，打造搜狐品牌

1998年，美国《时代周刊》评选出“全球50位数字英雄”，搜狐创始人张朝阳位居其中。接着，他便上演了一出“天安门前玩滑板”事件。作为全球数字英雄、知名企业家、美国麻省理工学院博士，张朝阳包着头巾，一身休闲服，在象征威严与权力的天安门前大玩滑板，这吸引了众多媒体进行报道。

2004年，张朝阳赤膊出镜《时尚健康》封面，秀出他的健美身材。由搜狐主办的“搜狗+美女+野兽”的登山活动也吸引了众多媒体的目光。登山队伍中有世界小姐、歌星、影星等。一群人浩浩荡荡向海拔6026米的启孜峰前进，当然少不了媒体记者进行跟踪报道。

张朝阳的这些拉风耍酷的行为，与搜狐的娱乐化定位完全一致，有效地宣传了搜狐品牌。

第5节　幽默

幽默和风趣是智慧的闪现。

——莎士比亚

把人分成好人和坏人是荒谬的。人要么有趣，要么乏味。

——王尔德[①]

1.幽默让人轻松愉快

◇幽默让人感到亲切、轻松

幽默是有趣或可笑而意味深长的语言艺术，表现为诙谐、有趣、机智、自嘲、调侃等。幽默给人亲切感和轻松感，令人愉悦。喜剧大师卓别林说：“幽默是智慧的最高表现，具有幽默感的人最富有个人魅力，他不仅能与别人愉快相处，更重要的是能拥有一个快乐的人生。”

怎样区分笑话与幽默呢？如果听到一段内容，马上哈哈大笑，这就是笑话，如果想了想才笑，就是幽默。把“humor”译成“幽默”的林语堂，有一

① 奥斯卡·王尔德（Oscar Wilde，1854—1900），英国唯美主义作家、诗人、戏剧家，代表作是《道林·格雷的画像》《温德米尔夫人的扇子》。

次参加一个毕业典礼，在他演讲之前有好多长长的演讲，轮到他时已经中午11点半了。林语堂站起来说："绅士的演讲，应当像女人的裙子，越短越好。"大家听了一愣，随后哄堂大笑。

幽默经常表现为有趣，它能够快速缩短人际交往的距离。在日常生活中，幽默的人往往是人群中的"快乐源""开心果"，他们容易赢得人们的好感与信任，人缘比较好。

◇自嘲、冷幽默、黑色幽默

自嘲就是自己嘲笑自己，拿自身的失误、不足甚至生理缺陷"开涮"，引人发笑，譬如潘长江小品中的"浓缩的都是精华"。自嘲显得谦逊，不伤害别人，能制造宽松、和谐的气氛，展现可爱和人情味，有时还能有效维护面子，建立新的心理平衡。自嘲是幽默的高级境界，没有自信、豁达、乐观、超脱的心态是无法做到的。

冷幽默是那种淡淡的、不经意间自然流露的幽默，让人发愣、不解、深思、顿悟、大笑、回味无穷。

黑色幽默是一种让人哭笑不得的幽默，在苦涩、玩世不恭的笑声中包含了沉重和苦闷、眼泪和痛苦、忧郁和残酷，是悲剧内容和喜剧形式的混合体。

◇无厘头

无厘头是一种特殊形式的幽默。《新华新词语词典》的释义是：故意将一些毫无联系的事物现象进行莫名其妙的组合、串联或歪曲，以达到搞笑或讽刺的目的。

无厘头是20世纪90年代在香港兴起的一种文化现象，代表人物是周星驰。周星驰电影中融入了很多无厘头的元素，例如观念反转、思维跳跃、过分夸张、调侃自嘲和玩世不恭等，形成了独特的风格。在电影《逃学威龙》里，警匪枪战时，作为警察的周星驰在子弹呼啸而来时悠闲地嚼着泡泡糖，拿出镜子梳头发，他身后居然背着一把长柄铁锤，最后他用铁锤将匪徒砸倒。而在传统电影里，主角通常都是紧张严肃地看着前方，全神贯注地拔枪射击，最多来一个用嘴吹枪管的潇洒动作。

周星驰完全颠覆了传统，这是一种夸张，也是一种心态。在大部分“星片”中，周星驰扮演社会底层的小人物，需要面对各种艰难与困境。他一边用乐观的态度笑看世界，一边自嘲和自我安慰，引人发笑，让人共鸣，回味无穷。

无厘头这种表达方式，主要有以下几个技巧。

- 夸张：情节不可能在实际生活中发生，表达了日常难以表达的东西，给人酣畅淋漓的感觉。
- 讽刺：用比喻等艺术手法揭露、批评、攻击某些错误、弱点，使人们对其有清醒的认识。
- 自嘲：揭露自己的缺点和不足，博取他人的同情和认可。

2. 幽默营销

营销活动可以展现幽默的风格，让人感觉轻松愉快和反复回味。常见做法有三：调侃；转换逻辑；自嘲。

（1）调侃

调侃就是言语戏弄、嘲笑、开玩笑。调侃的对象也可以是自己。

调侃要得体，注意分寸。幽默、调侃的内涵随着个人修养、地域、文化和场景的不同而不同，在一些地方的幽默，在另一些地方可能会被视为贬低或侮辱，从而损害品牌形象。

“不懂为什么，就是突然想打个广告”，这是网络自媒体“南宁圈”在2016年5月25日的《深圳晚报》上刊登的头版广告。这句很任性的话很快就在微信朋友圈和微博上刷屏，引来了大量转发、评论甚至借势营销。

案例 钉钉的黑色幽默

移动办公软件钉钉的目标客户是广大中小型企业。2017年夏天，钉钉在北京和广州的地铁上投放广告，以调侃的口吻讲述创业的辛酸，引起了广大创业人士的强烈共鸣。

- “陪聊，陪酒，陪笑，赔本。”
- “在车里哭完，笑着走进办公室。”
- “公司终于出现一年以上的老员工。”
- “为了想做的事，去做不想做的事。”
- “投资人表示很喜欢这个项目，决定自己上。”
- “感觉自己这次会成功，这种感觉已经是第六次。”

（2）转换逻辑

幽默本质上是对常规逻辑的解构和超越。打破原有逻辑、创造新逻辑，这样一来，由于前后谈的是同一件事情，却不是一个逻辑，就出人意料，显得有趣。

某位政客在演讲时，有个捣乱分子高声打断了他：“狗屎！垃圾！”政客不慌不忙地说：“这位先生，请少安毋躁，我马上就要讲到环保问题。”

有一次讲座，主办方安排领导干部坐在前排中间，市民在后排。在互动提问环节，一名市民抢过话筒说：“第一排坐的都是市领导，这样公平吗？”主持人说：“这么安排，是主办方觉得领导应该加强学习。”

在奥斯卡颁奖典礼上，一位女演员在上台领奖时被长裙绊了脚而摔倒，面对全球直播的摄像机镜头，她说：“为了走到这个位置，实现梦想，这一路我走得艰辛、坎坷，付出了很多代价，包括有时跌跌撞撞。”她用幽默轻松化解了尴尬，赢得了全场热烈的掌声。

案例 警察叔叔的幽默文案

- “不要打架，打输住院，打赢坐牢。”

- “酒驾或超速前，请将银行账户密码告诉家人。”
- “骑摩托车请戴好头盔，别让开宝马的同学认出你。”

案例 警察过年不打烊

2016年春节前夕，广西玉林警方推出“节日打架优惠套餐”，发布在辖区的电子显示屏上：“即日起至年初六参与打架，即送精美白金手镯一副，并有机会赢得拘留所十日游，打群架将尊享十五日豪华套餐！出手越重优惠越多！更有看守所新春大礼包：含健康体检、时尚囚衣一套、高清大头贴三张，量身定制指纹卡一张，专车接送，食宿全包，免费精剪时尚发型，还附赠一项实用手工技能哟。”

案例 咖啡店的宣传文案

“如何获得男朋友呢？

“第一步，来本店买一杯咖啡，打包带走。

“第二步，把咖啡送给你喜欢的男子，告诉他：如果好喝的话，我们就在一起吧！

“第三步，本店咖啡很好喝，所以必成功。如果被拒绝了，请再次光临本店，我们将提供一杯热咖啡，你带回去泼他脸上。”

（3）自嘲

品牌选择自嘲，容易吸引大众。

案例 改名营销

2021年春节，王老吉推出李老吉、张老吉、姚老吉、孙老吉等“姓氏罐”；还推出品牌联名“姓氏罐”，例如：王老吉+腾讯地图=腾老吉，王老吉+金龙鱼=金老吉，王老吉+周黑鸭=周老吉，王老吉+简一大理石瓷砖=简老吉。其他品牌打击山寨冒牌，王老吉反而山寨自己，引起市场轰动。

厨具品牌方太曾给自己改名，用“杨太”“周太”“李太”“赵太”来肯定每一个太太在家庭中的价值和地位，使营销活动充满了温情。同时方太上线了“试镜女一号”活动，让每位太太制作自己的专属海报，打破人们对“太太”的刻板印象。该活动共吸引了10万多位女性参与，拉近了品牌与消费者的距离。

饿了么通过“瞎搞”自己的名字与消费者进行情感沟通，包括改名为“喂猫了么”“买菜了么”“吃瓜了么”“养生了么”“脱发了么”等，在蓝骑士工装上印上“读书了么”“遛娃了么”“撸铁了么”等，与旺仔联名推出外卖小哥版“旺了么”职业罐等，这些活动让饿了么品牌深入广大消费者心中，持续放大品牌价值。

面对负面危机，有些企业极力撇清自己的责任，这样会给人留下“不真诚、没有担当”的印象，甚至会激怒网民。优秀品牌会通过自嘲进行危机公关，虚心接受大众批评，体现品牌的坦率和真诚，同时通过有趣的方式博得大众好感。

案例 汉堡王：通过自嘲扭转负面形象

2017年，汉堡王（Burger King）餐厅发生了几次火灾，引起大众对其厨房管理、人员培训、消防措施的质疑。不久，汉堡王推出了一组平面广告，承认自身火灾事故很多，但同时表示“那是因为我们从1954年开始就专注于真火烘烤”，顺手指出其他品牌的油炸汉堡不够正宗，既坦率地面对自身存在的问题，又传达了自身产品的优势。

2020年1月，汉堡王推出延时短片《发霉皇堡》（*The Moldy Whopper*），用高清摄像机记录自己的招牌皇堡在34天中逐渐长毛、发霉，最后覆盖上厚厚的绿毛的过程。汉堡王表示，皇堡没有任何添加剂和防腐剂，所以才能够腐烂得如此“有美感”。

第6节 恐惧

口罩还是呼吸机，您老看着二选一。

——新冠肺炎疫情期间的标语

1.恐惧引起分享行为

◇恐惧是人类的原始情感

恐惧，是指人们面对身体安全或精神方面的威胁，或者厌恶的事物时，产生的惊慌不安的心理。恐惧会激活间脑中的杏仁核体，使其分泌更多的肾上腺素，而肾上腺素会让人从放松状态转变为警觉状态，更加留意周围的信息，在短期内激发人们的注意力和记忆力。恐惧还会引发一系列生理反应，包括心跳加速、血压升高、运动机能下降、视野变窄、盗汗、颤抖等。

恐惧和人类的生存息息相关。在进化进程中，恐惧的作用是帮助动物注意到捕食者，并帮助它们逃脱，使其免受伤害。所以，虽然人们不喜欢恐惧，但适当的恐惧能使我们远离危险。

今天，没有捕食者的威胁，但恐惧依然充斥着我们的生活。出于对美好生活的渴望，我们分外留意能引起恐惧情绪的信息。

◇恐惧能引人注意和分享

恐惧是一种高唤醒情感，能激发人的群体性，驱使人与同伴进行交流。人们在害怕时需要宣泄情绪，与别人分享。心理学研究发现，当受试者观看不同类型的电影时，观看恐怖电影的观众要比观看令人快乐、悲伤、兴奋等电影的观众更容易向别人分享自己的体验。

恐惧能激发人们对品牌的依赖。恐怖电影里的惊悚元素，挑战人们的心理极限，让人过目不忘。如果看恐怖电影时旁边没有人，我们只能通过周围物品寻求慰藉，把寻求安全的心理投射到周围物品上，从而形成对相应品牌的依赖。

案例 妮维雅的宣传片：玩儿的就是心跳

针对年轻消费者，企业要迎合他们喜欢玩儿的需要，还得玩儿出心跳。

“你今天被通缉了？”未犯罪者成为通缉犯，当事人大冒冷汗，旁观者非常疑惑。谜底揭晓——送你一盒妮维雅止汗香氛。

妮维雅别出心裁的心跳营销，让消费者在紧张的气氛中形成对产品的深刻记忆，同时，因恐惧心跳而出汗，也与止汗香氛产品合理结合起来。

2. 利用恐惧情绪

利用人们的恐惧心理开展营销，要点有三：找准恐惧点；逼人行动；压力适中。

◇找准目标客户的恐惧点

只有深刻洞察目标客户的心理动机，找准恐惧点——他们真正害怕和担心的事情，才能制造紧迫感，迫使其改变态度与行为。

（1）对环境威胁的恐惧

网络媒体通常利用人们的恐惧心理，使用令人害怕的标题，或者刻意报道负面新闻，比如战争、谋杀、盗窃、自杀、暴力、强奸等，以获得更多关注。很多自媒体文章的基本秘诀是“危言耸听”，就是通过夸大危险、制造恐慌来吸引眼球，时政和财经领域亦是如此。例如，2020年1月，美国与伊朗发生冲突期间，时政类文章就炒作“第三次世界大战”，财经类文章则炒作高油价引发经济危机。

（2）对身体安全的恐惧

对身体安全的恐惧包括担心衰老、危险、死亡等。

中国正进入老龄化社会，养老问题成了大问题，金钱也难以解决。养生保健品就是为了解决人们对衰老和死亡的恐惧。

哈雷摩托的公益广告Ride hard die fast（骑得猛，死得快），画面上一位男子在交通事故后脑袋上留下一个巨大伤疤、智商仅有两岁。这则广告令人触目惊心、不寒而栗，提醒人们骑摩托车一定要戴安全头盔。

（3）对工具安全的恐惧

由于大众不熟悉电脑、智能手机这类高科技产品，奇虎360便不断向人们灌输设备不安全的观念，例如各种高危漏洞、垃圾清理的弹窗层出不穷，让人们觉得病毒很多，电脑、智能手机随时会罢工，必须为设备寻找充足的保护。同时，奇虎360推出各种免费的、简单的安全工具，具备一键查杀、一键拦截、漏洞修补等功能。许多人购买新电脑、新手机后的第一件事就是安装360安全卫士。

（4）对社交的恐惧

青少年更重视社会交往、个人形象，如果能将不良生活习惯与社交上的损失联系起来，劝说其改变不良习惯的效果会更好。

例如：在劝说青少年不要酒后驾驶时，强调吊销驾照比强调严重的车祸更令他们害怕；在劝告青少年远离毒品的宣传中，强调社会危害比强调健康危害更为有效。

◇明确后果，逼人行动

恐惧迫使人们去做以前不敢做、不想做的事。利用人们担心、害怕的心理，强调可能发生的后果，唤起人们的恐惧情绪，促使人们的态度和行为向特定方向转变。

◇恐惧压力适中，并提供解决方案

营销活动应该唤醒多大强度的恐惧情绪呢？研究显示，向人们施加的恐惧压力不能过大。恐惧感太强烈，说服效果不一定好——最大的威胁不一定最有效。过高的恐惧感会导致人的运动机能下降，人会“惊呆”，进入麻木、无反应的状态。

另外，如果人们不知道怎样克服面对的危险，恐惧性信息就显得非常强大，令人无法抵挡。这种情况下，人们通常会忽视或者否定该信息。

所以，利用恐惧这种负面情绪改变人们的行为时，既要富有感性，进行形象化宣传，让人们意识到威胁的可能性和严重性，又要注意恐惧压力适中，并告诉人们解决方案——清楚详尽地指示人们应该做什么。例如，卫生宣传既要使用“艾滋病是健康的杀手”这样的口号唤醒人们的恐惧心理，又要告诉人们如何防护。

第7节　正义

恨与爱一样，容易使人轻信。

——卢梭

在所有团结的催化剂中，最容易运用和理解的一项，就是仇恨。

——埃里克·霍弗[1]

1. 愤怒成为社会流行病

◇愤怒与人的基本欲望有关

愤怒是一种强烈的不愉快感

愤怒，是由人的间脑中的下丘脑产生的一种负面情绪，是人在不满意、愿望不能实现或行动受到挫折时所产生的一种强烈的不愉快感。在动物身上，愤怒常常与求生、争夺食物、争夺交配权等行为联系在一起。

---

① 埃里克·霍弗（Eric Hoffer，1902—1983），美国社会学家，代表作是《狂热分子》。

心理学家弗洛伊德认为，性和追求自由是人类的两大基本欲望。追求自由，离不开愤怒与攻击。我们每个人都或多或少具有控制欲，免不了想把自己的意志强加到别人身上，而那个被强加的人，必须依靠愤怒和攻击才能与强加意志者拉开距离，以保持自己的独立和个性。

理解愤怒能使人强大起来

你永远不能阻止自己发怒，只能暂时把怒火压抑下去。但是，如果愤怒被压抑得太久，它一旦爆发，就会是毁灭性的，要么毁灭对方，要么毁灭自己。俗话说，“蔫人出豹子”，有的人看起来合群、内向，却可能做出令人难以置信的事情。

当然，我们不能像小孩子一样，一生气马上就发泄出来。在日本，那些受了上司、家人的气的人，会去“愤怒吧”发泄自己的愤怒。例如，把自己讨厌的上司的画像贴在一个木偶上，然后攻击这个木偶。这其实是转嫁愤怒，是等而下之的处理方式。理想的处理方式是，理解你的愤怒，知道什么让你生气、你在和谁生气，这样一来，你就能清楚自己的立场与事情的重点，以及该如何在情感上加以处理。因此，理解愤怒能够厘清我们复杂的生活，帮助我们强大起来。

◇愤怒的感染力比较强

社会群体性事件的根源

群体性事件的根源通常是替代性攻击心理。心理学研究发现，当人们无法对愤怒的对象进行攻击时，或者人们根本不清楚是谁让自己愤怒时，就会对其他对象进行攻击，这就是替代性攻击。如果社会大众普遍存在愤怒、不满的情绪，当发生群体性事件时，就会迅速聚集庞大人群，人群中的愤怒情绪会相互感染、强化，一些人会主动参与到当前这个与自己无关的冲突活动中，由事件的旁观者变成参与者。发生社会群体性事件时，很多参与者与事件并没有直接的利害关系，他们愤怒的原因并不是核心事件本身，而是自己心中长期存在的不满、绝望和偏见。

可见，愤怒能激发人们的分享行为，感染力比较强。

每当发生涉及正义、公平的社会性事件时，网上就会有大量的情绪性较强的文章，其中，愤怒情绪最为常见。这些文章很快就占满了微博、微信朋友圈和今日头条等，引发大众共鸣，推动这些事件成为热点。

愤怒使人团结、固执

愤怒驱使人们巩固同盟关系。成语“同仇敌忾”就说明了这一点，指大家一致对敌人仇恨和愤怒。

愤怒会使人变得固执、偏激。在发怒时，人的理解能力会下降，对自己的判断会坚信不疑，总认为自己是对的。但凡生过气的人都能证明这一点。美国威斯康星大学的科学家们发现，愤怒能影响人的看法，让人变得更加极端、更难变通。实验是这样的：要求两组受试者阅读同一篇关于纳米科技的利弊的文章，前一组受试者阅读的文章后面是中性的评论，后一组受试者阅读的文章后面是极端的、充满攻击性的观点。结果显示：前一组受试者在阅读评论后，并没有改变自己持有的观点；在后一组受试者中，阅读前觉得纳米科技弊大于利的读者在阅读文章后的评论后更加坚定自己的观点，即攻击性的评论能让持有反面意见的人变得更加极端。

2. 激发正义之心

数字时代，人们的正义之心常见于网络。营销人员要善于以此为切入点进行营销策划，一是激发人们的正义之心，二是纾解人们的愤怒情绪。

（1）激发正义之心

传播学奠基人哈罗德·拉斯韦尔（Harold D. Lasswell）指出，“宣传就是以操纵表述来影响人们行动的技巧”。他总结了一些宣传技巧，包括“树敌”“胜利幻想”等。所谓“树敌”，就是树立一个敌人，将敌人塑造成恶魔，大力宣传敌人的罪恶，例如“敌人发动了战争，阻碍了和平”等，给广大民众危机感，激发人们的愤怒和仇恨情绪，凝聚支持，发动大家行动起来。所谓“胜利幻想”，就是引导群众想象战争取得了胜利，以树立必胜的信心。

高明的政治家善于通过树敌来经营公众的正义之心。当国内存在尖锐的矛盾冲突时，就树立一个“假想敌”——找一个强大的敌对国家，故意在外交方面制造事端，或者小题大做，或者借题发挥，妖魔化敌国，制造受欺凌的形象，从而激发国民的愤怒情绪和民族情怀，增强国民的凝聚力，使民众将对国内的政治、经济或者社会方面的不满转移到敌国身上，让国家或民族间的矛盾取代国内矛盾，从而缓解政府的执政压力。

苹果在其著名的广告《1984》中就充分运用了树敌与胜利幻想等宣传技巧，将竞争对手IBM塑造成一个大独裁者、恶魔，从而煽动观众的仇恨和愤怒情绪，而自己则与广大消费者站在一边，挥动铁锤，打倒敌人，将观众卷入与自己同仇敌忾的胜利幻想之中。

恒源祥的十二生肖广告让人印象深刻、被人谈论，就是由于它激发了人们的愤怒情绪。

罗永浩擅长打造正义的品牌形象，他通过怒砸质量不合格的西门子冰箱、在星巴克狂扇自己耳光等事件而名扬天下。

案例 反吸烟广告片：真相

大多数青少年相信吸烟有害健康，但吸烟的青少年还是很多。通过灌输吸烟有害健康的知识来劝阻青少年远离烟草很难奏效，但如果激起年轻人对烟草商欺诈行径的憎恨之情，就容易实现让他们戒烟的目的。

美国有一则广告短片叫“真相”，看起来像是纪录片。开始的场景是纽约街头，屏幕下方闪现一行字：“在某大烟草公司总部外”。一辆18轮的大卡车停在大楼门前，一群青少年跳下车来，卸下一批写着“尸体袋”字样的白色袋子。他们把这些袋子逐一堆在大楼边，袋子越堆越高。然后，一个青年拿着扩音器对着高楼大喊：“你们知道烟草每天害死多少人吗？”随后答案揭晓，每天有1800人死于吸烟——也就是烟草公司大楼前堆起的尸体袋总数。

这则广告大获成功。研究人员对10692名青少年做了问卷调查，要求他们回忆自己看过的反吸烟广告，有22%的人立刻想起《真相》。当询问他们在今后一年中会不会吸烟时，看过《真相》广告后回答不会吸烟的人要比没看过的多66%。

曾几何时，青少年是为了反叛大人才开始吸烟的。《真相》刻画了大烟草公司表里不一的嘴脸，激发了青少年的愤怒情绪——看了这则广告，会憎恨这些烟草公司，用“不吸烟”来反抗这些烟草巨头。

（2）纾解人们的愤怒情绪

数字时代，信息的自由流动给予消费者前所未有的权力。企业要加强与消费者沟通交流，关注客户的问题，尤其要及时回应客户的不满与批评。“好事不出门，坏事传千里”，不满、愤怒的客户对企业的抱怨与批评之声会迅速传遍网络，很快就会变得像流行歌曲一样尽人皆知。

案例 苹果公司“天线门”事件

2010年6月24日，苹果公司发布了革命性的新产品iPhone 4：厚度只有9.3毫米，是当时全球最薄的智能手机；外壳采用新型玻璃和不锈钢材料，如同精致的艺术品；功能丰富，包括多任务处理、iBook等；添加了新的感应系统，游戏和娱乐体验更佳。它将手机天线和边框整合在一起，手机显得更优雅、漂亮，但是，用户一旦紧握手机，信号接收质量就会下降。

iPhone 4发布后几个小时，就有网友在网上发布了这个问题。但是，苹果公司十分冷漠，乔布斯回复用户的邮件说：“你最好换一种方式来拿手机。”这种傲慢的态度引起轩然大波，各大论坛上“口诛笔伐”的声音高涨，甚至有网友发起了抵制购买iPhone 4的活动，还有多个州的用户发起了集体诉讼。

面对全球媒体的狂轰滥炸和用户不断升级的行动，苹果终于低下了高傲的头，承认造成信号衰减的原因是“用来把信号强度转化成格数的方程式完全错误”。乔布斯把这一事件称为“天线门”，他说：“我们不完美。iPhone不完美。我们都知道这一点。但是我们想要让客户满意。”很快，苹果更新了软件，修改了信号显示错误的问题，并向用户赠送手机套作为补偿，同时为购机30天内的用户全额退款。由于后期应对措施得当，客户退货率只有1.7%。

案例 “美联航摔坏吉他”事件

2008年，加拿大歌手戴夫·卡罗尔（Dave Caroll）乘坐美联航的航班去奥马哈，他把吉他放在了托运行李中。到达奥马哈后，他发现自己那把价值3500美元的Taylor牌吉他摔坏了。卡罗尔向航空公司申诉，却被拒绝。在花了9个月时间与航空公司进行交涉之后，愤怒的卡罗尔制作了一段音乐视频《美联航摔坏吉他》(*United Breaks Guitars*)，上传到视频网站YouTube上。

这首谴责美联航的视频歌曲很快就红遍互联网，推出第一天就被播放了15万次，10天内点击量达到400万人次，导致美联航股票价格狂跌，市值蒸发了2.8亿美元。《时代周刊》把它列为2009年病毒视频传播榜第7名。

由于该视频红遍互联网，卡罗尔也成了名人，他所在乐队的唱片开始热销，他创作的歌曲也登上了在线音乐销售网站的排行榜，名利双收。美联航将该音乐视频作为内部培训教材的案例，以确保公司的客户服务质量。

第8节　亲情

世界上的一切光荣和骄傲，都来自母亲。

——高尔基

世界上有一种最美丽的声音，那便是母亲的呼唤。

——但丁

1.亲情是最深沉的情感

亲情，是亲人之间无私的爱，是不求回报的付出，尤其是父母对子女的爱，亘古绵长，无私无求，是基因决定的动物性本能。俗话说，“不养儿不知父母恩”，相信每一个成年人都体会深刻。

在无助的人生路上，亲情是最持久的动力，给予我们无私的帮助和依靠；在寂寞的情感路上，亲情是最真诚的陪伴，让我们感受到无比的温馨和安慰；在无奈的十字路口，亲情是最清晰的路标，指引我们到达成功的彼岸。亲情是雨，带走烦躁，留下清凉；亲情是风，吹走忧愁，留下愉快；亲情是太阳，带走黑暗，留下光明。

古代很多诗人把游子对亲人的思念与牵挂写进了诗里，例如孟郊的“谁言寸草心，报得三春晖”，杜甫的“烽火连三月，家书抵万金”，王维的“独在异乡为异客，每逢佳节倍思亲”等，千百年来，令无数游子离人感动。

2. 利用亲情感动人

消费者容易被亲情打动，普通商品一打亲情牌，便常年畅销。与大众生活密切相关的行业通常通过表现亲情来打动人，例如保健品、生活用品、家用电器、通信、银行、保险、汽车等。

保健品企业尤其擅长亲情营销。有些保健品企业将产品定位成表达“孝顺”的“礼品”——送长辈，看爸妈，握住父母日渐苍老的双手，一家人其乐融融。有些保健品企业利用老年人生活枯燥、心理空虚的特点，打着“送温暖”“关爱老人”的旗号，对老人温言好语、体贴入微，赠送日用品等小礼物，极力营造“温柔陷阱”，获取老人的信任。

招商银行宣传留学生信用卡的短片《世界再大，大不过一盘番茄炒蛋》，表现父母与子女之间的亲情，感人至深。

案例 用亲情打动人心的广告文案

- “打开车门就是家门。”——滴滴
- “妈妈，我能帮您干活了！”——雕牌洗衣粉
- “老人家在哪里，老家就在哪里。”——某房地产企业
- “她学会视频通话，是想跟你多说点话。”——农村淘宝
- “别人问我飞得高不高，只有她，问我飞得累不累。”——QQ邮箱母亲节
- “爱，是陪我们行走一生的行李。”“这一生，我们都走在回家的路上。”“他忘记了很多事情，但他从未忘记爱你。”——中央电视台公益广告

- “有时吃一口，就泪流满面，不是因为辣椒太辣，而是因为家乡太远。”——每日优鲜

案例 台湾高铁：买鱼

2012年，台湾高铁推出了一则60秒的广告《买鱼》。为迎接女儿回家，父亲到菜市场买鱼，一尾白鲳鱼要价600元新台币。父亲一咬牙，正要掏钱，却接到女儿工作忙无法返家的电话。父亲难掩失望，马上请鱼贩换成便宜的小鱼，然后孤独返家。片尾伴随高铁呼啸而过的画面，提醒漂泊在外的游子：“你有多久没回家了？”

这则催泪短片通过表现亲情，触动了人们内心最脆弱的地方，令无数游子热泪盈眶。

案例 贝尔电话：爱他，就要让他知道

美国贝尔电话公司有这样一则广告。

一天傍晚，一对老夫妇正在进餐，这时电话铃响了。老太太去另一个房间接电话，回到餐桌后，老先生问：“谁来的电话？”老太太回答：“女儿打来的。”老先生又问：“有什么事吗？”老太太说：“没有。”老先生惊讶地问：“没事？几千里地打来电话？”老太太哽咽：“她说她爱我们！”两位老人相对无言，热泪盈眶。旁白道出：“用电话传递你的爱吧——贝尔电话！”

这则广告对所有的儿女和父母都有触动：儿女羞愧于自己与父母交流过少，父母理解了儿女是爱自己的。贝尔公司替消费者进行情感沟通，把平时羞于出口的话说了出来，告诉人们，可以用电话来传递爱。一则广告使得全美长途通话量激增。

案例 小熊电器：爱不停炖

“多少人为了追求事业、梦想而背井离乡，多少年不曾回到熟悉的家乡？你是否还记得最后一次离家时父母的容颜？如果今年中秋你还在犹豫回不回家，那么，看完这部微电影再决定吧！”中秋节是全家人团聚的日子，小熊电器微博上的这段煽情的话，是不是也勾起了你在家过中秋的回忆？

2012年，小熊电器推出了系列微电影《爱不停炖》。《爱不停炖1》以亲

情为主线，讲述中秋节期间，一位父亲得知女儿咳嗽后，不怕路途遥远和旅途艰辛，千里迢迢来到女儿工作的城市，只是为了给女儿炖一锅雪梨汤。

这部微电影情节简单，浓浓的父女亲情让人们感同身受，顿时让无数思家的游子热泪盈眶，形成了中秋节的“爱不停炖”风潮。

案例 中华汽车：爸爸的肩膀

“如果你问我，这世界上最重要的一部车是什么？那绝不是你在街上看得到的。30年前我5岁，那一夜我发高烧，村里没有医院，爸爸背着我走过山，越过水，从村里到医院，爸爸的汗水湿了整个肩膀。我觉得，这世界最重要的一部车是——爸爸的肩膀。今天，我买了一部车，我第一句想说的话是：‘爸爸，我载你去走走，好吗？’中华汽车，永远向爸爸的肩膀看齐。”

一位男士娓娓道来，回忆小时候父亲的关爱。父亲的肩膀给我们依靠和力量，一句“向爸爸的肩膀看齐”，打动了无数子女的心。

第9节　友情

海内存知己，天涯若比邻。

——王勃

黄金万两容易得，知心一个也难求。

——中国谚语

1.友情是一种亲密感

友情，是朋友之间因为熟悉和共同经历所产生的亲近感、放松感。友情是一种双向的、交互的情感，单方面的示好不是友情。

◇共同的经历和熟悉感产生友情

友情的本质是熟悉感。我们和曾经相处过的人，如小时候的玩伴、邻居、同学、战友、同事，由于共同经历过一些事情而彼此熟悉，拥有一些共同的记忆，相互之间就有一种亲切感、轻松感。尤其是当大家曾经同处一个团队，拥有共同的目标和利益，需要团结一致、共同努力才能完成任务时，相互之间的好感就会增加，容易建立起长期的、牢固的友情。人们戏谑地称“人生几大铁”“一起同过窗”“一起扛过枪”等，就是指共同拥有一些难忘的人生经历。

最好的友情，是懂得。生活中，来来往往那么多人，真正称得上相知的友情却不多，能够与你一起经历困苦、一同对抗风雨的更是难得。

◇交友之道

“朋友”在古代汉语中是两个词，“同门曰朋，同志曰友”，即师从同一个老师的人称为“朋”，志同道合之人称为“友”。无论是酒友、牌友，还是球友、战友，总是存在志同道合的方面。

今天，“朋友”这个称谓被严重滥用，尤其是网络社交流行之后，扫个码就能成为“好友”，其实最多算是熟人而已。

戴尔·卡耐基指出，人类最重要的特质是交朋友的能力，其本质是欣赏别人优点的能力。他在《人性的弱点》一书中总结了赢得朋友的方法：真诚地关心别人、保持微笑、记住别人的名字、耐心倾听、谈论别人感兴趣的话题以及让别人感到自己很重要等。

案例 刘备善于经营友情

在《三国演义》的众多人物里，刘备善于结交朋友，用真情感动人，打造“仁义”的品牌形象，直至三分天下有其一。

据《三国志·先主传》记载，刘备任平原相时，有个刺客去刺杀他。刘备把刺客当作朋友悉心接待，同席而坐，同簋而食，刺客被感动并向他坦白了。由此可见刘备以情感人的功夫到了何等境界！

刘备的名言“兄弟如手足”感动了无数智勇之士为他效命。他高举仁义的大旗，为兄弟、朋友两肋插刀，宁可丢了老婆和孩子，也要带上兄弟和百姓。因为兄弟们可以上阵杀敌，百姓可以成为他立业的根基。

刘备最有名的友情营销案例当属三顾茅庐。为了求得诸葛亮这个奇才协助他打天下，他纡尊降贵，一次又一次地去请诸葛亮。最终，诸葛亮被他的至真至诚所感动，“鞠躬尽瘁，死而后已”。

2. 利用友情感动人

借助友情这类情感来宣传，常用方法有3种：表现友情；利用友谊带来的信任与压力；利用怀旧心理。

（1）表现友情

音乐、白酒、汽车等品牌通常通过表现珍贵的友谊、亲密的陪伴以及兄弟般的情义，来传播品牌的价值。

案例 网易云音乐：校园路灯投屏文案

在毕业季，网易云音乐通过路灯将精选出的乐评文案投射到校园的路上，作为送给学子们的毕业礼物。

- “所谓人生嘛，就是遇见你们啦。”
- “‘班里发生什么了？’‘不知道，先起哄再说！’”
- “今天室友都走了，从五湖四海来，又回到五湖四海去。”
- “很多人没来得及见就走了，很多事没来得及做就毕业了。”

案例 白酒品牌的友情营销

- 红星苏扁二锅头

2013年4月，红星苏扁二锅头制作了一系列主题词为“兄弟”的平面广告，例如“用子弹放倒敌人，用二锅头放倒兄弟”“铁哥们是这样炼成的”“把激情燃烧的岁月灌进喉咙”“没有痛苦，不算痛快”“将所有一言难尽，一饮而尽”“有兄弟，才有阵营”“人手一支，是个好主义”“让干杯成为周末的解放宣言”等。这些热血澎湃的广告语浓缩了年轻人的潇洒和惬意，借着毕业季同学聚会的离情别绪，引发了广泛共鸣，成为人们谈论的主题。

- 青春小酒江小白

江小白表达瓶的主题之一是友情，例如“最想说的话在眼睛里、草稿箱里、梦里，和酒里”“约了有多久？我在等你主动，你在等我有空”“话说四海之内皆兄弟，然而四公里之内却不联系”“愿十年后我还给你倒酒，愿十年后我们还是老友”等，很适合同学朋友小聚的场景。

表达瓶文案戳中了年轻人的内心深处，人们纷纷拍照、发朋友圈，表达自己的情感共鸣，引爆了市场流行。

（2）利用友谊带来的信任与压力

对于朋友，我们经常信任他们，倾向于顺从他们，认真考虑他们的建议。对消费者行为的研究发现，人们在决定是否购买商品时，社交关系的影响力要比消费者对商品本身的好恶强2倍。

市场调查公司尼尔森研究发现：92%的人相信朋友和家人的推荐，70%的人相信网上客户的评论，58%的人相信报刊及品牌网站上的内容。数字时代，很多消费者喜欢在社交媒体上表达自己的好恶、向朋友提出消费建议。

案例 汉庭酒店：世界杯友情营销

汉庭是经济型连锁酒店，目标客户群广泛。2014年巴西世界杯期间，汉庭酒店成功开展了“考验友情，互赠积分”活动。球迷下载汉庭APP，关注官方微信，就可进行会员积分互赠，与朋友共同下注猜球。朋友们可以为共同喜爱的球队下注，为球队痛失积分互相鼓励，为输光积分、没有筹码的朋友慷慨解囊，为不了解球队、不知如何下注的朋友出谋划策。

赛事的跌宕起伏增加了猜球的趣味性和刺激性，也让一些会员一夜间输光了积分。一些会员在朋友圈公开征集“土豪”朋友和积分，而有些非球迷会员则慷慨地表示：“很少看球赛，汉庭积分送哥们儿啦！”一时间，这引发了关于真友情的讨论，晒微博、晒朋友圈、求积分成为会员们的共同话题。有人调侃道：“世界杯愿意陪你看球的女朋友是真爱，世界杯愿意送你汉庭积分的好朋友也是真爱。”

该活动吸引了数十万球迷会员参与。

（3）利用怀旧心理

每个人的青春时代都有精彩的故事，同学、战友之间共享了这些难忘的人生经历，校园、军营等地寄托了青春岁月的美好回忆。怀念这段人生岁月，总是让人莫名兴奋、身心愉悦，时间隔得越久越让人怀念，这就是怀旧心理。

案例　小米手机：我们的150克青春

2012年5月，小米手机青春版在微博上首发。上市前，小米策划了“我们的150克青春”话题。先抛出一个悬念：“传说人的灵魂是21克，那为什么青春是150克呢？”引起用户热烈讨论。接下来，小米发布一系列以青春为主题的插画，内容是大学校园里的经典场景和物品，例如入学送行、招新、军训、足球场、食堂、教室、网吧、作弊、逃课、小纸条，以及游戏机、照相机等。

活动的高潮是小米的7位联合创始人模仿热门电影《那些年我们追过的女孩》，回到大学宿舍集体卖萌，拍摄短片《150克青春》。短片发布后，点击量很快突破百万，话题转发达千万次。从此，青春成为小米的关键词。

2012年5月18日，小米青春版手机发布，答案揭晓——150克是小米青春版手机的重量。

有趣的话题、精彩的短片激发了年轻人的好奇与共鸣，加上奖品的诱惑，限量15万台的小米青春版手机被一抢而光。

第10节　爱情

生命是花，爱是蜜。

——法国谚语

在天愿作比翼鸟，在地愿为连理枝。

——白居易

1.爱情是情欲的表现

爱情是相互爱恋的情侣之间存在的依恋、亲近、向往的情感，是情欲的表现。情欲是人们对美好爱情的向往，是性欲的升华。

从神经生理学的角度来讲，某一个体的外表、声音、气味、行为等刺激另一个体的大脑，使其分泌了相应的化学物质，从而产生浪漫、幸福、快乐、轻松的感觉，形成强烈的冲动，这就是情欲，通常表现为爱情。科学家将这些化学物质称为“爱情激素”或“爱情荷尔蒙”，主要包括苯乙胺、多巴胺、去甲肾上腺素、催产素、内啡肽等神经化学物质。这些“爱情荷尔蒙”具有不同的作用：苯乙胺让人产生一见钟情“来电”的感觉，表现为颜面发红、瞳孔放大；多巴胺让人产生喜悦和兴奋感；去甲肾上腺素让人意乱情迷；催产素让人产生共情心、依恋他人，促使情侣忠诚；内啡肽让情侣产生相聚时的温暖、陶醉的感觉。

“问世间情为何物？直教人生死相许。”自古以来，爱情就具有无穷的魔力，一直吸引人们关注。爱情是文学的永恒主题，没有男女之间的情与爱，不知会少了多少经典的文学作品。以爱情为主题的中国古典名著就有《牡丹亭》《西厢记》《红楼梦》等。

在今天的流行文化中，无论是影视作品还是音乐作品，爱情依然是非常重要的主题。在历届奥斯卡最佳影片中，大约一半是爱情故事片，人们耳熟能详的就有《泰坦尼克号》《廊桥遗梦》《西雅图不眠夜》《罗马假日》《卡萨布兰卡》《乱世佳人》《魂断蓝桥》《人鬼情未了》《金刚》等。

2. 情欲营销

利用人的情欲策划病毒创意，打造浪漫的品牌形象，往往让情侣、夫妻无力招架，让人印象深刻。常见方法有3种：表现浪漫爱情；怀念青春；将产品打造成爱情信物。

（1）表现浪漫爱情

日本作家夏目漱石让学生翻译“I love you”，学生直译成“我爱你”。夏目漱石说，应该婉转含蓄一些，“今夜月色真美”就足够了。

“我一直想到你的房间看月光”，香港半岛酒店的这句浪漫的广告语，出自张爱玲的长篇小说《倾城之恋》。

案例　表现爱情的品牌宣传语

- 麦当劳：“喜欢就表白，不爱就拉黑。”
- 铁达时手表：“不在乎天长地久，只在乎曾经拥有。”
- 明基（BenQ）投影仪：“就算是家人，也要继续当恋人。”
- 钱皇蚕丝被：“做过很多在一起的梦，终于能在一起做梦。”

（2）怀念青春

案例　网易云音乐：通过乐评怀念青春

网易云音乐沉淀了大量的优质评论，这些乐评引起了广大年轻人的共鸣，并在社交媒体上广泛传播。有一个时刻，我们会从别人的文字里看到自己的人生与心情。

- “多少人以朋友的名义默默地爱着。”
- “祝你们幸福是假的，祝你幸福是真的。”
- “那个夏天我们聊到很晚，心和手机一样烫。”
- “如果最后是和你一起，就算晚点也没关系。”
- “你是年少的欢喜，这句话想反过来对你说。”
- “我好想你。第一句是假的。第二句也是假的。”
- “好怀念做早操时，总是会偷看自己喜欢的人。”
- “喜欢这种东西，捂住嘴巴，也会从眼睛里跑出来。”
- “毕业那一年，为了拥抱你，哭着拥抱了全班的人。”
- “一支0.5mm的黑色中性水笔，可以写7230遍她的名字。”

（3）将产品打造成爱情信物

案例 戴比尔斯：打造爱情信物

在1945年的第18届奥斯卡颁奖典礼上，戴比尔斯（DeBeers）公司总裁哈里·欧内斯（Harry Ernest）将一串24克拉的钻石项链递给当晚的影后、最佳女主角琼·克劳馥（Joan Crawford）时介绍道：“钻石有坚硬、亘古不变的品质，它会永远保持今天的美丽和光彩！”这时，琼·克劳馥突然伤感起来：“要是一个人能有像钻石一样的爱情，那该多好啊！”

原来，琼·克劳馥是一个不幸的女人，她16岁时已经有过3个父亲（生父和继父），自己的婚姻生活也总是难以维持。她孜孜不倦地追求永恒的爱情，却一直未能如愿以偿。她有感而发地表达了“想要像钻石一样的爱情”这个愿望。

听到影后的真情流露，哈里敏锐地察觉到钻石的灵魂——永恒的爱情。因为，钻石＝坚硬＋稳定＝永恒，爱情＝坚硬＋稳定＝永恒，所以，钻石＝爱情＝永恒。于是，戴比尔斯的品牌理念诞生了：沧海桑田，斗转星移，世上没有永恒的东西，唯有钻石——“The Diamond Is Forever”（钻石恒久远，一颗永流传）。钻石是表达爱情的信物，如果他永远爱你，他就会送你永恒的钻石。

戴比尔斯将钻戒打造成永恒爱情的象征，将并不稀缺的石头打造成了昂贵的必需品，改变了人们的婚恋习俗，是世界上最成功的情欲营销案例。

案例 哈根达斯：浪漫爱情的象征

在时尚热播的电影、电视剧和充满小资情调的小说里，哈根达斯如同手持弓箭的爱神丘比特，已经成为浪漫爱情的符号之一。

20世纪90年代，哈根达斯开始与浪漫的爱情相关联，定位于对爱情怀有旖旎幻想的年轻女性，品牌广告语是“爱她，就请她吃哈根达斯！”并将冰激凌甜美香滑的口感与情人的亲吻、指尖的缠绕、绵长温柔的拥抱等各类浓情蜜意联结起来。

与玫瑰花一样，哈根达斯已经成为情人心灵沟通的载体。恋人们所感受的不只是纯正的冰激凌，更是充满爱意与情调的浪漫体验。

第5章

激发心理共鸣，设计病毒基因

每当你想批评别人的时候，你都要记住，这个世界上并不是人人都有你所拥有的那些优越条件。

——菲茨杰拉德[①]

1. 激发大众的心理共鸣

大众心理，又称社会心理，是个体的欲望或情感的群体性表现，是社会大众拥有的某种特定的社会潮流、心理倾向或流行文化。

◇大众心理的特点

乌合之众

法国社会心理学家古斯塔夫·勒庞（Gustave Le Bon）说："群体的无意识

① 菲茨杰拉德（Francis Scott Fitzgerald，1896—1940），美国作家，代表作是《了不起的盖茨比》。

行为取代了个体的有意识行为，这是现时代最显著的特征之一。”他指出，人的群体行为与个体行为存在本质区别。个体大多是聪明的、理性的、冷静的，但一旦成为群体的一部分，就容易变得迷信、盲从、愚蠢、暴力；个体会为自己的行为承担法律或者道德上的责任，但是，一旦成为群体的一员，他就不再为自己的所作所为承担责任；为了加入群体，个体通常会降低自己的智商、抛弃是非观，以换取群体归属感；群体缺乏理性、急于行动，群体只会干两种事——锦上添花或者落井下石；要想感动群体，你必须夸大其词、信誓旦旦、不断重复，并且做出简洁有力的断言，而不要理睬任何推理和证据。

亚健康心理

当前，中国社会正处于转型期，社会结构，人们的生活方式、行为方式和价值观念等方面的变化叠加在一起，难免会产生一些不和谐、不协调的现象。社会亚健康心理就是社会大众普遍存在的不健康的心理状态，是社会中存在的矛盾、冲突与混乱等问题的总体反映，是转型过程中难以避免的特殊现象。

当前，中国社会存在多种亚健康心理，譬如沉迷网络、炫富、仇富、冷漠、审丑、娱乐至死、社会焦虑、习惯性怀疑等。

网上舆论情绪化

很多时候，大众的是非观念并不强，不关心谁对谁错，只是希望得到认可或者宣泄情绪。有些网民喜欢简单化、极端化、脸谱化，情感判断高于一切；有些网民分不清事实真相与价值判断，盲目跟风，容易被激烈或煽情的言辞误导。

为了收获粉丝，赚取经济利益，有些自媒体顺着大众的心意渲染话题、表达认同、迎合情绪，对大众进行“心理按摩”，譬如，把捕风捉影当作合理怀疑，把个别极端事件当作社会普遍常态，见缝插针，放大解读，用阴谋论做黏合剂把毫不相关或者巧合的事强行绑定在一起，这导致网上舆论的理性分析少，充斥着“惊爆”“起底”“扒光”以及以讹传讹的不实信息。由于网上维权成本高，这导致造谣诽谤、侮辱谩骂等网络暴力难以得到有效遏制。

心理共鸣激发分享行为

人们喜欢歌曲、诗词以及政治主张，就是因为它们在人们心里产生涟漪，与人们内心的情感或价值观相吻合，说出了人们想说而没有说出来的话，这就是共鸣。

人们认同一篇文章的观点，或者赞同一个公共事件中的做法，就会表现出心理共鸣，产生分享行为——譬如转发相关的文章到朋友圈，表明自己对事件的立场与看法。

案例 马丁·路德·金：激发听众产生共鸣

美国黑人民权运动领袖马丁·路德·金（Martin Luther King）的著名演讲《我有一个梦》，就说出了广大听众的心声。

1963年8月28日，25万人从全美各地汇集到华盛顿特区的林肯纪念堂广场，聆听马丁·路德·金的演讲。金博士演讲的是他的理念——种族平等，他的演讲主题是“我有一个梦”，不是“我有一个计划”，他为美国指出了目的地，而不是出行计划。

这25万人坐了几小时甚至几天的车，来到华盛顿特区，站在8月的烈日下，听金博士演讲。金博士对种族平等理念的阐述铿锵有力，他把听众的感受清清楚楚地表述出来，激发这些拥有共同理念的人们产生共鸣。实际上，这些听众是为了他们自己而来的，金博士只不过说出了他们内心的理念而已。他们追随金博士，不是因为金拥有改变美国的想法，而是因为他们自己希望改变美国。

那一天，无论种族、性别或宗教信仰，广场上的每个人都拥有共同的理念——种族平等，这种共同理念点燃了一场改变美国的运动。

2.利用大众心理，设计病毒基因

在一定时期内，社会大众的普遍心理倾向是客观存在的。优秀的营销策划人员，能感知当时当地的社会情感氛围，准确把握社会大众的心理动向，利用、激发甚至操纵公众的欲望与情感，使营销活动直击人心。也就是说，营销活动要顺应某种流行的社会文化潮流，贴合大众的特定心理倾向，承载某种理念或思想，与目标人群的价值观、信仰相吻合，给人们想听的、想传的，也就是实现心理共鸣。

如果你的营销活动能够帮助人们表达想法，说出目标人群想说而未说的话，你的营销活动就富有感染力——引起人们兴趣和关注，人们会主动谈论、分享转发，这样一来，你的营销信息就会像病毒一样自我复制、广泛传播。例如，苹果的“非同凡想”、小米手机的“为发烧而生”、华为手机的“民族情怀”等，都使受众产生了强烈的心理共鸣，从而实现了广泛传播。

社会大众的心理状态多种多样，当前究竟有哪些社会潮流、心理倾向和流行文化能够引起大众强烈的、持续的兴趣，值得营销人员洞悉并熟练运用呢?

美国社会学家、民意测验专家丹尼尔·杨克洛维奇（Daniel Yankelovich）把社会潮流和心理倾向划分为5类：由于富裕生活导致的对非物质性成就的追求，例如个性；对刺激性生活及摆脱常规生活的追求，包括追求新奇、快乐和神秘；对简单生活的追求；对新的生活观念的追求；对物质利益的追求。

在长期的营销策划实践与研究的基础上，结合社会学、心理学、传播学等领域的研究成果，笔者总结出病毒性较强的13种社会心理型病毒基因，分别是从众、求异、时尚、搞笑、草根、焦虑、游戏、运气、公益、文化、体育、励志、逆袭。

接下来，我们看看怎样基于这13种社会心理，设计病毒基因，策划病毒创意，包括原理、方法及经典案例。

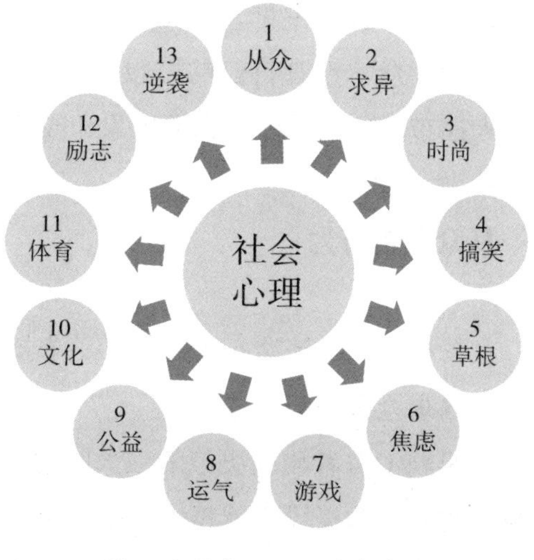

图5.1　社会心理型病毒基因

第1节　从众

圣人与众同欲，是以济事，子盍从众？

——《左传》

我进入国会时就有人告诫我，与人相处的方法就是随大流。按照大多数人的做法去做，大家就会说你好。

——约翰·肯尼迪

1. 从众心理

◇从众是普遍的社会现象

从众，俗称“随大流”，是指个体在群体的影响下，放弃个人的意见和思考，与群体保持一致的现象。人们为了获得安全感，希望成为群体的一分子，就顺从多数人的观点与行为。

每个人都有从众心理，别人做什么我就跟着做什么，我的行为就是正确的。我们日常的大多数行为都保持从众，譬如吃饭、穿衣、举止等。我们常常以为自己很有主见，其实恰恰相反——大多数人在很多事情上会不假思索地追随大众，没有自己的思想，人云亦云，没有判断事情真伪的能力，甚至任人摆布。这就是社会恐慌现象和经济泡沫产生的原因。

◇从众消费行为

常见的从众消费行为有3种：寻求社会证明、追求社会认同和跟风。

寻求社会证明

影响消费者购买决策的最大因素是购买风险。产品越新颖，功效越神奇，价格越高，购买风险就越大，越需要令人信服的证明。

大多数人对待新生事物，例如创新产品，都不敢“吃螃蟹”。真正敢于尝试的人永远是少数，他们就像羊群中的头羊，是人群中的意见领袖。面对不确定的事情，人们往往会观察、模仿少数创新者、行业专家或周围其他人的行为，也就是寻求“社会证明”，以规避风险、节省决策成本，让自己的生活轻松起来。我们通常认为别人拥有更多知识，比我们知道更多，而不是对新产品进行分析和比较，自己尝试一下。

追求社会认同

大多数人日常行为的重要依据是社会认同。有些时候，我们迫切想知道别人在做什么，想成为人群中的一员。我们想知道大家在读什么、看什么，因为只有了解这些，才能找到别人感兴趣的话题。例如，对一些热点事件，我们不想让别人觉得自己一无所知，所以想加入讨论。有些时候，人们购买是为了显得自己合群，融入群体之中。

跟风

很多人喜欢跟风购买。如果你了解到很多人喜欢某事物，你就可能推定自己也喜欢它。我们认为店铺外面排队的人越多，商品就越值得购买。我们会对销量排前的产品产生一种信任感，因为我们会想，既然那么多人选择了它，它一定很好，毕竟那么多人同时出错的概率太小了！

2.从众营销

利用从众心理开展营销，有4个要点：宣传销量领先；营造热销气氛；利用用户好评；严格遵纪守法。

（1）宣传销量领先

企业宣传很多人都在使用某产品，给“随大流”的人群提供社会证明。

影响人们“随大流”的一个重要因素是使用人群的大小。如果一件新产品刚上市就吸引了很多人关注，人们就会趋之若骛；反之，从众行为就会大幅减少。

譬如：加多宝的宣传语是“全国销量领先的红罐凉茶”“中国每卖10罐

凉茶，7罐加多宝”；香飘飘的宣传语是“杯子连起来绕地球好几圈”。

当拼多多用户数到达2亿的时候，它的宣传语是“2亿人都在用的拼多多”，等到用户变成3亿的时候，它的宣传语变成了“3亿人都在用的拼多多”。

“热销排行榜”已经成为电商网站的标准设置，还有“累积销量××”“连续N年销量第一”“企业年产能××万台”等。

（2）营造热销气氛

面向目标客户，营造很多人都在买的氛围，尤其是营造同类人、同圈层群体都在买的氛围，可以高效激发从众行为，譬如：“滑雪爱好者抢疯了！这件神器马上就卖完了！”“已经有20881名胖MM购买这件裙子，她们说：显瘦！”“别人家孩子都在玩这款益智玩具，你家孩子还天天捧着手机吗？”

很多场合利用“气氛组”来营造热销气氛。“气氛组”是一个网络流行词，又称“群众演员”“职业粉丝”，他们负责“暖场”——活跃气氛、带动气氛，有时还要表演“抢购戏”。

现在，很多电视节目都需要群众演员“捧场”。他们会配合现场情况，及时反馈，或鼓掌、举牌，或大哭、大笑，极大地活跃了现场气氛。例如，在一个热门歌唱类节目中，当选手讲完自己“凄惨”的故事后，现场就有观众“落泪”，不久后大家发现，一位观众的泪点很低，另一位观众对每一首歌都很陶醉，于是，网友给他们起了“哭泣姐”“陶醉哥”的称号。

房产销售排队、店铺排队、餐厅排队、会议充场、展会充场、体育比赛充场、讲座充场、网红粉丝及网店刷单等，都是同样的套路。例如，新开张的奶茶店门口排了长长的队伍，有人会觉得奶茶热销，所以也去排队，这还能引起媒体报道，增加曝光量。

案例 网红奶茶店：打造样板店，吸引加盟

有些网红奶茶店的做法是：注册新品牌，搭建奶茶招商加盟网站；在一线城市黄金地段打造一家样板店，每天吸引几十上百人排队买奶茶，打造生意火爆的景象；带加盟商来实地考察，或者拍成视频宣传片；承诺提供选址、设备、原料、培训、运营管理、广告宣传等全方位配套服务；请明星代言，提升信誉度等。

通过这种宣传，加盟商看到门店的生意很红火，感觉该品牌值得信赖，纷纷加盟，品牌由此开始建立。

（3）利用用户好评

用户好评是消费者判断商品质量和商家信誉的重要参考，好评越多越能够吸引更多消费者的注意。

为了提高自身排名推荐优先级，有些商家想方设法争取消费者的好评。为了避免被虚假好评所误导，我们在购物时不能只看好评，还要看中差评，并且要浏览论坛、观看测评节目等，从多个渠道获取全面的信息。

（4）严格遵纪守法

开展从众营销时，要严格遵纪守法。

有些商家、电影电视剧运营方会雇佣“水军”制造虚假好评，美化用户评价数据。有些商家通过返现、红包、卡券等方式诱导消费者对产品做出非客观评价，例如，商家在快递、外卖中附上“好评返现”卡片：“全五星好评+晒图片，返现×元”，消费者完成评分和晒图后，截图给客服，即可获得现金。有些刷手团伙根据商家的需求，针对电商和点评软件的推荐排名机制拆解各类任务，发展下线、组织广大“水军”刷好评。

欺骗性销售诱导、虚假好评等行为会误导消费者，影响守法依规商家的正常经营，这些做法违反了《消费者权益保护法》《反不正当竞争法》，违背了诚实守信的市场原则。“购买好评”的做法“污染”了商品排序。如果消费者出于信任，购买一个好评如潮的商品，但发现商品并不好，他就受骗了，而真正的好商品也被埋没了。

这些做法都违反了国家相关法律法规的要求，要坚决反对。

第2节　求异

做你自己，因为别人都有人做了。

——王尔德

每当你发现自己和大多数人站在一边，你就该停下来反思一下。

——马克·吐温

1.个性化时代

◇从众与求异

人是群居动物，也是独立的个体。人既有从众心理，又通过个性获得存在感。

为什么我们有时愿意随大流、以归属某个群体为荣，有时却强调出位、个性，体现与众不同呢？这主要是由于文化差异与自我维护心理。

文化差异对人们的行为具有重要影响。在个人主义盛行的西方国家，人们普遍追求与众不同，崇尚独立、自主，文化中富有反传统的精神，鄙视从众行为，赞美那些站出来反抗群体的人。而在集体主义盛行的东方文化里，人们赞美集体，接受从众，人与人之间关系紧密，人们倾向于收敛自己的个性来营造融洽的社会氛围。

自我维护心理也影响人们的行为。我们经常为自己的缺点寻找借口，对自己的优点夸大主观作用。当安全感较强时，我们就会展示独特性来体现自身价值；当安全感不足时，我们就会展示归属性来隐藏自己。例如，多数失败者将自己失败归咎于家庭没有背景、社会不平等、经济不景气等外在客观因素，以展示归属性，证明自己和多数人一样，为自己开脱；多数成功者将自己的成功归功于自己的能力和努力，从而展示自己的与众不同，即便谈及客观环境，也是反衬自己的能力，证明自己具有优于常人的特点。总之，基于自我维护心理，失败者通过强调“普遍性”来掩盖自己的无能，成功者通过强调“独特性”来夸大自己的能力。

◇需求演变与行业发展

人们的生活水平不同，需求也不同。随着生活水平的提高，人们的主要需求从物质层面逐渐上升到精神层面，从功能性需求上升到情感性需求。

人们的功能性需求是普遍相同的，对应同质化的产品与服务，就像公共汽车服务一样，从众心理比较常见。而人们的情感性需求各不相同，每个人都需要不同的、独特的产品或服务，就像出租车服务一样，求异心理比较常见。

从行业生命周期的角度看，在行业发展初期，市场处于同质化发展阶段，人们通常追求基本的功能需求，更在意周围人的看法，从众、模仿的动机较强；随着行业进入成熟期，产品功能完善，市场进入差异化发展阶段，人们的需求变得个性化，开始无所顾忌地追求自己的喜好。

案例 汽车行业的发展演变

亨利·福特说过：“无论你需要什么车，我只生产黑色T型车！”在那个汽车刚刚批量生产的年代，拥有一辆福特黑色T型车是中产阶级的标志。所以，福特汽车不能有太多款式，否则大家就没有了参照标准。随着汽车的普及，人们对“有车一族”的群体认同感已经弱化了，开始凸显自己的独特性。通用汽车顺应这一发展趋势，推出众多品牌及形形色色的款式，超越福特，成为汽车业的新霸主。

这一历程在国内汽车行业的体现也很明显。20世纪90年代汽车市场起步期，人们渴望成为“有车一族”，桑塔纳、捷达的销量遥遥领先。随着汽车的普及，人们需要张扬个性，于是，市场上的汽车品牌、型号琳琅满目，即使是同品牌的同型号车，也会推出年度款式，每隔一两年就会升级换代。

◇通过加入小圈子来展现个性

从原始社会开始，相同的兴趣、爱好和需求就使人们形成了一个个圈子（又称社群、圈层），每个人与他人建立起或紧密或松散的联系。进入信息社会之后，物质充裕，人们普遍具有极高的安全感，越来越希望彰显个性，社会也出现多元分化的趋势，社交媒体使志趣相投者非常容易地聚集到一起。于是，人们在网上联合起来，基于不同的兴趣，形成了形形色色的亚文化圈子。

作为社会性动物，我们需要归属感；数字时代，我们越来越喜欢独特感，喜欢控制自己的生活。既不离群，又有独特性，既符合社会基本规范，又坚持自己的个性化生活方式，成为当前多数人的追求。个体最理想的状态不是隐匿于大群体，也不是标新立异、脱离主流群体，而是找到小群体（又称品牌社群）。例如，“果粉”“哈雷太子”就把自己锁定在一个小圈子里，如果满街都是苹果手机和哈雷摩托车，“果粉”“哈雷太子”也就不会感到骄傲了。

2.求异营销

今天，很多人追求刺激、乐趣、激情、自由、高尚、天然等感性价值元素，因此，营销宣传要强调“限量版”“唯一”“个性”“自我”“与众不同”等。

利用人们的求异心理策划病毒创意主要关注3个方面：产品个性化；体验个性化；品牌个性化。

（1）产品个性化

数字时代，人们喜欢求新求奇，追求存在感和辨识度，希望通过产品表达自我、展示形象，要求产品具有浓厚的“文化色彩”或“情感色彩”，忌讳“随大流”，尤其是汽车、手机、服装、服饰、珠宝、美发等外显型产品和服务领域。企业需要“量体裁衣”，推出个性化产品，或者允许消费者根据自己的创意设计产品，以凸显自己的个性。

例如，服装制造商可以根据客户的尺寸定制衬衫、牛仔裤、西服。耐克就提供一些鞋子的基本组成元素，让客户自由组合出想要的款式。制药企业提供个性化定制的复合维生素，福特公司为客户定制汽车，Golfsmith为客户定制高尔夫球杆。

案例 最能体现个性的行业：服装

大多数行业成熟后会呈现寡头垄断的行业格局，但服装行业却呈现出碎片化、个性化趋势，全世界很少有女装品牌能拥有超过5%的市场份额，例如百丽旗下就有20多个女鞋品牌。人们非常忌讳“撞衫”，就是服装行业极端个性化的表现。

市场上的服装款式千姿百态，以满足不同的客户群体的多种需求，展现出不同的个性魅力。当前流行的女装风格款式，能叫出名字的就有瑞丽、百搭、淑女、韩版、民族、欧美、学院、通勤、中性、嘻哈、田园、朋克、OL、洛丽塔、街头、简约、波西米亚等。

案例 哈雷摩托车：满足所有个性

1903年，哈雷公司成立。从产品设计到品牌故事，哈雷骨子里就流淌着“个性”的血液。1905年7月4日，哈雷就发表了一篇《个性解放宣言》，旗帜鲜明地打造个性化的品牌形象。

哈雷摩托车的价格与中档轿车相当，但性能却不及日本的本田、铃木。它并不是一款实用的代步工具，却受到众多年轻人的追捧。哈雷摩托车采取个性化定制模式，客户根据自己的喜好和创意，选择自己喜欢的零部件，当场改装，每一辆推出店面的哈雷摩托车都是独一无二的。

“哈雷太子”认为，哈雷并不是一辆摩托车，而是一件宝贝，一件高级玩具，吸引他们的是“哈雷精神”——个性、自由、激情、勇敢。

案例 斯纳普饮料：个性化饮料

斯纳普（Snapple）是20世纪80年代美国的知名饮料品牌，以时尚、另类的风格著称。斯纳普1994年被贵格公司以17亿美元的价格收购。

斯纳普果汁饮料有65种口味，涵盖了35种水果。每个口味的宣传画都不一样，是不同口味果汁的原材料水果加上个性化的小物件，宣传语也不同。

斯纳普在饮料瓶盖里印了一些有趣的、反常识的小知识，例如“据说袋鼠可以向后跳跃”“据称平均每个人一生中要花两周时间等红绿灯”等。很多消费者喜欢收集这些小瓶盖，并与人谈论。

（2）体验个性化

企业向客户提供个性化的体验，营销活动与客户个性相吻合，能吸引客户关注与参与。

以中高收入人群为目标的广告往往强调个性，或者暗示购买这种商品会让你脱颖而出。例如，时尚杂志《VOGUE服饰与美容》上的广告强调与众不同，描述产品的不同之处，或者强调其独特性（如“世界唯一”）。

高端购物中心里面有一些个性化的精品店，面向想要彰显个性的顾客。店里的商品很独特，有些是纯手工制品；商品的展示方式也很独特，比如一个货架上只放一件商品，且一种规格只放一件，让人感觉这是世界上独一无二的商品。

网易云音乐采用大数据推荐算法，根据用户听歌习惯，把更多冷门优质音乐推荐给目标用户，这大大降低了用户发现、分享歌曲的成本，激活了大量存量曲库。网易云音乐被誉为“最懂你”的音乐产品。

案例 保时捷911：定制化广告

保时捷911作为高端奢侈品，消费者的购买过程通常比较复杂，怎样吸引目标客户的眼球，让客户前来赏车、试驾，就成为营销的关键任务。

加拿大的保时捷经销商Pfaff是这样做的。工作人员开一辆保时捷911停在客户家门前，由专业摄影师操刀，找一个最美的角度拍照，制作出独一无二的“一辆保时捷911停在你家门前”照片——为客户定制广告，然后打印出来，放到客户家的信箱中。

客户经常会在杂志上看到保时捷的广告，都认识保时捷。但是，客户从来没有见过一辆保时捷911停在自家门前是什么风景！这有效激发了客户的赏车意愿。

（3）品牌个性化

年轻人喜欢强调自己的独特个性，以抵抗平庸、释放自我、寻找存在感、实现身份认同。很多品牌都抓住年轻人的这种心理特征，彰显特立独行，彰显个性。

案例 苹果：非同凡想

1997年，乔布斯重返苹果公司后，推出了经典广告《非同凡想》（*Think Different*），打造特立独行和创新的品牌文化。

“向那些狂放不羁的家伙们致敬。他们特立独行，他们桀骜不驯，他们惹是生非，他们格格不入，他们用与众不同的眼光看待事物，他们不喜欢墨守成规，他们也不安于现状。你可以赞美他们，反对他们，颂扬或诋毁他们，唯独不能漠视他们。他们改变了世界，他们推动了社会向前发展。或许他们是别人眼里的疯子，但他们却是我们眼中的天才。因为只有那些疯狂到认为自己能够改变世界的人，才能真正地改变世界。”

案例 彰显个性的品牌宣传语

- 运动品牌匡威：“不是谁都懂。”
- 社区网站豆瓣：“有人驱逐我，就有人欢迎我。”
- 外卖网站饿了么：“这世界，多数人想要，少数人敢要。”
- 网易新闻：“每个人，都是一条河流；每条河，都有自己的方向。”
- 诺基亚N97：“我能经得住多大诋毁，就能担得起多少赞美。”（注：N97是诺基亚于2008年发布的一款经典智能手机）

案例 太二酸菜鱼：打造“二”品牌

太二老坛子酸菜鱼的店名“太二”，贴合了年轻人有主见、不迁就、倔强的“犯二”精神。它的店规就很“二”：四人以上就餐不接待、不拼桌不加位、不能调辣度、不做外卖等。

太二通过周年庆等活动持续打造“二”文化。2018年三周年店庆，太二举办了中医“专治不二”活动：将一些世俗的“不二”现象比作病症，现场模拟医院的急诊、挂号、分诊、问诊、取药等步骤，中医馆入口坐着一位“资深中医”，他对进来的游客先进行分诊，病症有“过于成熟”“一本正经”“盲目跟风”“抬杠”“缺乏好奇心”“两点一线”，接下来，“患者”被送到对应的诊室，接受进一步治疗，最后去开药处领取药包——一个大气球。

该活动调侃各种跟风潮流现象，鼓励特立独行、与众不同的年轻人坚持自己的初心，因而吸引了很多拒绝被定义、被贴标签的年轻人，3天的活动吸引了两万多人参加，“太二”找到了更多志同道合的人。

第3节　时尚

时尚不是设计师与顾客的对话，而是骗子与傻子的对话。

——朱德庸

伟大的艺术品不必追逐潮流，它本身就能引领潮流。

——史蒂夫·乔布斯

1.追求时尚能打造优越感

◇追求时尚是社会普遍现象

顾名思义，时尚就是“时间”与“崇尚”，就是短时间内为一些人所崇尚的生活方式。时尚能展现人们的个性，赋予人们不同的气质和神韵，体现优雅的生活品味，让人心情愉悦。作为人们追求的文化符号，时尚的范畴很广，快速转变的服装风格、最新的电影或者手机游戏、娱乐界最新的花边新闻等，都属于时尚。

追求时尚和流行是普遍的社会心理现象。时尚是流行的先导，流行是过时的时尚。时尚是小众化的、前卫的，而流行相对大众化，是一种事物从小众化逐渐变成大众化的过程。

时尚属于社会的上层建筑，而上层建筑是由经济基础决定的。生产力越发达，科技越先进，文化越开放，人们便越有机会去强调自我的生活理念和精神享受，越追求时尚。

时尚元素在世界各国的流行，促进了各民族的文化变迁和全球化。时尚通过民间交流、商品贸易、报刊、书籍、电影、电视、网络等媒介传播到地球的各个角落，促进了文化传播和世界一体化进程。20世纪90年代初，麦当劳、肯德基等西式快餐进入中国，最初人们将吃西式快餐作为一种时尚，偶尔才会光顾，但30多年后的今天，西式快餐已成为人们生活中常见的饮食方式。20年前，中国的年轻人把吃比萨饼当成时尚，而现在，社会大众已普遍接受了比萨饼的风味。

◇优越感是追求时尚的动机

心理学认为，时尚与存在感、优越感密切相关，追求时尚能够打造心理优越感——感觉自己得到社会的承认，补偿未能实现的愿望。例如，身着最新潮的服装时，人们就会产生一种胜过他人的优越感。

社会学认为，时尚代表了人们的生活梦想，是社会上不同声望的群体相互竞争的一种形式。德国社会学家乔治·齐美尔（George Simmel）认为，在开放的社会中，精英阶层总是力图用一种明显的标识（例如服饰或生活方式等）使自己更为醒目，而下等阶层的成员也想借用这些标识或模仿精英阶层的生活方式来提高自己的地位。这样，精英阶层就必须放弃旧标识而引入新标识，这就引发了新一轮的竞争。时尚就是人们追求与自己社会地位和身份相符、展示与众不同、追逐新潮流等多种动机叠加的复杂社会现象。

◇泛时尚化趋势

数字时代，信息爆炸，社会飞速发展，人们的价值观、生活理念和生活方式快速变化，需求日益个性化，时尚在构建形象和意义方面发挥着主导作用，流行时尚现象越来越多。

人们通常会用轻松、娱乐的心态来看待各种各样的流行时尚现象。时尚元素与人们的生活和工作息息相关，包括传媒、广告、影视、音乐、化妆品、服饰、建筑、街景、体育运动、汽车、饮食、家居、旅游、艺术、科技、通信、商业、环境保护、热词（流行语）、生活方式（例如“宅”群体），以及由主题事件（例如奥运会、世博会）催生出的热点话题等，都成为时尚的载体或符号。

时尚可能是一件物品、一种生活方式，甚至是一种想法、一种心态、一种流动的整体意识。各行各业都已经搭上了时尚的快车，呈现出一种泛时尚化的趋势。一切行业都是时尚业，时尚无处不在、无孔不入，眨眼间便感染了成千上万的人。

2.时尚营销

时尚营销的要点有三：推动时尚流行；求新求变；加快运营节奏。

（1）推动时尚流行

下层圈子对上层圈子的不断模仿，引爆市场流行

人群是由圈层组成的，市场流行形象就是不同圈层之间相互影响的结果。

圈层之间是一个下层不断模仿上层的关系。下层圈子努力模仿上层圈子的衣食住行和行为举止，而上层圈子则努力摆脱下层的“模仿”，追一步，跑一步，一追一跑，永无止境。小城镇模仿大都市，落后地区模仿发达地区，中产模仿高净值人群。不时流行的潮流现象，例如出国旅游、奢侈品消费、游学等，都源于下层圈子对上层圈子的模仿。

时尚离不开仿冒

时尚人士在乎自己的消费品传递了有关自己的何种信息，他们努力追赶时尚，不愿意穿过时的衣服、用过时的手机。所以，如果代表时尚的物品长久不变的话，人们就没必要购买新物品了。如果这些物品一直是“酷”的代名词的话，人们就没有理由换掉它们，而是会一直使用这些物品，直至将其用坏。这样的话，时尚物品的生产商与销售商就难逃破产的厄运。

生产和销售仿冒产品的盗版行为加快了时尚品的过时速度。虽然仿冒伪劣产品会玷污正品的名声，但仿冒行为扩大了时尚品的使用人群，使某种风格或品牌所传达的含义发生了变化。结果，真正的时尚人士会转而购买另一种新品。仿冒行为促使时尚品普及，从而促使其消亡，加速了时尚潮流的演变进程。

（2）求新求变

时尚最显著的特点是新颖和变化。

由于收入增加和生活节奏加快，人们喜新厌旧的本性被激发出来。年轻一代的自我意识强，追求享乐主义和感性消费，不仅要求产品快速更新，还要求产品够“炫”。例如，近年来，阿迪达斯不断拓展“体育”基因的外延，签约娱乐明星代言，强化品牌的时尚潮流基因。

时尚代表着消费者的生活梦想，经典奢侈品和科技创新产品都是消费者表达群体归属与个人实现的媒介。科技企业通过对产品升级换代，构建起“新”与“变”的时尚体系，让消费者不停追赶，满足其彰显个性、表达时尚的精神需求。苹果、华为、小米、OPPO等领先企业都是开展时尚营销的典范。

案例 苹果：将功能产品转变成时尚产品

在数码产品同质化的今天，只有采取时尚品、奢侈品的商业模式，企业才有可能摆脱摩尔定律给数码产品戴上的价格“紧箍咒”。苹果崛起的秘密就是乔布斯为电脑、手机这些功能性产品赋予了时尚元素。苹果表面是一家科技公司，实质是一家时尚企业。

1997年乔布斯回归苹果后，推出了台式计算机iMac。深灰色与白色相间，椭圆形的显示器，让iMac在视觉形象上脱颖而出。进入21世纪，苹果电脑的外观色彩逐渐定型为白色和银色，推出了iMac G5系列，将显示器与主机集成。

2003年，苹果推出大众时尚产品iPod，突破了小众品牌的局限，向商务人群、白领、大学生群体渗透。苹果将MP3播放器定位为时尚品，将其渲染成一个时尚符号，成为电影、服装、传媒乃至彩妆业的一部分，并在好莱坞率先流行起来。2002年12月，iPod推出明星签名机型，签名的明星包括麦当娜、贝克、托尼豪克等。由于明星效应，以及与时尚品牌结盟，苹果产品很快成为消费者表达时尚、彰显个性的标志性符号。

2010年，苹果推出iPhone 4、iPad、MacAir等，形成了极精致的风格，变成了时尚的符号性产品，成为“酷”“潮”的象征。

（3）加快运营节奏

时尚品牌成功的关键是预判潮流趋势、快速推出新款商品。作为典型的时尚品，服饰产业的运营节奏越来越快。

传统服饰品牌的运营模式是按年度大批量预订，大概提前半年设计新品，比如，每年第三季度开发次年春夏款商品，这是服饰产业运营1.0时代。

1990年后，以ZARA、H&M为代表的“快时尚”（Fast Fashion）开创了2.0时代，品牌通过供应链柔性变革，快速响应市场流行元素，小批次生产、销售，针对畅销款式及时追加订单，设计销售周期缩短为一个月。

2015年，服饰电商ASOS崛起，凭借DTC（Direct to Customer）模式敏捷获得消费洞察数据，上新速度更快，种类款式更丰富，设计销售周期缩短至2～3周，被称为“超快时尚”（Ultra Fast Fashion），这是3.0时代。

2020年，服饰跨境电商SHEIN（希音）崛起，交货周期最短只要7天，被称为“实时时尚”（Real-Time Fashion），这是服饰产业运营4.0时代。SHEIN面向欧美地区的广大中低收入阶层和“Z世代”年轻人（1995年至2009年出生）：商品丰富，每天上新3000余个新款；价格便宜，主流商品价格在5～25美元。2021年5月，SHEIN超过亚马逊，成为美国下载次数最多的购物APP。2021年SHEIN实现销售额超过157亿美元。

SHEIN崛起和发展的模式主要是KOL（关键意见领袖）+数据驱动运营。

在Instagram、Youtube、Facebook等平台上，欧美一些大小网红，经常在线展示SHEIN的泳装、裙装、小饰品、休闲装……展示过后她们能无偿获得这些商品。对海外女性消费者来说，除了时尚外，这些服饰最吸引人的还是价格。

SHEIN利用中国制造的优势，通过数据赋能称霸欧美快时尚市场。SHEIN通过业务流程数字化打造竞争优势，具体做法如下。

第一，抓取全网服装数据。SHEIN使用Google的Trend Finder等工具，跟踪网上的服饰信息，包括面料、款式、色彩、图案等时，抓取用户关于服饰的搜索词，追踪用户的浏览、点击等行为。

第二，预测需求、敏捷测试，更快地将热门款式投入生产。根据数据预判潮流走势，先下小批量订单并上架进行销售测试。SHEIN打通了前端电商销售与后端合作工厂的数据，工厂可以直接追加爆款商品的订单，调整不同商品的产量。对于滞销款式，设计团队会立即修改，重新组合时尚元素，直到改成爆款。SHEIN在深圳设立了一个庞大的技术团队，专门负责大数据分析和算法推荐工作。

第三，APP页面是大量的上新款式和信息流样式的商品，吸引用户不停地刷下去，沉溺在“买买买”的海洋里。这样，SHEIN就获得了海量的消费者行为数据，并据此优化预测结果。

第4节　搞笑

没有笑声的一天是被浪费的一天。

——卓别林

整个社会沉浸在莫名的娱乐当中，我们娱人娱己，在狂热的娱乐中成为一个娱乐至死的物种。

——尼尔·波兹曼

1.搞笑让人放松

搞笑，就是制造笑料引人发笑，让人享受欢乐、释放压力、放松身心。

搞笑是一种迎合世俗、讨好大众的艺术。搞笑不是庸俗，而是一种设计。专业的搞笑者通常是艺术工作者，包括表演喜剧、电影、相声以及小品的演员，例如中国京剧中的“丑角”、杂耍团的“小丑”等，都深受大众的欢迎。

搞笑的手段不外乎滑稽荒诞。除了影视节目、小说、相声、小品、现场表演，搞笑的形式还包括制作好笑的段子、图片、视频以及开展好玩的活动等。

搞笑内容能让人嘴角上扬、精神放松，多人一起看，还能活跃气氛，加强人际关系。

◇新媒体导致人们思想简单化、娱乐化

美国文化评论家尼尔·波兹曼（Neil Postman）认为电视媒体过于娱乐化，让人丧失理性思考能力。他指出：电视媒体充斥着脱离语境的信息、耸人听闻的表达、片段信息的拼贴，缺少观点与概念的阐释；节目内容片面追求趣味性和吸引力，强化事件的戏剧悬念或煽情、刺激，成为娱乐观众的表演。

波兹曼还指出，娱乐至死的可怕之处不在于娱乐本身，而在于人们日渐失去对社会事务的严肃思考和理智判断的能力，在于被轻佻的文化环境培养成为既无知又无畏的理性文盲而不自知。

近年来，包括微博、微信、今日头条、抖音、B站等新媒体日益成为人们消遣娱乐、消磨时间的重要工具。例如，当下新媒体内容标题表达的娱乐化非常突出，以“突然”“竟然”“真相”“震惊”等词语以及惊叹号、省略号等标点符号滥用所代表的故弄玄虚式、震惊式甚至恐吓式文风，并非只是自媒体的专利，也出现在很多专业媒体的新媒体内容中。

波兹曼一定想不到，世界上竟然出现了比电视更加“娱乐至死”的媒介。看电视不需要费脑子进行深度思考，而看短视频、直播根本就不用脑子，长此以往，人们就会变得没脑子。

◇娱乐大众的“奶头乐战略”

随着全球经济一体化，世界范围内普遍出现了贫富差距扩大、财富越来越集中到少数人手上的现象。为了安慰社会中“被遗弃”的人，避免阶层冲突，美国战略理论家布热津斯基（Zbigniew Brzezinski）指出，用低级趣味的东西娱乐大众，让人产生“快感”、感到“爽”，是行之有效的方法，就像安抚婴儿时给他们嘴里塞一个“奶头”（又称“奶嘴”），这就是闻名遐迩的“奶头乐战略”（Tittytainment）。

“奶头”有三种形式。

一是发展发泄性的娱乐产业。色情业、赌博业、充满暴力与性的影视业等，这些会激发大众情绪，使人们将多余的精力发泄出来。

二是开展即时满足性的娱乐活动。各种搞笑的、肤浅的娱乐活动让人们获得即时满足感，在不知不觉中消磨时间，例如播放偶像剧、综艺节目与真人秀节目，报道娱乐圈新闻、明星花边等八卦信息。

三是开展各种诱导性的商业促销活动。商家围绕用户制造一个“信息包围圈”，让用户按照商家设定的逻辑去思考问题，比如各种节日大促、各种洗脑广告语、各种传销骗局等，激发用户产生消费行为。

这些“奶头”可以转移人们的注意力和不满情绪，让大众沉溺在享乐与安逸之中，逐渐丧失对现实问题的思考能力，无心挑战统治阶层。

◇大众文化趋于过度娱乐化

法国社会心理学家古斯塔夫·勒庞指出：“群众日益被大众文化所湮没，这种文化把平庸低俗当作最有价值的东西。”

数字时代，媒体碎片化、娱乐化，话题炒作、围观起哄盛行，网络游戏长盛不衰，网络恶搞成为网上流行的大众文化现象，互联网成了娱乐至死的舞台。有些短视频、直播与信息流平台自甘庸俗，内容充斥着感官刺激、低级搞笑、卖弄噱头，片面追求流量，不顾艺术效果和艺术初衷，如转播粗制滥造的偶像剧与综艺节目、报道明星隐私与奇闻逸事、直播平台里低俗无聊的表演、各种自制的真人秀节目、云里雾里的玄幻修真小说等。

2. 搞笑营销

利用大众喜欢搞笑、娱乐至死的心理策划病毒创意，有以下几个要点。

（1）消解无聊和寂寞

现代社会，人们的生活节奏快，竞争压力大。人们讨厌一本正经的说教，喜欢各种搞笑、好玩的事情，以消解无聊和寂寞，释放压力。在“贾君鹏，你妈妈喊你回家吃饭”事件中，有一个回帖是“哥回的是寂寞”，引起了广泛共鸣。因为无聊和寂寞，人们就会觉得这些低级搞笑的东西挺有趣，就将这种情绪继续分享转发下去。今天，抖音、快手上最受欢迎的内容就是娱乐搞笑类短视频。

（2）让人宣泄

让人们宣泄情感是网络重要的社会功能。在某种程度上，网络是个虚拟江湖，匿名网民可以通过评论、发帖、转发等方式，无拘无束、无所顾忌地宣泄埋在心底的各种愤懑与委屈，从而使自己心情舒畅。

中国大多数网民都处于社会金字塔的中低层，他们感到无聊、寂寞、颓废、沉闷的时候，上网就是为了宣泄情绪，看看网上有什么事值得围观、起哄，有什么目标值得抨击，或者有什么花边新闻值得八卦。

（3）让人感觉优越

大众网民容易感动、容易偏执。他们经常自娱自乐、自我感动，即使是虚假的东西，他们也可能喜欢。

给人们提供一个恍然大悟的机会——让人们感到自己很聪明，是一种取悦受众的有效方法。营销策划人员可以故意露出一个无伤大雅、颇有噱头的低级破绽，让网民获得智商或道德上的优越感。例如，一段情节离谱的视频，让网民因识破“诡计”而感到智商优越，并主动分享、转发。营销策划人员要勇于恶搞自己，勇于自嘲、自黑，给网民提供机会展示自己的聪明才智并获得优越感。网民嘲笑得越起劲，就越热闹、越吸引人，传播得就越广。

搞笑营销与上一章“快乐”一节通过娱乐作秀方式打造个人品牌相似。例如，在2013年百度的年会上，李彦宏穿戴黑斗篷黑衣黑帽黑眼罩扮演佐罗，彻底过了一把侠客瘾。

案例 马云喜欢搞笑活动

马云经常恶搞自己，娱乐大众。马云表示，这样做是为了表现阿里巴巴的核心宗旨——创意。

在2009年阿里巴巴的年会上，马云穿着红黑相间的“地狱之火”皮夹克，戴着白色长假发，在假发上加了超高莫西干头，以Lady Gaga的造型登场。

在2010年阿里巴巴的年会上，马云扮演的白雪公主堪比“巫婆”，几乎吓死了“七个小矮人”。

2012年1月，阿里巴巴的淘宝商城更名“天猫”。在新标识的发布会上，主持人说新标识“有点像马云”，引诱人们去恶搞。果然，新标识一推出，就在微博上被恶搞起来。

案例 雷军：Are you OK?

2015年4月，小米在印度举行新品发布会，董事长雷军登场秀英文，他先以中国人最熟悉的英文打招呼方式（How are you）向印度“米粉”问好，但紧接着说错了地点（I'm very happy to be in China），现场气氛热烈起来。

接着雷军多次询问狂热的粉丝“Are you OK?”由于其英文腔调与平时说中文的腔调极为相似，引发全场爆笑。随后雷军连发两条微博调侃自己，称要好好学习英文。

此后B站网友将发布会视频重新剪辑，编制了一首英文单曲*Are you OK*，引得广大网友在网络上疯传。网友表示雷军的首张英文单曲旋律魔性，是“最值得单曲循环”“年度最佳洗脑神曲”，总播放量超过十亿次。

（4）坚持正确的文化导向

无底线、无节操的内容挑逗并诱惑了好奇、罪恶、情色等人性欲望，所以能快速吸引大量眼球。由于人们能轻易获得高度愉悦感，就逐渐丧失了上进心与思考能力，经常感到无聊与空虚，须臾离不开娱乐文化。

营销策划人员要警惕这些不良现象，保持头脑清醒。网站要切实履行主体责任，加强平台账号管理，积极传播社会主义核心价值观，营造健康向上的主流舆论环境，采取有效措施遏制渲染演艺明星绯闻隐私，炒作炫富拜金、奢靡享乐、卖惨“审丑”、低俗媚俗之风等问题。

第5节　草根

你敢打，我就敢跪。

在哪里跌倒，就在哪里躺下。

别人有背景，而我只有背影。

——网上流行的自谑段子

1.草根、佛系与躺平心理

◇年轻群体流行的低欲望文化

十几年来，“草根”“佛系”“躺平”等先后成为网络热词，这种低欲望文化迎合了广大基层青年的心理趣味，引发了广泛共鸣。

面对住房、养老、子女教育等生活压力，有些年轻人顿感无奈、无力，便放弃了传统文化要求的积极向上的生活态度，从“草根”“丧”到“佛系”“宅”，又演变为“躺平”，不断调低自己的心态。

“草根”是生活在社会基层的年轻人的自我嘲讽，充满了无奈、辛酸、自卑自贱的恶趣味。“丧”是因现实与理想落差较大而产生的“应激反应”，有些年轻人信奉带有颓废、悲观、黑色幽默等色彩的“丧文化”，典型词语有“丧格言”“废柴”“屌丝”“葛优躺”“蓝瘦香菇”“打工人”等。“丧格言”，又称“毒鸡汤”，是草根青年的自谑段子。

案例 网上流行的“丧格言”

- 领导虐我千百遍，我待领导如初恋。
- 条条大路通罗马，而有些人就生在罗马。
- 你们之所以喝鸡汤，是因为肉被别人吃了。
- 生活不只有眼前的苟且，还有未来的苟且。
- 你全力做到的最好，还不如别人的随便搞搞。
- 你以为有钱人很快乐吗？他们的快乐你根本想象不到。

“佛”是自我消解和安慰的生存保护色，有些年轻人过起了低欲望的“佛系”生活，抱着“当一天和尚撞一天钟”的生活态度，不买房、不结婚、不生子、少消费，把“都行”“可以”“没关系”之类的词挂在嘴边。“宅”是不想、不需出门生活和社交的生存状态。“躺平”就是主动降低欲望，尽量减少工作时间，崇尚极简生活。

◇低欲望文化的社会背景

随着社会的发展，“躺平”“佛系”成为世界性的社会问题。在很多发达国家和经济快速增长的国家，有些年轻人拒绝奋斗，选择“躺平”，不读书，不工作，不参加就业培训，终日无所事事。这个族群在美国叫“归巢族”（Boomerang Kids），在英国叫“尼特族”（NEET，Not currently engaged in Employment，Education or Training），在日本叫“啃老族”。

日本管理学家大前研一提出的“M型社会”理论，是指在全球化的趋势下，中等收入阶层沦为低收入阶层，社会结构像一个被拉开的字母“M”。日本社会学家三浦展提出的“下流社会”理论，是指在社会物质供应充裕、社会垂直流动机会缺乏的情况下，年轻人不再追求上进、努力奋斗，而是自甘堕落、任由自己“下流”的社会现象。

中国也不例外。虽然中国经济持续快速增长，但面对购房、子女教育、父母养老及医疗等巨大生活压力，年轻群体中开始流行自我贬抑与矮化、阿Q式的“精神胜利法”与“无可无不可”的生活态度。年轻人自诩为“草根”是为了自我减压，而丧失物欲和成功欲的“佛系”“躺平”心态则是为了逃避压力。

2.草根营销

从消费升级演变趋势与社会层级结构来看，金字塔中低层的低收入人群是消费升级的主力军。另外，中国互联网行业一直擅长打低价和免费牌，独具“草根经济”特质——正是广大“草根”成就了阿里巴巴、腾讯、百度等互联网巨头。因此，从某种意义上说，把握广大“草根”群体的心理状态和行为方式是开展病毒创意策划的基础。

“草根”青年在网上的常见心理状态与行为方式主要有3种：维护自尊；寂寞与挫败感；网上起哄。

（1）维护自尊

“草根”青年工作很忙，压力很大，收入不高，身份卑微，缺乏安全感，不被社会认可。他们需要放松与发泄，渴望存在感，希望有人尊重他们，聆听他们的声音，接受他们的意见。

追求物美价廉是“草根”的无奈选择，但是，现实生活中没有人会以“草根”为荣，没有人愿意消费带有“草根”标签的产品，这会让人产生强烈的自卑感。一旦企业把产品定位为中低端，定位在“草根”阶层，就会陷入价格战的泥潭，也就不要指望消费者有忠诚度了。

小米用“发烧友”的定位来迎合“草根”的自尊心，用高性价比来满足“草根”的需求，实现了迅猛增长。2014年，小米手机出货量6112万台，成为中国销量最大的智能手机厂商，领先于苹果、三星和华为等。

案例 小米的“发烧友”手机

小米手机诞生之初，市场普遍认为小米主打质优价廉、高性价比。小米的市场定位是中低端用户，也就是广大的“草根”阶层。但是，承认自己是“中低端”“草根”，没有人会觉得爽，因此，这样的定位不能摆在台面上大肆宣传。

雷军冥思苦想，采用了一个极其高明、好听的词——发烧友。小米手机是“发烧友手机”，而不是“中低端手机”，更不是“草根手机”。“发烧友”的档次高，消费者感到有面子，值得炫耀。

小米手机恰到好处地满足了广大“草根”青年的心理需求，既物美价廉，又很有面子。我们可以想象一下：在智能手机刚开始普及的2011—2012年，一个在城市中为了生存忙碌奔波的打工仔、刚毕业的大学生，拿出自己的小米手机，秀出自己对机器的若干调整和配置，讲解得头头是道，身旁的“小白”女孩听得连连点头，崇拜之情油然而生。

（2）寂寞与挫败感

今天，越来越多的年轻人离开家乡来到大城市，寻找自己的理想。但是，在日复一日的疲惫生活中，比成功更早到来的，往往是孤独、寂寞和挫败感，很多人找不到前进的方向。

案例 “乐评专列”：读懂都市青年

2017年3月，网易云音乐联合杭港地铁，在杭州地铁1号线一整列车和江陵路地铁站一整个地铁站，推出了主题为“看见音乐的力量”的“乐评专列”。车厢以网易云音乐红为主色调，印满了网易云音乐上精选的85条乐评，一上线就击中大众内心，引起了海量用户和媒体的自动传播，激发了音乐的社会价值。

- “理想就是离乡。”

- “你别皱眉，我走就好。”
- “谢谢你陪我校服到礼服。”
- “枕头里装满了发霉的梦。”
- “年轻时我想变成任何人，除了我自己。”
- “最怕一生碌碌无为，还说平凡难能可贵。”
- “成功的速度一定要快过父母老去的速度。”
- “世界如此广阔，人类却走进了悲伤的墙角。”

每一句乐评背后，都有一个触动人心的故事，每个人都能从他人的乐评中，读出自己的悲欢离合。这些文字击中了疲于奔命的都市青年的脆弱内心，各种复杂情绪在地铁车厢内交融、碰撞，快速扩散开来。

（3）网上起哄

网上起哄，是指广大“草根”人群在网上集体围观、攻击和制造事端的现象，这是网络狂欢、谩骂等风潮的根源之一。首先，广大网民通过互联网获得了话语权、表达权，由于网上可以匿名发表言论，有些人觉得无须承担责任，这导致网上道德失控和话语权滥用；其次，有些人在生活中不如意、受压抑，需要寻找发泄的地方；最后，攻击和谩骂不需要技术含量，也没有太大风险。这些因素导致谩骂横行、肆意攻击的网络暴力现象层出不穷。有些人在网上攻击谩骂他人，宣泄情绪与压力；有些人心浮气躁，观点偏激，随心所欲地从事件中提取自己所需的片段，不去探寻事实和真相；有些人会进行“过激自我防御”，稍一遭遇质疑就恶语相加，导致网上的“骂战”此起彼伏。

利用“草根”人群喜欢在网上起哄的心理开展营销，门户网站与社交媒体可谓是得心应手——制造话题，对人物或事件进行褒扬或抨击，激发网民情绪，吸引人气，最终提高点击量和广告收入。

第6节　焦虑

不要让孩子输在起跑线上。

——儿童课外班广告

世界上只有两种女人，一种是美的，一种是胖的。

——减肥产品广告

1. 焦虑成为社会流行病

◇焦虑是社会转型期的流行病

焦虑，是指人们面对变化和不确定性所表现出来的紧张、担心、不安等不愉快的复杂情绪状态。生活环境变化越大，人们的安定感越弱，焦虑感就越强。随着中国社会经济转型以及技术不断进步，人们的工作与生活方式正在发生剧烈变化。面对太多的不确定性，人们普遍陷入焦虑之中。

当前，社会大众最普遍的心理问题就是焦虑。2021年9月21日，《柳叶刀·精神病学》在线发表了《中国精神卫生调查》，报告显示，我国18岁以上居民的精神疾病患病率为16.6%（不含老年痴呆），包括焦虑症患病率7.57%，抑郁症患病率6.8%，酒药依赖症患病率4.67%。心理医生告诉我们，大约一半的人都有不同程度的焦虑症状。

◇各行各业对数字化转型的焦虑

在5亿年前的寒武纪时期，多细胞生物逐渐替代了单细胞生物，这是生命形式大繁荣的时期，也是物种高速灭绝的时期。在电力的推广过程中，从1910年到1920年，美国的人口数量增长了15%，但私家用人的数量却减少了25%，绝大多数人工被各种家用电器替代了。

二十多年前，比尔·盖茨曾经预测信息技术将对各行各业产生深刻影响，并指出："未来要么电子商务，要么无商可务。"今天，互联网等新技术已经颠覆了众多行业，5G、人工智能（AI）、物联网等新技术正在潜移默化地改变着各个行业的格局，人们的工作与生活方式正在发生翻天覆地的变化。面对新技术对本行业的渗透与颠覆，很多人感到极大的不确定性，看不清未来的发展方向，害怕被潮流所淘汰。

2.利用焦虑情绪

利用大众的焦虑情绪开展营销主要涉及四个方面：担心健康问题、自卑感、忧虑孩子教育、知识焦虑。

（1）担心健康问题

利用人们担心健康问题的心理，牙刷广告展示牙龈红肿的图片，健身房展示肥胖者的图片等。"怕上火，喝王老吉"，这句广告语已经成为中国营销史上的经典，成就了"王老吉"品牌200亿元的年销售额，在国内市场超越了百年老店可口可乐。

利用人们对健康的焦虑开发新产品，例如，肥胖问题催生了"零糖零脂零卡"食品行业，食品安全问题催生了有机食品行业，自来水水质问题催生了滤水器行业，雾霾天气问题催生了空气净化器行业。

案例 20世纪90年代的保健品热潮

20世纪90年代，经过改革开放十几年的快速发展，人们的收入水平与生活质量日渐提高。刚吃饱饭的国人，纷纷追求健康、吃营养品。1994年，国家统计局对35个大中城市的调查发现，30%以上的家庭会买保健品送礼，北上广等十大城市10岁以上的少年服用各种营养口服液人数占比高达83%。

当时，保健品企业如雨后春笋一般涌现，知名品牌及其广告语有：

- 太阳神口服液："当太阳升起的时候，我们的爱天长地久。"
- 娃哈哈儿童营养液："喝了娃哈哈，吃饭就是香！"

- 脑黄金：“让一亿人先聪明起来。”
- 龙牡壮骨颗粒：“不爱吃饭怎么办？龙牡壮骨颗粒；发育迟缓怎么办？龙牡壮骨颗粒；多汗夜惊怎么办？龙牡壮骨颗粒。”
- 太太口服液：“太太口服液，让女人更出色”“爱她就送她太太口服液”。
- 三株口服液：“有病治病，没病保健”“三株口服液，三代人健康的喜悦”。

中华鳖精是马俊仁创立的。1993年，马俊仁带领马家军在世界田径锦标赛上荣获多块金牌，马家军声名鹊起。当被问及成功秘诀时，马俊仁宣称“因为我们常喝中华鳖精”。短短几个月时间，全国就冒出上百个鳖精品牌，譬如中国鳖精、西洋参鳖精、金钱龟精、甲鱼浓缩营养液、龟鳖丸等。

1995年下半年，国家卫生部对市场上的口服液进行抽查，发现合格产品只有30%。随后，600多家保健品企业相继倒闭。1996年，国家颁布了《保健食品管理办法》，保健品行业开始告别草莽时代。

（2）自卑感

研究发现，人们减肥的动机是对丑、臃肿、缺乏吸引力的担忧，没有多少人真正在乎健康——自卑感更能激励人们行动。

生活用品、两性用品通常利用人们的自卑心理，有些比较直白，有些比较含蓄，都令人印象深刻。

案例 利用自卑感的案例

- 魔力挺：“A杯瞬间变C杯。”
- 安全套：“让你再坚持4分钟。”
- 口香糖：“美女不会再对你皱眉头了。”
- 牙膏：“留得清香在，不愁没人爱。”

值得注意的是，有些广告过分夸大、制造人们的自卑感。例如，夸大人们对容貌的焦虑，这会产生负面的社会影响。因此，要注意把握尺度，避免不道德的做法。

（3）忧虑孩子教育

前些年，有些校外培训机构与媒体合作，宣传“神童”“高考状元”等，激发广大家长的焦虑。

在线教育平台的广告：“你不来，我们就培养你孩子的同学。”

山叶钢琴的广告语是：“学琴的孩子不会变坏。”家长可能没想到让孩子去学钢琴，但肯定不希望孩子变坏。

案例 香港愉景湾：给孩子一个幸福的童年

愉景湾是香港大屿山的一个楼盘，有大量的绿化带和海滩，空气好，像个世外桃源，但由于位置偏僻，升值潜力不大。愉景湾推出时，受东南亚金融危机影响，香港经济持续下滑，人们对前景非常悲观，失业率高达7%，房地产交易量也大幅下降。

愉景湾的目标客户是香港中上阶层的三口之家。目标客户最在乎什么？孩子。父母亲都知道，童年只有短短几年，过得快乐还是艰难，对孩子的一生影响很大，而这是父母可以控制的。孩子和父母最亲密的时间段也只有童年——青春期会疏离，成年后会独立。于是，愉景湾激发目标家庭的父母亲的焦虑：“童年是短暂的，现在就要给孩子最好的。”

电视广告是爸爸为小朋友拍摄成长记录，画外音是一位爸爸写给孩子的信：“就在这几年，只是这几年，谢谢你，令我改变。突然之间，我觉得自己好重要。不知何时开始，我变得很喜欢笑。有时好傻地想，真是不想你大得那么快。不知道将来会怎样……只知道今天，我要给你一个最好的童年。愉景湾，海澄湖畔一段。”

一拨儿广告出去，3周时间，愉景湾一期就卖完了。

（4）知识焦虑

在这个信息爆炸的时代，很多人担心自己知识匮乏、落后，普遍患上了知识焦虑症。同时，由于时间短缺，人们越来越懒惰，懒得看书学习，懒得思考，喜欢简单易懂的东西，急于求成，希望有人帮助自己选择知识、提炼精华。在这种情况下，知识付费业务应运而生——帮你选书，帮你读书，把知识嚼烂了喂给你，“分答”“得到”“知乎”“在行”“喜马拉雅”等知识服务商方兴未艾。

知识服务商“罗辑思维”的创始人罗振宇说：“古时候有些有钱人，他们明明有一双眼，可是从来不看书，而是请人读书给自己听，从今以后，罗胖就是你身边的那个书童。这就是我的角色定位——我读完书，讲给你听。”

知识付费产品所提供的知识速成，主要是应用一堆新名词、新概念，提供一种精神慰藉，让人感觉得到了一些有用的东西，产生收获知识的满足感。它们本质上是在经营大众的知识焦虑症，给大众制造焦虑，将自己打造成数字时代的“百忧解”。

第7节　游戏

人生有两个悲剧，第一是想得到的得不到，第二是想得到的得到了。

——王尔德

1. 预期奖励吸引人

◇多巴胺激发欲望，制造动机

科学家研究发现，多巴胺并不能直接产生快乐，而是激发人们对快乐产生渴望。

行为神经学家约翰·沙拉姆恩（John Salamone）给白鼠两种选择：一份食物和另一份在小栅栏后面的双倍大小的食物。低水平多巴胺的白鼠几乎总是选择小份、容易获得的食物；高水平多巴胺的白鼠会跳过小栅栏，以获取更多的奖赏。据此，沙拉姆恩认为，低水平多巴胺使人或动物缺乏动机，不愿为了某些事情而付出努力。

◇预期奖励刺激多巴胺分泌

人人喜欢游戏，我们从小到老都爱玩游戏，打扑克、打麻将，还有各种网络游戏，我们玩得不亦乐乎。

游戏的本质是让大脑预期获得奖励，刺激大脑分泌多巴胺，从而获得求而不得的快乐。

游戏是人类文明的组成部分，玩游戏可以提升人的幸福感和构建美好的现实社会。

案例 网络游戏：激发多巴胺

网络游戏之所以让人感到有趣、上瘾，主要是由于游戏中完成任务的奖励机制促使玩家分泌了多巴胺。玩游戏的很多时间是枯燥乏味的，如果缺乏多巴胺，玩家可能在挑战失败或者失去某个资源时放弃游戏。网络游戏中的经验值、金钱、装备以及能力等能提升玩家所扮演角色的威力，最高分、过场动画、声音记录等能给玩家带来荣耀感，这都能激发玩家分泌多巴胺。多巴胺会促使玩家迎难而上，最终赢得胜利、获得满足感。

另外，网络游戏能提供沉浸式体验，给人强烈的代入感，让人忘记时间与环境，无比投入，从而对游戏着迷与上瘾。

2. 游戏营销

我们可以将工作与生活游戏化，刺激人们分泌多巴胺，产生快乐、刺激等积极情绪，不再感到枯燥乏味。

在产品设计、运营过程中建立奖励机制，让消费者感兴趣、上瘾，包括两个方面：产品游戏化；运营游戏化。

（1）产品游戏化

如果在产品使用过程中加入游戏元素，使产品的使用过程有趣、有成就感，就能吸引用户喜欢使用产品。背单词很枯燥，但使用有打卡机制的APP就更容易坚持；健身很困难，但玩《健身环大冒险》之类的游戏就容易迷上锻炼。韩国企业Neofect让中风患者用游戏来想象手部活动和完成任务，帮助他们康复。在运动健身领域，Strava（自行车测速APP）、Fitbit（运动手环）等产品都含有游戏元素。

产品游戏化的设计要点如下。

①体验卓越。要经常思考：用户真正想做的是什么？如何才能让用户体验更愉快、更享受，而不是觉得无聊？

②保持有趣。要经常反思：这好玩吗？用户会开心吗？例如，在学习APP的课程结构、内容引入、反馈循环和授课流程等方面，设置出人意料的小片段，让课程更加有趣。

③及时反馈。通过积分、点数、进度等及时反馈，让用户知道自己离目标的距离以及现在的能力状态，以便其及时调整以达成目标；在用户面对挑战时降低其迷茫与无助的感觉，抱有希望继续玩下去。

④相互比较。设置比较功能，包括等级、特权、勋章、排名、相互PK等，让用户能够相互比较，满足用户的优越感，吸引用户沉溺其中。

⑤目标游戏化。人性是懒惰的，大部分人难以做到长期自律。将用户期待的目标转化成"游戏"，游戏化场景能够激发玩家的好胜心，鼓励玩家朝着目标努力。

案例 妙健康：健康目标游戏化

健康管理的难点是，人人都知道"管住嘴、迈开腿"，但人们不知道具体应该怎么做——每天应该吃多少、走多少步，做到了也不易察觉，因而很难坚持下去。所以，健康管理平台妙健康首先给用户树立明确目标——就像游戏分级一样，用数字量化健康。

妙健康对用户健康状况进行分级，推出健康状况量化指数——H值。从1分到1000分，分数越高代表健康状况越好。实时变化的H值，让用户直观地看到自己具体处于哪个阶段，与其他人相比处于什么水平，是否需要维持或改进健康状况。

妙健康给不同健康状况的用户匹配个性化的健康计划，及时反馈任务完成情况，就像游戏打怪升级一样，不坚持就会掉分。这些机制使用户增强自律性，从而提升H值，实现健康管理的目标。

（2）运营游戏化

运营游戏化，就是在运营活动中制造奖励机制，让消费者期待美好，刺激多巴胺分泌，从而产生兴趣，具体做法如下。

①不断奖励客户。奖励分为物质奖励和精神奖励，物质奖励包括积分、金币、升级装备等，精神奖励包括徽章、排行榜、点赞等。

②设定渐进目标。设定不断增进的目标，使客户频繁体验到积极反馈，促进多巴胺分泌，从而强化动机。当面对宏伟的目标、艰巨的任务，信心不足、缺乏动机时，你可以将艰巨的任务分解成一些较小的目标。当你一步步实现小目标时，你的多巴胺水平就会持续攀升，动机不断增强，帮助你最终完成任务。

案例 喜剧俱乐部：根据观众笑的次数收费

为了扭转观众人数下降的趋势，巴塞罗那的Teatreneu喜剧俱乐部改变了传统的先买票再入场的收费模式，推出新的收费政策：所有演出免费入场，但观众每笑一次，就会被收取30欧分，封顶上限为24欧元。座位背后的面部识别设备捕捉观众的反应，如果观众没有露出笑容，就不用付钱。

观众觉得露出笑容再付钱，比提前买票公平。观众先获得了良好体验，就觉得支付报酬是理所应当的。这项收费政策使俱乐部平均票价上涨了6欧元，观众人数增加了35%。

案例 拼多多：游戏化运营

拼多多的创始人黄峥说过，拼多多的核心竞争力，是“让购物具有游戏化的快感”。利用人们追求预期奖励、爱占便宜的心理，拼多多将游戏思维贯穿到运营的方方面面。

- 首页游戏化。用户打开拼多多APP，最先看到的是限时秒杀、砍价免费拿、天天领现金、断码清仓等动态图标，好像进入一个寻宝主题的游戏世界，“宝物”就是物美价廉甚至免费的商品。
- 拼单页面游戏化。倒计时功能制造紧迫感，产品页面上方不断飘过“XXX 1小时前正在拼这个商品！”“XXX 2小时前给出5星好评！”等。
- 红包游戏化。页面经常出现“抢红包”“摇现金”“大转盘抽奖”“碰运气”等活动按钮，吸引用户参与。
- 社交裂变游戏。例如“砍价免费拿”，老用户将砍价链接发给亲朋好友，邀请好友来拼多多帮忙砍价，可以获赠红包或免费商品。如果A用户邀请好友帮忙砍价，B用户帮忙砍价就需要下载并注册，就成为新用户。砍价方式上，新用户比老用户砍得多，老用户到后期每次只能砍0.01元，而新用户能砍1元或更多。
- 养成类游戏。“多多果园”将线下场景与线上游戏结合起来，用户在“多多果园”种树，可在现实中收到成箱的水果。拼多多还推出了“多多牧场”“多多鱼塘”“金猪”“惊喜工厂”等养成类游戏。

第8节　运气

小赌怡情，大赌伤身。

——中国俗语

1.随机奖励吸引人

◇人类喜欢碰运气

碰运气，就是听天由命，由运气决定输赢，由偶然性决定结果。流行的赌博、博彩活动，都是碰运气的游戏，是人类消遣娱乐的一种方式。

人类对赌博着迷，有多方面的原因。一是人们相信随机性和偶然性是一种神秘力量，愿意接受上天的安排，史前人类就经常用“抽签”“抓阄”来判断凶吉和分配资源。二是赌博满足了人类的娱乐消遣、寻求刺激、游戏、冒险、投机、贪婪等本能欲望。三是赌博具有程序公正、操作简单、自主参与、不易作弊等特点，适合各种人群。

扑克、麻将等娱乐类赌博游戏，是运气与心智较量的结合，是人类生活的有益补充。如果以大额财物做赌注，赌博就容易过度刺激人性弱点，对社会构成危害，所以我国法律禁止以营利为目的的赌博活动。

◇不确定性刺激多巴胺分泌

神经生理学研究发现，当人们面对不确定事物，或者当事情没有按照常规逻辑发展时，大脑中多巴胺的分泌量会急剧上升，人们的兴趣被激发，大脑变得兴奋起来。

心理学研究发现，随机奖励比固定奖励的激励效果更好。随机奖励是意外的惊喜，产生神秘感，促使人行动起来，以获得惊喜来满足好奇心。奖励越不确定，多巴胺就分泌得越多，越让人兴奋。

心理学家斯金纳[①]曾做过著名的“斯金纳箱”实验。斯金纳将小白鼠放在设有食物投放机关的笼子里。如果小白鼠每踩一下机关就会有食物掉落的话，小白鼠就知道在饥饿时去踩机关。后来，斯金纳对实验进行了升级：食物投放与踩机关之间没有规律、完全随机，这种情况下，可怕的事情出现了，由于小白鼠无法预测踩这一下会不会有食物，它便会一直不停地踩机关。

2. 博彩营销

人类热衷于期待。有研究表明，与度假时相比，人们在制订度假计划时更快乐。

如果奖励是确定性的——只对可预期的行为予以奖励，例如每10次消费获得一次奖励，消费者很快就会产生懈怠。如果奖励是随机的，消费者就会对不确定性充满期待，甚至上瘾。

博彩营销，就是利用人们喜欢不确定性的心理，让客户随机获得奖励，而非可预期的奖励，让客户将“购买某产品”与“可能获得奖品”联系起来。

案例 吊桥升起时，啤酒只卖25美分

美国佛罗里达州新士麦那海滩有一家烧烤酒吧Gnarly Surf Bar & Grill，它的位置并不好，门前有一条河，河上有一个吊桥，顾客需要通过吊桥过河才能来到酒吧。当有船只经过的时候，吊桥会升起5~7分钟，顾客就和酒吧隔开了。

酒吧推出了一个活动：“吊桥升起时，酒吧啤酒只卖25美分”。吊桥升起是一个随机事件，充满着不确定性，谁也不知道什么时候会有船过来。顾客不觉得这是酒吧推出的打折促销活动，反而觉得很好玩，很多人都想来玩一把。

老板把酒吧的缺点变成了优点，酒吧的生意从此火爆起来。

---

① 斯金纳（Skinner，1904—1990），美国行为主义心理学家，操作性条件反射理论的奠基者。

案例 法国队夺冠，华帝退全款

2018年5月31日，厨卫品牌华帝在微博发文：若法国足球队在2018年俄罗斯世界杯夺冠，对于在2018年6月1日0时至6月30日22时购买华帝“夺冠套餐”的消费者，华帝将按发票金额退款。

这种基于随机事件对消费者做出承诺的促销活动，使华帝成为世界杯期间的“头条帝”。有网友戏称，看好法国队的球迷无须在竞猜足彩上下注，购买华帝的产品也一样可以实现。随着德国、阿根廷、西班牙等传统强队的出局，表现出色的法国队成了夺冠大热门。每一次法国队赢球，华帝都成为话题焦点，“华帝退全款”一度登上百度热搜榜首位，赚足了眼球。

该活动不仅提升了品牌曝光度，还刺激了总销售额增长。由于“夺冠套餐”占销售额的比重不高，华帝为此活动共退款（卡）6335.9万元，相比其他品牌在世界杯期间动辄上亿元的广告费，华帝的营销效率更高。

案例 社交媒体的信息瀑布流：神秘体验吸引人

在Facebook，用户可以源源不断地看到别人分享的内容和评价，关注大家交口称赞的东西。用户无法预知下一次访问网站时会看到些什么，这种不确定性像是一种无形的力量，吸引用户一次又一次登录，变化不定的内容驱使用户在信息流中不停地搜索新鲜的内容。

Twitter内容的多变性为用户提供了难以预测的诱人体验。有时，用户会在这个信息流上看到一条格外有趣的信息，有时又看不到。

Pinterest是图片信息流，网站上汇聚了色彩丰富的海量图片，就像是虚拟世界的一个大拼盘。这些图片由广大用户选取和上传，每一张都引人入胜。网站上的图片会随时更新，用户不知道接下来会看到什么。用户在翻页时，下一页的图片会被截成两半，要想看到另一半，你就必须继续浏览。露出一半的图片就像是一个诱饵，激发人们的好奇心。为了一睹图片的全貌，用户就会继续滑动下去。

3. 盲盒营销

◇盲盒营销的历史

2020年，随着泡泡玛特股票上市，盲盒走进大众视野。无数年轻人沉溺其中，原价几十元的盲盒在二手交易平台上甚至炒到了数千元。其实，以泡泡玛特为代表的盲盒潮玩文化，与发展数十年的日本扭蛋文化、小浣熊干脆面的水浒卡并无二致。

案例 日本扭蛋机

20世纪70年代，扭蛋机开始风靡日本。扭蛋的英文GASHAPON是拟声词"咔嚓砰"，"咔嚓"是转动扭蛋机发出的声音，"砰"是玩具从扭蛋机掉下来的声音。往扭蛋机中投入100~600日元的硬币，扭一圈旋钮，就会掉落一枚扭蛋——球形的半透明塑料壳，里面随机装着一个小玩具。玩具类型很多，包括人物玩偶、动漫卡通、萌宠、缩小版场景、生活用品、食物、奇葩物品等。由于价格低廉、内容有趣，很多日本人对扭蛋上瘾，在商场、文具店、便利店、书店、车站、机场等地都可以看到扭蛋机。

扭蛋具有随机性，不知道扭出来的会是什么，这种神秘感和吐蛋时的快感很吸引人，如果有人碰巧扭出了超级稀有或者自己非常喜欢的玩具，他可能会像买彩票中头奖一样激动不已。

案例 小浣熊的水浒卡

1999年，中央电视台播放电视连续剧《水浒传》期间，小浣熊公司将水浒108将的卡片附赠在干脆面袋子里，这吸引无数青少年疯狂收集，但是，总有几张卡片特别稀少，买了很多也难以集齐，小浣熊干脆面因此风靡起来。

◇盲盒营销的基本逻辑

盲盒就是一个神秘的盒子，商家装入某种商品，用户就像购买彩票一样，这种未知和不确定性勾起了用户的猎奇与赌徒心理，刺激用户购买。

盒子里面通常装的是潮玩，即潮流玩具，是融入了艺术、设计、潮流、绘画、雕塑等元素的成人玩具，也可能是其他特色商品。

所谓盲盒营销，就是利用特色商品的稀有性与低抽中率的博彩模式，制造神秘感和上瘾机制，激发消费者的购买与收藏欲望，提高品牌在年轻消费群体中的影响力。

盲盒营销的基本逻辑包括两方面。

一是玩法让人上瘾。盲盒采取盲抽、隐藏款等方式，本质是博彩式的“幸运游戏”。不确定性使用户产生好奇，未知与神秘带来刺激体验，而中奖概率很低，购买前的满怀期待，购买后的开心或失望，这种类似抽奖的寻宝体验令人着迷，刺激用户不断重复购买。

二是满足多种需求。在消费升级的背景下，盲盒中的潮玩商品满足了年轻人追求自我愉悦、表达个性、陪伴、社交以及收藏等需求。

泡泡玛特的“Molly”系列由国际著名设计师设计，产品既具有个性，又能够解决“千人千面”的陪伴需求。

随着复购次数增加，终于集齐了一整套，成就感满满，看着满满一柜子，拍照发个朋友圈吧，来自朋友圈的评论又满足了炫耀的需求。

年轻群体的社交活跃，喜欢分享生活与喜好，而盲盒随机性带来的收集成就感就成为年轻人的社交资本。近年来，微博、微信、抖音、B站等新媒体上的盲盒开箱测评、抽取攻略十分丰富。为了集齐全系列的潮玩，玩家们会自发组建各种社群，在社群里分享、相互交换。

◇盲盒营销的策划要点

由于盲盒模式的门槛低，除了玩具、手办之外，服饰、美妆、餐饮等品牌也纷纷开展盲盒营销。

品牌利用盲盒玩法进行营销，要点如下。

（1）打造自有盲盒，吸引眼球

当前，众多品牌利用盲盒形式刺激消费。例如，星巴克推出圣诞盲盒，含自主设计的7款小熊玩具，单价108元。vivo赠送客户的2021新年大礼包是个盲盒，盒内是一些实用、好看的办公桌组件，包括超大鼠标垫、迷你办公桌面吸尘器、酷炫的电子时钟等。麦当劳推出70款小黄人盲盒，向符合条件的顾客赠送。上海迪士尼推出“达菲和朋友们”系列特饮盲盒杯。名创优品的某款盲盒含有钻石、水晶，“隐藏款”的钻石最大有1克拉，激发消费者的赌徒心理。

（2）借势热门品牌，开展跨界联名

企业与盲盒品牌推出联名产品，利用盲盒玩法，给自己产品赋予神秘感，吸引粉丝。例如，芬达与Molly合作推出“鼠年大乐队系列”联名礼盒，将Molly藏在芬达盒中，为消费者提供抽奖竞猜的乐趣。联名礼盒在可口可乐天猫官方旗舰店发售，很快被抢购一空。

品牌盲盒与代言明星捆绑，为品牌产品植入趣味新奇感，同时吸引品牌与明星的粉丝，例如，九阳推出Q版邓伦手办盲盒，瑞幸咖啡推出刘昊然系列盲盒等。

（3）引导用户选购，增加产品附加值

为盲盒注入情感，可以吸引用户参与，或者引导用户选购，而非单纯让其竞猜。例如：日本奇巧（KITKAT）巧克力推出15款新口味，并推出插画新品包装，不同口味包装上的插画不同，采用盲盒销售，消费者通过产品包装上的插画去感知、猜测巧克力的口味，选购有情感共鸣的产品；旺旺牛奶把产品做成盲盒，推出56款旺仔牛奶民族罐盲盒。

（4）洞察市场变化，提前采取措施

2016年，日本游戏业各企业达成了共识，对扭蛋的掉率（即抽中率）进行行业限制，建立掉率明示与消费上限制度。

盲盒的本质是博彩，对于这类软性赌博，主管部门将会加强监管。随着盲盒市场规模逐步扩大，政策可能会要求明示盲盒抽中率与消费上限。品牌开展盲盒营销时，要未雨绸缪，提前应对。

第9节　公益

积善之家，必有余庆；积不善之家，必有余殃。

——《易传》

1.行善能赢得公众的好感

当今世界上，人们普遍认可的公益事业包括四类：慈善、环保、扶贫、乡村教育。企业从事公益事业，是指无偿帮助他人、关心社会弱势群体等奉献社会的活动。

公益事业往往涉及公众的生活、利益和情感，容易引起公众的注意。在发生重大灾难事件或者与社会弱势群体相关的事件时，公众的关注度非常高。这时，企业若能积极站出来，承担社会责任，往往能引起媒体的注意和宣传，树立负责任的社会公民形象，获得公众的喜爱与敬佩。

当前，国人对公益的理解还处于初级阶段。例如，在抗震救灾期间，媒体大张旗鼓宣传那些捐款捐物的企业与名人，其实就是变相给其做广告，如果有谁“胆敢”不“凑”这份“热闹”，舆论就群起而攻之。于是，“慈善榜”成为“斗富榜”，慈善成为拿来炫耀的事情，与穿名牌、开名车没什么两样。曾有商人自诩为“中国首善”，擅长“高调行善”，获得海量的新闻报道，其所获好处远远超过慈善投入。

2.公益营销

在当前的中国社会，企业从事公益事业，消费者会在内心认同、接纳企业品牌，即使当时没有购买企业的产品，也会推荐、转发；一旦有了现实需求，他们就会成为现实客户。企业花的钱不比打广告多，却能赢得公众的关注与好感，提升品牌形象，从客观上讲，比广告更加有效。

企业通过参与公益事业宣传自己，要点有三：抓住时机；自主开展公益活动；宣传正能量，弘扬美德。

（1）抓住时机

企业要在恰当的时机做恰当的公益。当社会发生重大事件时，公众的关注度很高，如果企业能在第一时间高调开展公益活动，就会产生极高的关注度，吸引媒体报道。

案例 “封杀”王老吉

2008年5月18日晚，在中央电视台举办的“爱的奉献——2008抗震救灾募捐晚会”上，加多宝集团捐出1亿元，创下国内单笔捐款金额新高。很快人们就知道了，加多宝就是经营王老吉凉茶的公司。

第二天，网上就开始流传一篇《“封杀”王老吉》的帖子：“王老吉，你够狠！捐一个亿，胆敢是王石的200倍！为了整治这个嚣张的企业，买光超市的王老吉！上一罐买一罐！不买的就不要顶这个帖子啦！”很快，《买光超市货架上的红罐王老吉，上一罐买一罐》等帖子在各大论坛疯狂传播，并进入各大门户网站的首页。

在当时全国人民深切悲痛的氛围中，这样的正话反说，强烈地刺激了大众的情感，引发了人们的尊敬、钦佩与喜爱，极大地提升了王老吉品牌的影响力和美誉度，使一个名不见经传的饮料品牌一夜之间红遍大江南北。

案例 鸿星尔克豪捐，激发“野性消费”

2021年7月，河南发生大水灾。7月21日，鸿星尔克宣布将紧急捐赠5000万元物资，驰援河南灾区。

作为运动服饰民族品牌，鸿星尔克的价格平民化，近年来惨淡经营，据传公司上年度亏损2.2亿元。公司平时比较低调，很少做大规模宣传，连微博会员都没有开通，因而此事引发了网友关注：有网友为鸿星尔克微博充会员费至2140年，广大网友激情转发，48小时内，鸿星尔克登上了微博、抖音、今日头条、知乎、百度、B站等平台的热搜或热门。

网友还涌进直播间“野性消费”，用实际行动表达感谢。7月22日晚，鸿星尔克官方旗舰店淘宝直播间观看人次暴涨至201.7万，是上一周均值的大约200倍；单场直播带货超1022万元，是上一周均值的168倍。当晚，鸿星尔克在抖音的直播带货超1500万元。网友们在直播间评论区留言、刷弹幕：“什么有货买什么”“上最贵的”“你捐款五千万，我们就帮你创造五千万销量！”“这一波，不让你们工厂缝纫机踩冒烟都是我们这届网友失职”“退什么退，尺码不对那是我脚长歪了”。而主播则不断劝大家要理性消费。

7月29日，鸿星尔克发布紧急通知称，各地仓库已全部售空，生产线已超负荷生产。公司再次呼吁大家理性消费，退掉目前没有库存的订单。

此事激起网友的强烈反应，病毒基因有三：一是企业行善，激发网友回报；二是激发民族情怀；三是通过对比制造反差，“公司巨额亏损”与“豪捐5000万”，“公司低调经营”与“网友自发充会员费”，“公司呼吁理性消费”与“网友坚持野性消费”，这些反差激发了广大网友“好人有好报”与“振兴国货”的呼声。

（2）自主开展公益活动

企业自主开展公益活动，可以引发公众关注和媒体报道。

案例 蚂蚁森林：让公益变简单

2016年8月，支付宝推出“网上植树”活动“蚂蚁森林”：用户通过步行、地铁出行、网上缴纳水电煤气费、网上挂号、网上购票等行为减少碳排放量，就可以在支付宝里养虚拟树。虚拟树长成后，支付宝蚂蚁森林和公益合作伙伴就会在地球上种下一棵真的树，或守护相应面积的保护地，以培养和激励用户的低碳环保行为。

蚂蚁森林活动激活了人们在多个场景的支付行为，促使人们频繁使用支付宝，通过“偷能量”“帮好友浇水”“合种树”等游戏设计，推动了支付宝用户之间的社交行为。

2019年9月19日，“蚂蚁森林”项目获得联合国最高环保荣誉“地球卫士奖”。截至2020年9月26日，蚂蚁森林实际造林超过2.23亿棵，造林面积超过306万亩。

案例 小米：由公众“票选”捐助高校

为进一步支持中国高校的建设与发展，鼓励培养科技人才，小米公益基金会设立“小米奖助学金”项目，总金额5亿元人民币，计划分5年覆盖全国100所高校，用于资助全日制在读的家庭经济困难、学习勤奋的本科生与研究生。该项目2020年在清华大学、北京大学等10所高校开展。

2021年9月，小米公益基金会开启第二批“小米奖助学金”报名活动，高校自愿报名，首先筛选出49所候选高校。10月25日至11月1日，公众开始投票。用户需要注册“小米社区”账号，并绑定安全手机（短信验证），通过手机进入小米社区，按照页面指引进行投票，每位用户仅有一次投票机会。

11月4日，小米公益基金会根据公众投票结果，公布最终入选的20所高校名单。每所入选高校将获得每年50万元、十年共计500万元的奖助学金支持。

这49所参选高校都是“双一流”大学，在校学生与校友的数量众多，而且具有强大的社会影响力。活动期间，很多高校在公众号发文，号召广大学生、校友踊跃投票，并建议大家发动同学、朋友、家人、同事一起投票助力。很多人为母校积极拉票，“小米奖助学金”活动刷爆了同学群和朋友圈。

20所高校，每所50万元，一年公益捐赠1000万元。共有41.7万人完成投票（很多是新注册的小米社区用户），115.6万人参与投票，各高校拉票宣传活动的阅览量远超过千万人次。通过该活动，小米品牌的知名度和美誉度都得到了提升。

（3）宣传正能量，弘扬美德

由于通信业务与大众的生活息息相关，通信运营商经常开展公益营销，宣传正能量，弘扬社会美德。

案例 Truemove：给予是最好的交流

泰国通信运营商Truemove的公益短片《给予是最好的交流》，讲述了一个好人有好报的感人故事。

餐馆老板乐善好施，三十年前为一个因为没钱为母亲买药而偷了三瓶止痛药的小男孩解围。三十年后，餐馆老板重病住院，需要负担巨额手术费。走投无路之际，老板女儿决定将餐馆卖掉筹措手术费，却发现医疗费的账单为零，上面写着："所有费用已经在三十年前付过了——用三瓶止痛药和一盒蔬菜汤。"

当小男孩不得已偷窃时，餐馆老板为小男孩支付药费并送上蔬菜汤，对小男孩的心灵起到了保护作用，使小男孩长大成人后秉持悬壶济世的医德。老板对小男孩最大的帮助就是给予了他爱和理解，这正是Truemove的理念——沟通产生理解。

通信运营商的公益宣传，有时甚至故意贬低自己，譬如让公众少用自己的服务。这种出人意料、不同寻常的做法，让人印象深刻。

案例 DTAC：放下手机，建立联系

手机原本是方便沟通的工具，现在却阻碍了人与人之间的沟通，"手机控""低头党"已经成为社会"公害"。在各种聚会场合，大家都是拿着手机，各玩各的。泰国通信运营商DTAC的广告主题是"放下手机，建立联系"（Disconnect to Connect），劝诫人们暂时放下手机，去关注身边的人，感受身边的亲情、友情和爱情。

这则短片的拍摄手法颇为新颖：当人们关注手机时，身边的人就消失了，只有没有生命的物品在悄悄移动；一旦人们放下手机，便能立即与身边的人建立生动的关系，整个世界也随之生动起来。

DTAC没有宣扬自己的网络多么快、服务多么优秀，更没有劝人们多用手机，恰恰相反，它以温馨、煽情的方式，劝人们少用手机，既让人感到意外，

又让人感到真诚的公益心。

无独有偶，在微信4.2版本的开机画面中，提示语是：“少发微信，多和朋友见见面！”

第10节　文化

中华优秀传统文化是中华民族的精神命脉。

——习近平

1. 文化是民族的精神命脉

文化是人类的全部精神活动及其产品，传统文化是民族文明、风俗、精神的总称。

中国传统文化博大精深，源远流长，积淀着中华民族最深层的精神追求。诸如“精忠报国”的爱国情怀，“天下兴亡，匹夫有责”的担当意识，“自强不息”的奋斗精神，“舍生取义”的牺牲精神，“革故鼎新”的创新思想，“扶危济困”的公德意识，“国而忘家，公而忘私”的价值理念等，一直是中华民族奋发进取的精神动力。这些千百年传承的理念，已浸润于每个国人心中，成为日用而不觉的价值观，构成中国人的独特精神世界。

◇内群体偏好效应

根据心理学的社会认同理论，社会群体可以分为内群体与外群体，人们所在的群体就是内群体，其他群体就是外群体；人们会对内群体产生认同，产生内群体偏好和外群体偏见。

民族认同、爱国主义的心理根源就是内群体偏好效应。人们会对自己所属的群体产生归属感，诸如家庭、社群、班组、协会、家乡、民族、国家，人们会自然而然地偏好自己所属的群体，对其有更积极的评价、更好的感受和体验。在人类早期社会的竞争发展过程中，内群体偏好有助于本群体在竞争中获得优势，民族认同与爱国主义就逐渐成为普遍的社会文化规范。

◇国潮品牌崛起

近年来，国潮品牌迅速崛起。国潮是国内本土潮流的简称，国潮品牌是指广受市场欢迎的国货品牌、民族品牌。小米、华为、大疆等科技品牌，李宁、大白兔、六神等民族品牌，扭转了人们对民族品牌的不良印象，大量国潮品牌受到市场欢迎，根源在于综合国力强大以及企业竞争力与文化自信的提升。

“90后”“00后”成长于中国社会经济快速发展的时代，是互联网原住民，他们视野开阔、兴趣多元、对民族文化的认同程度较高。由于国家日益强盛和国民收入持续提升，年轻一代的自信心增强，具有独立审美和对产品的深度认知能力，尤其是“00后”有着强烈的民族自豪感和文化自信，更加认可民族制造、民族品牌，不像前几代人那样偏爱海外品牌。

今天，传统文化消费成为主流。从网红文创流行到走上街头的汉服男女，从体现传统文化价值的景区到电视台的传统文化热门节目，国潮文化在社会生活中处处勃发生机。由百度和人民网研究院联合发布的《百度2021国潮骄傲搜索大数据》显示：“国潮”搜索热度在过去十年中上涨了528%。

2. 文化营销

品牌与文化相结合，利用文化吸引人，要点有四：融合传统文化；融合优势文化；打造国潮品牌；激发民族情怀。

（1）融合传统文化

企业挖掘产品的历史文化底蕴，为产品打造故事，赋予产品文化内涵，提升产品的魅力与精神价值。

很多旅游景点、保健品企业都擅长利用传统文化。西湖边的一块大石头，如果导游说这是许仙和白娘子谈恋爱时坐过的，游人就会纷纷拿出手机拍照。旅游景点通过讲历史故事，举办历史人物祭祀大典，以及相关的征文、摄影比赛等活动，不仅能展现景区的文化底蕴，弘扬民族文化，而且能提升景区的人气。

案例 东阿阿胶：赋予产品文化内涵

2006年，东阿阿胶进入养生市场，将阿胶从“药品”转变为“滋补养生品”，从“补血圣药”转变为“滋补国宝”，引领行业升级，打破市场原来的“天花板”，持续做大阿胶品类。

首先，宣传产品有3000年的文化积淀，从《神农本草经》《黄帝内经》等古书中找到阿胶、人参、鹿茸是“中药三宝”的字句，大力宣传东阿阿胶是“滋补国宝”。其次，广泛开展植入营销，在《大宅门》《女医明妃传》《甄嬛传》《红高粱》《那年花开月正圆》等热门电视剧里，都曾提到阿胶是宫廷御用的名贵之物。再次，宣传“上医治未病，中医治欲病，下医治已病”及“预防比治疗重要”等理论，大力推广医疗膏方，培养人们健康养生的理念。最后，举办“冬令滋补节”“熬阿胶，写家书，尽孝心”等活动，吸引游客到工厂参观体验“3000年”的炼胶工艺。

据此，东阿阿胶成为市场上热销的养生滋补保健品。从2006年到2016年，东阿阿胶每公斤的零售价从130元涨至5400元，涨幅超过40倍！

（2）融合优势文化

优衣库打造“文化”的生活方式，让消费者轻松感受到艺术的美好。从2013年开始，优衣库赞助MoMA（纽约现代艺术博物馆）的“周五免费之夜”，每周五的下午4点到晚上8点，MoMA向公众免费开放，并冠名为“优衣库之夜”。优衣库与MoMA合作，推出了1000多款“世界文化T恤”，将一些艺术家的作品印在几十元的T恤上。2021年，优衣库与卢浮宫合作，将卢浮宫的馆藏艺术通过T恤展现在人们面前。

近年来，日本的潮流文化走在世界前列，国内有些新消费品牌经常蹭日本文化，像奈雪的茶的商标、泡泡玛特的定位、农夫山泉的福岛白桃风味水、钟薛高的日本薮北茶抹茶雪糕等。

案例 小糊涂仙：融合优势文化实现快速崛起

国内的白酒企业善于融合优势地域文化，例如孔府家酒融合儒家文化，酱香型酒总是想办法跟茅台扯上关系，要么出自茅台镇，要么是茅台某大师酿的酒，要么是用了相同原料等。

小糊涂仙创立于1997年，利用茅台镇、赤水河的地域文化和“糊涂文化”实现快速崛起。

一是利用茅台镇地域文化，快速获得美誉度。贵州茅台镇是国酒茅台的产地，声誉卓著，名震天下。小糊涂仙酒扎根于茅台镇，借助茅台镇的地域文化优势，品牌宣传语是“茅台镇传世佳酿”，后改为“传承美酒文化”。

二是利用“美酒河”，宣传高品质酒的形象。小糊涂仙酒厂坐落在有“美酒河”之誉的赤水河畔，生态环境优越，气候条件特殊，水质绝佳，酿酒历史悠久，名酒企业星罗棋布。

三是利用“糊涂文化”，与客户产生共鸣。郑板桥的书法“难得糊涂”代表了一种人生哲学与处世之道，体现了中国人的隐忍豁达、大智若愚的深层文化心理。小糊涂仙巧妙地利用了“糊涂文化”，充分满足了国人的这种心理寄托，宣传语是“做什么样的神仙最洒脱？小糊涂仙。聪明难，糊涂更难”。品小糊涂仙酒，不仅是品酒的香醇，而且是品一种文化，表达一种人生态度。同时，“糊涂文化”给品牌赋予了独特个性，与其他品牌形成了明显的差异。

（3）打造国潮品牌

在科技创新、民族自信的新时代背景下，国潮品牌全面进化，从最初的吃穿住用等生活消费领域，发展到手机、汽车等高科技领域，目前已经发展到中国品牌、中国文化以及先进科技输出的新阶段。

当前，打造国潮品牌有如下要点。

第一，“90后”“00后”成为国潮品牌的消费主力，他们更加自信、富足、充满个性，追求品质、潮流、猎奇、好玩。

第二，满足人们对中国文化、中国设计的猎奇心理。中国文化精髓提炼、创新与传播给人们带来自信，汉服、京剧、刺绣、武术、瓷器、围棋、书法等国粹文化全面繁荣，并成为潮流设计和传播的主要元素。

第三，利用数字技术与尖端科技赋能产业升级，深耕文化创新，挖掘内容潜力，走精细化的“中国智造”道路，彰显中国文化底色，打造更多可以流行到全世界的国潮品牌。

案例　北京故宫：引领文创潮流

2014来以来，北京故宫博物院开发了大量“皇帝同款”文化创意产品，在微博和微信上宣传，既传播了故宫文化，也俘获了众多粉丝。

朝珠耳机的样子酷似清代朝服上的朝珠，戴上以后感觉像在批奏折。顶戴花翎官帽防晒伞是依照清朝官员的顶戴花翎设计的，撑开后花翎向后，酷似头上戴着一顶官帽。“朕就是这样的汉子”折扇源自雍正批田文镜折，一面印有：“就是这样秉性，就是这样皇帝，尔等大臣若不负朕，朕再不负尔等也，勉之。”

（4）激发民族情怀

20世纪90年代，中国经济持续高速增长，企业流行打民族牌，以激发大众的爱国情绪。在市场化程度较高、竞争较充分的家电、饮料等行业就涌现出了许多成功案例。

在家电行业，长虹的口号是“以产业报国，以民族昌盛为己任”，海尔的口号是“海尔中国造”，创维经典的《创维情，中国心》广告由张明敏作为形象代言人，让人回忆起那首唱遍大江南北的《我的中国心》：

河山只在我梦萦，祖国已多年未亲近，可是不管怎样也改变不了我的中国心。……洋装虽然穿在身，我心依然是中国心，我的祖先早已把我的一切，烙上中国印。

饮料品牌娃哈哈频频甩出“中国牌”：娃哈哈把旗下的非常可乐说成是“中国人自己的可乐”；面对外国资本的收购，娃哈哈奋起抗争，宣传民族资本与外国资本的对抗，从而赢得了主动权。

案例 奇强洗衣粉：中国人，奇强

中华民族伤痕累累的近现代史深深烙在我们心中，每当我们听到“中国人，奇强”这样震撼人心的话语时，总会有一种热血沸腾的感觉——我们强大了，我们中国人，不但强，而且“奇强”。这是一种怒吼、一种呐喊，而喊出这一口号的奇强洗衣粉，也印在了我们心底。

案例 ROM巧克力换包装事件

罗马尼亚的ROM巧克力具有悠久的历史，产品包装采用了罗马尼亚国旗的红、黄、蓝三色。但是，从2010年开始，罗马尼亚人似乎对ROM越来越不感冒，越来越偏爱进口食品。

2011年，ROM公司将罗马尼亚国旗包装换成“星条旗”包装，挑战人们的国家认同，触发人们的爱国情绪，而这很快就引起了人们的强烈反应。人们纷纷谴责这种崇洋媚外的做法，并发起全国性的抗议浪潮，人们也开始怀念原来的ROM。于是，ROM公司宣布：“星条旗”包装其实是个玩笑，公司当然最爱自己的祖国罗马尼亚。公司呼吁，“虽然经济不景气，但大家要团结起来”，成功唤醒了人们的爱国情绪。

为期两周的活动，不仅在全国媒体上免费曝光，还让罗马尼亚人重新认同品牌，ROM成为罗马尼亚最受欢迎的巧克力品牌，销量大幅度增长。

第11节　体育

谁敢在巅峰从头来过，即使身体伤痛，内心不甘。让13亿人都用单脚陪你跳到终点。

——刘翔在第30届奥运会上摔倒后，耐克发的微博

1. 激发超越自我的正能量

体育精神是指人们在体育运动中形成的价值标准和心理状态，包括以超越、挑战、征服、奋斗、奉献、坚强、勇敢、高尚为内涵的英雄主义精神，以健康、活力、快乐、优美为内涵的人本精神，以公平、竞争、参与、规则、诚信为内涵的公平竞争精神，以及以团结、协作、互助为内涵的团队精神。体育精神的核心是实现梦想、超越自我。

企业赞助体育活动，开展体育营销，能为品牌注入丰富的体育精神，激励人们不断超越自我，引发消费者心理共鸣，提升品牌形象。首先，在当今社会，体育活动非常吸引人，在重大比赛现场，观众动辄成千上万，媒体受众更是不计其数。其次，体育精神的内涵丰富，都是正能量，经常能感动观众，激发人们的心理共鸣。再次，体育是人类共同的事业，赞助体育活动具有公益性，消费者容易接受和参与。最后，体育营销的核心是体育运动，观众的焦点是体育运动，品牌广告处在观众注意力的边缘，不单独出现，不喧宾夺主，商业性和功利性不明显。

2. 体育营销

体育用品制造商都擅长开展体育营销，耐克、阿迪达斯、锐步、彪马、李宁等运动品牌已经在大众心目中与体育精神画上了等号。

案例 耐克与乔丹的传奇故事

1985年，耐克以高薪签约NBA球星迈克尔·乔丹（Michael Jordan），并推出以乔丹命名的球鞋系列空中飞人（Air Jordan，AJ），这款球鞋在当时具备新颖的科技元素和奇特的配色。

当时，耐克与乔丹的合作条件是：耐克每卖一双AJ，乔丹可以拿到25%的收入提成；在前三个赛季中，乔丹必须成为NBA年度最佳新秀或全明星，实现场均得分20+以及球鞋累计销售400万双，否则合约提前终止。乔丹不负众望，第一个赛季就完成了耐克的全部任务。1984年，耐克销售额仅7亿美元；1993年，销售额飙升至40亿美元，市场份额高达40%。

由于体育比赛充满了不确定性，企业在赞助奥运会等重大赛事时，为了应对各种情况，通常会准备多套宣传文案，展现不同的体育精神。

案例 奥运营销精彩纷呈

在第30届奥运会上，与赛场夺冠同样精彩的是赞助商的宣传文案。

如果签约运动员顺利夺冠，就推出充满英雄主义气息的宣传口号。

- 孙杨夺得男子1500米自由泳冠军后，耐克微博发出了“伟大就是让世界纪录追赶你”。
- 羽毛球选手林丹夺冠后，与老对手李宗伟英雄相惜，耐克微博发出了“伟大在球场两边”。

如果签约运动员输了比赛或者在比赛中发生了意外，就从人性出发，宣传人本精神、公平竞争精神。

- 对多次与冠军擦肩的坚持者，宣传角度就是“千年老二，无怨无悔”。
- 奥运冠军老将展现体育精神，宣传角度就是“英雄迟暮，忠诚不改”。
- 年轻小将被外界质疑，宣传角度就是“初生牛犊，生气勃勃”。
- 因裁判不公痛失金牌，宣传角度就是“没有绝对的公平，但有绝对的伟大”。

- 丘索维金娜通过比赛为患有白血病的儿子挣得医疗费，宣传角度就是“母爱人性，感情升华”。

案例 耐克：活出你的伟大

2012年伦敦奥运会期间，耐克的1分钟短片《活出你的伟大》（*Find Your Greatness*）让普通人成为明星，赞美了平凡人的伟大。

2012年7月25日，该短片在社交媒体上预热。伦敦奥运会开幕当天，短片在全球25个国家的电视台播出，全面覆盖电视、网络、平面等媒体，并以“活出伟大”为标签，在社交媒体上引发讨论。比赛期间，耐克官方微博以“活出你的伟大”为主题，针对奥运会中的突发事件推出不同的平面广告，弘扬体育精神，激发受众产生共鸣。

表5.1 伦敦奥运会上耐克的广告文案

伦敦奥运会上的赛事	耐克的广告文案
李娜女网单打首轮出局	伟大的反义词不是失败，而是不去拼
叶诗文以打破世界纪录的成绩夺得女子400米混合泳决赛金牌	伟大与经验无关
郭文珺在女子10米气手枪比赛中夺金，另一名中国选手苏玉玲位列第六	伟大可以是第一，也可以是第六
吴敏霞、何姿在女子跳水双人3米板决赛中夺得金牌	再没有悬念的伟大，也是靠努力得来
中国男篮奥运首场比赛失利	谁会为百分之一的机会去拼？伟大会
中国男子举重队失利	有的人相信，比金银更有分量的是铁
易思玲在女子10米气步枪比赛中摘得首金，获众人关注，喻丹因获得铜牌被解说员忽略姓名	他们也许没记住你的名字，但记住了你的伟大
中国男子体操队在团体预赛中失误连连，以第6名的身份进入决赛，最终零失误完美夺冠	伟大不会放弃你，除非你先放弃追寻它

为了吸引网友参与，耐克建立了活动网页，鼓励网友展示自己，完成挑战——无论是跳、跑还是练，只要动作足够有型，将照片或视频上传，就有机会“秀”出来。

有调查显示，通过“活出你的伟大”活动，美国和中国的大部分观众认为耐克是伦敦奥运会的合作伙伴，而不是花了1亿美元赞助费的阿迪达斯。

案例 刘翔的奥运会代言

在2008年北京奥运会上，刘翔因伤退赛，耐克迅速打出广告“爱运动，即使它伤了你的心”，成为体育营销的经典案例。

2012伦敦奥运会，刘翔成了一个极好的宣传载体——有故事，有知名度，有正能量，还有一个未完的结局。刘翔的商业价值达到顶峰，赞助商众多。

8月7日晚，伦敦奥运会男子110米栏预赛，刘翔在跨第一个栏时摔倒。随后，他忍住剧痛，深情亲吻栏架，用单腿一步一步跳到终点，最后被工作人员用轮椅推到场外。

刘翔摔倒后14分钟，耐克官方微博就推出了海报：“谁敢在巅峰从头来过，即使身体伤痛，内心不甘。让13亿人都用单脚陪你跳到终点。”“谁敢拼上所有尊严，谁敢在巅峰从头来过，哪怕会一无所获。谁敢去闯，谁敢去跌。伟大敢。”不到24小时，该海报就被转发13万次，评论2.6万条。

可口可乐的微博文案是：“别人可以肆意煽情，你要始终真实，别人可以矫揉造作，你要坚持自我，因为你不代表别人，你是可口可乐。”“从你踏上赛场的那一刻起，输赢就已经被放下。这只是人生一道坎，我们会和你一起跨过去！”

宝马MINI的微博文案是：“完成我的路，无论姿势与结果。”

第12节　励志

每一个不曾起舞的日子，都是对生命的辜负。

——尼采

活着就是为了改变世界，难道还有其他原因吗？

——乔布斯

1. 心灵鸡汤激励人

人为什么要活着？古往今来，很多人都探求这个问题的答案。在漫长的岁月里，有奋进、有奉献，有追求、有渴望，有坎坷、有失落，有阳光、有风雨，构成了丰富多彩的人生画卷。有人追求显赫荣耀，有人追求清静淡泊，不同的追求，构成不同的人生，形成不同的人生价值。

古今中外，人们总结了无数精彩的人生哲理和励志故事，有些被称为“心灵鸡汤”，它能够激活人们的生命能量，唤醒人们内在的创造力，激励人们去奋斗、拼搏，实现人生价值。

2. 励志营销

利用正能量的人生励志故事策划病毒创意，可以激励受众，引发心灵共鸣，从而俘获人们的心。励志人生的内涵丰富，宣传角度有很多，需要发挥想象力。

2016年猴年春节期间，六小龄童主演的微电影《美猴王的故事》刷爆了互联网。影片讲述章家四代人前赴后继地扮演美猴王，“我们把快乐一代一代地传下去，是为了让更多人把快乐带回家”，感人至深，完美诠释了百事可乐的品牌理念“把乐带回家”。

案例 表现励志人生的品牌宣传语

- 健身软件Keep：“哪有什么天生如此，只是我们天天坚持。”
- 网易云音乐：“最怕一生碌碌无为，还安慰自己平凡难能可贵。”
- 千禧书店：“哪有什么热爱读书，只不过是不想输。爱读书，不会输。”
- 运动品牌新百伦（New Balance）：“跑下去，天自己会亮。”“人生没有白走的路，每一步都算数。”
- 天猫国际化妆品（妙物研究院）：“不被看好的时候，更要好看，区区加班就想击倒我？”“未来有多美，我不知道。美会更有未来，我确定。就算漂，也要漂亮的漂。”
- 锤子手机：“我们看到太阳发出的光需要8分钟，看到海王星反射出的光需要4个小时，看到银河系边缘的光需要2.4万年，看到宇宙中距离我们最远的那颗星星发出的光需要139亿年。所有的光芒，都需要时间才能被看到。”

案例 汽车品牌的励志营销

- 路虎：“心不妥协，行不受限。”
- 沃尔沃：“别赶路，去感受路。”
- 宝马：“奔驰一生，宝马相伴。”
- Jeep：“看过世界的孩子更强大。”
- 现代途胜：“去征服，所有不服。”
- MINI：“别说你爬过的山，只有早高峰。”
- 丰田：“车到山前必有路，有路必有丰田车。”
- 奥迪A6：“别人看到你的成就，我们看到你的奋斗。”

案例 褚时健的“励志橙”

褚时健，改革开放初期的风云人物，曾是“中国烟草大王”，他的经历就是一个极好的励志故事。1928年，褚时健出生在一个农民家庭。1954年至1958年在政府部门工作。1958年底被打成“右派”，进行劳动改造。1979年，他出任玉溪卷烟厂厂长，拯救了这家濒临倒闭的小厂。1986年，他致力于把农民的烟田变成烟厂的“第一车间”，并狠抓产品质量。1994年，玉溪卷烟厂成为亚洲最大的“烟草帝国”，年创利税近200亿元，“红塔山”品牌价值达332亿元。

71岁时，他走到人生巅峰，却因为经济问题被判刑17年，女儿自杀身亡。入狱3年后，他被批准保外就医。

75岁时，他承包了2400亩荒地种橙子，开始二次创业。他经常下地干活，对果园进行严格管理。6年后，第一批橙子挂果，口感偏酸，并不好吃。他四处求教、钻研书籍、反复实验、改善种植方法，努力寻找让橙子好吃的办法，终于摸索出了符合“中国口味”的橙子的酸甜比“1：24”。

由于褚时健的励志经历，他种的橙子被称为“褚橙”“励志橙”。有网友感叹：“褚橙，是一种境界。”“消费者买的是水果，吃的是精神。”“这吃的哪里是橙子，分明是烟王血泪！”

85岁时，他的橙子进入国内一线城市，广受欢迎，他的身价又达数亿元。

第13节　逆袭

十年寒窗无人问，一举成名天下知。

——《增广贤文》

朝为田舍郎，暮登天子堂。将相本无种，男儿当自强。

——《神童诗》

1. 人们喜欢逆袭的故事

◇草根逆袭的故事给人希望

“逆袭”一词来自日语，是网络游戏用语，指挑战强大对手，或者在逆境或绝境中反击，最终逆转局势取得胜利。草根逆袭表达了基层人群憧憬美好生活的愿望和自强不息的精神，他们需要英雄人物的成功事迹来补充正能量，提供心理安慰。

大众最喜欢小人物经过奋斗获得成功的励志故事，草根逆袭是中国传统戏剧的经典情节。北宋年间，寒窑书生吕蒙正状元及第，三度出任大宋帝国宰相，堪称那个时代草根逆袭的典范。科举不断取士，草根不断逆袭，成为千古歌唱的中国式梦想。

◇逆袭故事的特征

常见的逆袭故事，主要有两个特征：挑战类情节；小角色。

（1）人们喜欢挑战类故事

大众喜欢克服困难、挑战成功的故事情节，例如以弱胜强、以小胜大、反败为胜等。例如，《圣经》中大卫战胜巨人歌利亚的故事，年轻的勇士大卫用自制的投石弹弓打败了巨人歌利亚，成功地克服了令人望而生畏的巨大挑战。挑战类情节还有许多版本，例如“乌鸡变凤凰”“咸鱼翻身”“枯木逢春”“苦尽甘来”“三十年河东，三十年河西”等。

最常见的挑战类情节是“英雄之旅”。美国神话学家约瑟夫·坎贝尔[①]在经典著作《千面英雄》中研究世界各地的文化，他发现无论何种民族、何种文明，讲述的神话故事都有共同的叙事逻辑——英雄模式：英雄最开始拒绝走出舒适区，走出之后与伙伴一起，一路过关斩将，最终把胜利带回家乡。

“英雄之旅”的叙事结构分为三部分：启程、冒险、回归。“英雄之旅”可分为12个阶段：普通世界、冒险的召唤、拒绝召唤、遇见智者、穿越第一个极限、测试敌友、穿越第二个极限、严峻考验、得到回报、回归之路、复活、满载而归。根据这一模型，好莱坞创作出了众多的英雄大片，包括《星球大战》《黑客帝国》《蜘蛛侠》《指环王》《哈利·波特与魔法石》等。

① 约瑟夫·坎贝尔（Joseph Campbell，1904—1987），美国神话学家。

（2）人们喜欢小角色

从孩提时代起，我们就经常把“大”与“邪恶”等同起来。在童话故事和神话传说中，巨人往往是坏蛋，不仅外表吓人，而且心肠不好。大灰狼体型庞大，心肠也很坏，所以我们叫它“大灰狼”。

“小”是美好的。“小”通常意味着温馨、亲密，而“大”就没有这种意境。“小”还意味着舒服、贴心，而“大”会让我们感到不自在。

2.逆袭营销

利用人们对草根逆袭类故事的喜爱策划病毒营销活动，常见做法有：克服挑战；以小胜大；制造对比。

（1）克服挑战

战胜重重困难的传奇故事，吸引人。

案例 对不起，我只过1%的生活

2014年年底，“伟大的安妮”的一条“对不起，我只过1%的生活”的条漫（有故事情节的小漫画），在寒冬中引爆了市场流行。

这个创业故事讲述了安妮面对重重质疑、克服重重挑战，证明自己的过程：先是面对质疑“你成为漫画家的概率只有1%”；然后成功创办公司，又被说“公司活下来的概率不到1%”；接着是公司濒临破产；最终克服困难把产品做了出来。

这个草根逆袭的故事里有满满的正能量，感动了很多人。

案例 罗永浩：不断克服挑战

通过“怒砸质量不合格的西门子冰箱”事件出名，罗永浩塑造了“挑战权威”的形象，成为大众心目中“维护消费者权益”的代言人。

在“锤子ROM发布会”上，罗永浩又挑战了一个权威——乔布斯：“我一个人来到科技和人文的十字路口，只看到老乔的墓碑孤零零地立在那里。”

在“第一代锤子手机产品发布会”上，罗永浩花费大量时间讲述自己作为小公司被供应商拒绝的过程，以及弱小的团队怎样解决各种困难和问题。让观众边看边感慨，“老罗真是不容易，克服了这么多挑战”。

每次发布会后，网上对罗永浩的批评几乎都会变成一边倒的赞许，锤子手机的百度指数也会大幅度增长。

（2）以小胜大

“小”是迪士尼乐园和迪士尼世界的创作灵感。迪士尼的“魔法师”知道“小能胜大”的道理，游乐园里的建筑不是按照常规大小建造的，而是依据孩子的身高，按照现实高度的2/3大小建成的。尽管人们在游乐园里会感觉建筑物很小，但也可以顺利地进出——走在游乐园里，人们会觉得自己变大了。

（3）制造对比

通过使用产品前后周围人们态度的对比，制造悬念，激发人们心底逆袭的冲动，让人产生代入感，留下深刻印象。

案例 培训机构的广告文案

约翰·卡普尔斯（John Caples）被誉为“史上最强的广告文案写手”，他为美国音乐学院撰写的直邮广告语是：“当我坐在钢琴边时，他们都笑了，而当我开始弹奏时……”

不久，约翰·卡普尔斯又为一家函授课程撰写广告语：“当侍者们用法语跟我交谈时，他们以为我不懂，便窃窃地笑了，而当我回答时，他们的笑声顷刻间变为满脸的惊奇。”

这两则广告采用相同的句式，都取得了很好的效果。

今天，这句文案仍然被各类培训机构反复套用：

某英语培训广告：“当我站在台上时，他们都笑了，而当我开始讲英语时……”

某演讲培训广告：“得知我的学历后，同事都嘲笑我，而当我开口讲话时……”

实操篇：实施感染力

策划病毒营销活动
搭建自动传播路径

上士闻道，勤而行之。

——老子

管理是一种实践：其本质不在于知，而在于行；其验证不在于逻辑，而在于成果；其唯一权威就是成就。

——彼得·德鲁克

基于长期的营销策划研究与实践，笔者将五花八门的病毒营销活动归纳为内容营销、事件营销、活动营销三种类型。

病毒营销方式的比较

	内容营销	事件营销	活动营销
目的	提升品牌知名度与品牌形象	以提升品牌知名度为主	销售产品
操作	辛苦活儿，需要创意	创意至上，有难度	常规手段
方式	文字、图像、视频	借势、造势	主题活动、游戏、选秀、抽奖等
效果	见效慢，润物无声	见效快	快速提高销量
新闻性	新闻性弱，爆款内容会成为公众事件	新闻性强，成为公众事件	新闻性弱
传播范围	面向泛用户，传播范围中等	面向公众，传播范围广	面向目标用户，传播范围小
掌控力	可控性强	可控性弱	可控性强
能力要求	踏踏实实，坚持不懈	策划能力强，灵活应对	执行能力强

《孙子兵法》云："兵无常势，水无常形；能因敌变化而取胜者，谓之神。"现实中的病毒营销活动，可能是某一种形式，也可能是多种形式的组合。

接下来，我们逐一阐述内容营销、事件营销、活动营销这三大类型、13种常见的病毒营销活动，包括内涵、策划实施要点及典型案例。

第6章

策划内容营销

从来没有人读书，只有人在书中读自己，发现自己或检查自己。

——罗曼·罗兰

1. 内容营销：广告内容化

数字时代，企业与消费者的关系发生了变化，消费者不再是被动接收营销信息，强迫消费者注意的灌输型、说教型营销不再有效，内容营销逐渐成为主流。

所谓内容营销，就是企业通过内容让消费者产生兴趣，从而提升所植入品牌的知名度与品牌形象。内容的形式包括文字、图像、音频、视频等，这些内容通常含有病毒基因，并且植入了营销信息，是营销创意（病毒基因）与营销信息（品牌或产品信息）的载体。

人们常说的内容富有创意，就是内容含有病毒基因、具有感染力——能够触发受众的欲望或引发情感共鸣，让其觉得有用、有趣或有感觉，并愿意转发、分享给别人。

内容营销的本质是广告内容化，即“软广告”，就是营销信息与病毒基因融为一体，既能够激发人性、抓住人心，又能传播品牌文化或者产品卖点，这样的内容宣传起来就会事半功倍。只有营销信息、没有病毒基因的“硬广告”，就不能激发人性，无法抓住人心，营销宣传就会事倍功半。

今天，企业要用内容打动消费者，内容运营成为企业的基础经营活动。企业要建立自己的内容生产和传播部门，以内容为纽带与消费者建立情感联系，潜移默化地传递品牌的使命、愿景、价值观以及生活方式，将潜在消费者转变成现实客户，并进一步培育成忠诚粉丝与推荐者。

2. 内容营销的形式

从病毒营销实践来看，内容营销主要有5种形式，分别是文章、文体、故事、视频、直播。其实，这种分类方式虽然逻辑性不强，但十分有利于指导营销实践。

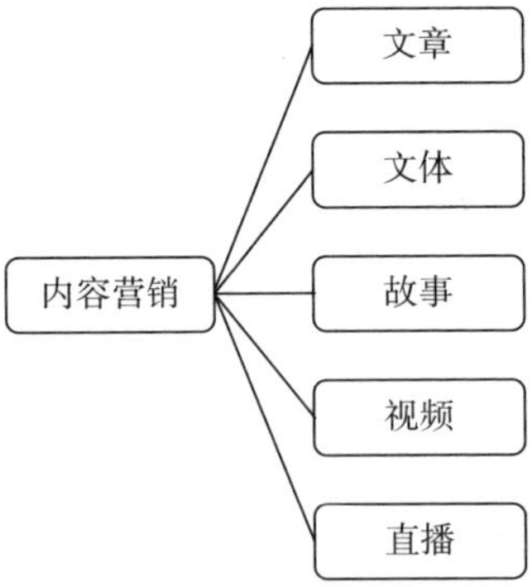

图6.1　内容营销的主要形式

第1节　文章

言之无文，行而不远。

——孔子

为人性僻耽佳句，语不惊人死不休。

——杜甫

1.文章要有感染力

文章，是指文字内容，具体形式多种多样，有长有短，包括新闻文章、广告文案、公关软文及社交媒体文章，如博客文章、微博信息、论坛帖子、微信文章等。

文章富有感染力，就是文章吸引人、抓人心——与读者进行深层次的情感沟通，这要求文章具有病毒基因——能够利用人性欲望、制造感觉情绪或者激发心理共鸣，从而引发读者关注，并且谈论、分享、转发。

案例 江小白：通过走心文案实现心理共鸣

白酒不仅是酒，还是表达情感、进行社交的工具。青春小酒品牌“江小白”的宣传文案包含多种情感和人生励志等“病毒基因”，语颇隽永，耐人寻味，令人走心，表达了年轻人内心深处的情感，与年轻人实现了心理共鸣。

请欣赏江小白的“表达瓶”文案：

- “你懂得越多，能懂你的就越少。”
- “我们总是发现以前的自己有点傻。”
- “走过一些弯路，也好过原地踏步。”
- “低质量的社交，不如高质量的独处。”
- “陪你去走最远的路，是我最深的套路。”
- “哪有什么突然想起，其实是一直藏在心里。”
- “我在杯子里看见你的容颜，却已是匆匆那年。”

- “我把所有人都喝趴下，就为和你说句悄悄话。”
- “再好的过去，回忆的次数多了，味道也就淡了。”
- “手机里的人已坐在对面，你怎么还盯着屏幕看？”
- “不要到处宣扬你的内心，因为不只你一个人有故事。”

打造文章的感染力，除了具有病毒基因，还要注意以下几点。

第一，内容简单易懂。

文章的目的是与消费者沟通，好文章能提高沟通效率。今天，人们的阅读方式碎片化、移动化，普遍缺乏时间与耐心，文章内容要简单，让人容易理解与记忆。

内容要一目了然。多使用总结性的标题，段首句是段落主旨。不要用长句、生僻词汇和晦涩的表达，多用短句、常见词汇和清晰的格式。

开门见山，直指要点。过分渲染的语言让读者难以理解，产生距离感。

第二，标题吸引人。

好标题非常重要。研究发现，只读标题的读者是看正文的5倍；文章是否吸引人，标题能占到80%的权重。

标题要简单直白，态度鲜明，能在1秒之内抓住读者的眼球。

标题要制造悬疑，又不能透露过多的内容。要引发读者的好奇心，诱惑读者点开文章，到文中去寻找答案。

不要沦为“标题党”。近年来，有些网络文章为了博取眼球，提高阅读率、点击率，片面追求雷人效果，指鹿为马，挂羊头卖狗肉，甚至颠倒黑白、哗众取宠、造谣惑众，用夸张、情色、恐吓、怪异、歪曲的手法给文章起标题，扭曲了人们的价值观，破坏了社会信任，造成负能量大行其道，要坚决反对。

第三，用第一人称。

传统的文案写作让读者产生距离感，不够亲切。要用第一人称写作，就像平常说话一样。第三人称给人的感觉有点高傲冷淡，而第一人称让人感觉亲切。例如，“A是一家××中介，致力于为客户提供友好、清晰、直接的建议。”使用第一人称的文字更有温度：“我们为您提供清晰、友好的××建议。”

2. 软广告吸引人

数字时代，人们对传统的硬广告不仅缺乏兴趣，还有排斥心理。企业要为消费者提供有价值的内容，潜移默化地宣传品牌与产品，这就是软广告——让广告看起来不像广告，读者不仅感兴趣，而且愿意分享。

今天，你所看到的文章，几乎都是发布人想让你看到的，那些不想让你知道的，你就难以看到。现在的读者见多识广，他们已经意识到，凡是提及或者嵌入了品牌或产品的文章，通常都是企业的软广告（软文）。事实上，任何个人、组织在公共环境下发布的任何信息，都是软广告——具有某种目的，要么是影响人们的思想与行为，要么是提升形象或销售产品。

怎样提升软广告的吸引力呢？有几个要点：以读者为中心；含有病毒基因；打造品牌化内容。

（1）以读者为中心

俄国作家契科夫说："要把别人写成别人，不要写成自己。"

以微信公众号文章为例。公众号文章是一种新型软广告（软文），写作要点是去自我化，要围绕读者的体验，激发读者的共鸣，而不是表达作者自己的喜好。

（2）含有病毒基因

数字时代，信息爆炸，注意力稀缺，文章内容要含有病毒基因，才能吸引人，例如有趣、夸张、悬疑、反转、争议、冲突、实用、感人等，而不能像传统广告那样平铺直叙，强迫读者注意、强行灌输信息。

文章要抓住读者的心——顺应人性欲望，制造感觉情绪，或者激发心理共鸣，吸引读者关注、谈论与分享，最终使文章中植入的营销信息像病毒一样广泛传播。

案例 日本农业企业在中国的故事

朝日绿源是一家生产农副产品的日资企业，曾经有篇软文引发了大量转载，文章大意是：

朝日绿源在山东租了1500亩地，为了保证土壤质量，种出最好的农产品，不惜把土地闲置5年，就算长草生虫也不打农药，这遭到附近农民的冷嘲热讽。当日本人开始种植农产品时，也是各种“变态”讲究，比如用来施肥的牛粪要保证“发酵50天”。

经过多年努力，朝日绿源生产的农产品卖到天价，还供不应求，而且90%销往日本，只有10%供应中国一线城市。

案例 一位神秘的顾客

2017年4月21日，微信朋友圈疯传“天才小熊猫”的文章《一位神秘的顾客》，作者讲述了自己先后将有破洞的沙发、造型诡异的模特、红色内裤等毫无价值的物品挂在“闲鱼”APP上，很快就有人购买的奇葩经历，后来发现“变态买家”竟然是自己的邻居！环环相扣的悬疑故事情节、冷调的黑色幽默、品牌宣传的无缝植入，共同促成了这则软文疯狂刷屏。不少网友惊呼“看完笑得面瘫了”，当然记住了闲置物品交易平台“闲鱼”。

（3）打造品牌化内容

所谓品牌化内容（Branded Content），就是生产吸引人的内容，并有机植入品牌产品，实现内容与品牌（产品）强关联，也称为“原生广告”（Native Ads）。

案例 BuzzFeed的原生广告

美国新闻聚合网站BuzzFeed是媒体转型的标杆，是原生广告领先媒体，网站文章内容有趣、实用、针对性强，都与赞助商的产品高度相关，例如：

《女囚犯：为什么男囚犯模式不适用了》的内容包括文字、图片、视频、音频等，为赞助商Netflix的新剧《女子监狱》宣传造势。

《50个最美的自飞机舷窗拍摄的镜头》配合捷蓝航空，打开后在引言中宣传捷蓝航空的在线游戏“Get Away With It”，页面右栏是捷蓝航空的Facebook及Twitter链接。

《20种最酷的杂交动物》的赞助商是丰田混合动力车普锐斯，因为大家都是“杂交”货。

《12个你不能错过的日常生活瞬间》的赞助商是强生安视优隐形眼镜。

《13个第一次约会时可问的最具洞察力的问题》帮Bravo TV吸引年轻观众。

《17个让你的烤肉野餐会棒极的绝招》是好乐门蛋黄酱的推广文章，“绝招”（Hacks）恰好与好乐门“生活黑客”（Life Hacks）的主题活动吻合。

《测测你是哪一种芭比》由玩具商美泰赞助。

第2节　文体

挖掘机技术哪家强？中国山东找蓝翔。

——蓝翔技校的段子

文体是一种特定的句式，包括网络文体和网络段子两种形式。

1.网络文体容易流行

“淘宝体”最初是指淘宝卖家描述商品时常用的语言，因为显得亲切、可爱而在网上走红，例如“亲，……哦”。2011年7月，南京理工大学的新生录取短信是这样的：“亲，祝贺你哦！你被我们学校录取了哦！亲，9月2号报到哦！录取通知书明天‘发货’哦！亲，全5分哦！给好评哦！”这条“淘宝体”录取通知，一下子就将学校和学生的距离拉近了。

十几年来，网络文体层出不穷，新锐文体各领风骚，“××体”总是在不经意间走红网络，引发网友的填词热情，获得极高的关注度。前些年流行的主要文体有德纲体、HOLD住体、蜜糖体、知音体、回音体、梨花体、微博体、私奔体、校内体、后宫体、虚伪体、脑残体、走近科学体、TVB体、青年体、纺纱体、红楼体、亮叔体、羊羔体、埋汰体、咆哮体、见或不见体、谋杀体、蓝精灵体、高铁体、陆川体、王家卫体、LOLI体、赵本山体、校长撑腰体、凡客体、淘宝体、葛优体、大概体、丹丹体、银镯体、琼瑶体、安妮宝贝体、膝盖中箭体、方阵体、暴打分手体、财神体等。

在内核和外形上，网络文体都有其策划要点。

◇内核：与目标客户产生情感共鸣

网络文体吸引人、引发流行热潮的根本原因是具有病毒基因，能激发目标客户的欲望、情感或使其产生心理共鸣。

案例 陈欧的代言体

聚美优品是一个化妆品网络销售平台，面向年轻用户销售低价格、高折扣的正品化妆品。这些年轻人追求梦想和美丽，但处于人生起步阶段，背负着各种压力，梦想逆袭成功。

2012年年底，聚美优品CEO陈欧主演的微电影《我是陈欧，我为自己代言》被称为“代言体”或“陈欧体”。

“你只闻到我的香水，却没有看到我的汗水；你有你的规则，我有我的选择；你否定我的现在，我决定我的未来；你嘲笑我一无所有不配去爱，我可怜你总是等待；你可以轻视我们的年轻，我们会证明这是谁的时代。梦想，注定是孤独的旅行，路上少不了质疑和嘲笑。但，那又怎样？哪怕遍体鳞伤，也要活得漂亮。我是陈欧，我为自己代言。”

这则微电影以片段的形式闪现了考试录取、职场奋斗、恋爱表白等场景，讲述了一个在职场奋斗前行的故事，台词充满穿透力，既道出了年轻人所遇到的困难，也展现了年轻人的理想与憧憬。短片中的“草根”竟然战胜了“高富帅”，抱得美人归，这种人生励志、草根逆袭的故事让人热血沸腾，引起了广泛的共鸣。

“代言体”的爆红，极大地提高了聚美优品的知名度，网站流量翻了几番。2012年11月聚美优品的销售额3000万元，2013年1月超过7000万元。

◇外形：易被模仿和改编

网络文体的句式相对固定，特色鲜明，朗朗上口的句型能引发广大网民的填词热情，掀起模仿和再创作的热潮，因此被称为“××体”。

“代言体”的格式是：“你只看到××，却没有看到××；你有你的××，我有我的××；但，那又怎样？哪怕××，也要××。我是××，我为自己代言。”这个句型可以用于各种励志、吐槽的情景，用“代言体”造句一时间成为一个时尚游戏。网友们纷纷创作各种各样为自己身份代言的段子，大量的优秀作品在社交媒体上疯狂流传，聚美优品也因此收获了海量的注意力。

案例 “凡客体”的改编热潮

凡客诚品（VANCL）是2007年成立的服装电商企业，主打高性价比、卓越客户体验，2010年左右引领了“互联网快时尚”“凡客体”“凡客达人”等潮流。

“凡客体”是凡客诚品的宣传文案，于2010年7月引爆市场，是最早火起来的网络文体。文体格式是：“爱××，爱××，爱××，我是×××。”例如，“爱网络，爱自由，爱晚起，爱夜间大排档，爱赛车，也爱29块的T-SHIRT，我不是什么旗手，不是谁的代言，我是韩寒，我只代表我自己。我和你一样，我是凡客。”

凡客诚品倡导“人民时尚”，通过戏谑主流文化彰显个性、年轻、时尚的品牌形象，通过将明星拉下神坛、还原成平凡人来打动拥有梦想的小人物。平凡中的不平凡，每个人都可以活出自我，找到属于自己的时尚。韩寒、黄晓明、李宇春等演绎的“凡客体”，充分传达了凡客诚品的品牌理念和情感关怀。

随后，网上出现大批恶搞“凡客体”的帖子，代言人也被“调包”成赵本山、唐僧、郭德纲、凤姐等名人，文案极尽调侃，令人捧腹。

2.网络段子吸引人

◇网络段子：或有趣，或隽永

围绕品牌创作的段子，或者有趣，辨识度高，吸引广大网友引用、造句，或者意味隽永，激发共鸣，促使广大网友分享、推荐，从而引发广泛传播，一个段子的宣传效果抵得上千言万语。

蓝翔技校不仅“挖掘机技术强”，段子营销技术也非常强。蓝翔技校的段子有统一的模板：先是一大段充满奇趣的故事，读者正看得津津有味的时候，突然笔锋一转，“现在问题来了，挖掘机技术哪家强？”出场——“挖掘机技术哪家强？中国山东找蓝翔。”文章又戛然而止，充满魔幻现实主义色彩。“现在问题来了”后面，既可以捆绑热点事件和话题，也可以调侃名人。

案例 网易云音乐：乐评文案营销

网易云音乐具有良好的乐评氛围，很多人养成了边听歌边看评论的习惯。通过乐评文案，网易云音乐与用户建立了情感连接，成为“最有温度的音乐社区”。

网易云音乐与杭州地铁、饮料瓶、大学校园等合作，出版乐评书籍等，将乐评带入广大年轻人的生活，利用个体用户富有真情实感的内容去吸引、激发更多用户的共鸣，引发用户社交分享。

由于擅长讲段子，罗永浩曾经是新东方英语培训学校最红的老师，“语不惊人死不休”是他的风格。2012年，他成立了锤子科技，说要做东半球最好用的手机。他有很多经典语录，例如："彪悍的人生不需要解释""世界上唯一一个会做手机的人是乔布斯，但是他死了""剩下一群笨蛋在做手机""我感觉这个重任落在了我肩上"等。

品牌创作的主题曲，如果简单、有趣、易传唱，也容易引发广泛传播。

案例 蜜雪冰城的主题曲：怎么就火了？

2021 年6月，蜜雪冰城的主题曲火了。"你爱我，我爱你，蜜雪冰城甜蜜蜜"，一句话重复唱三遍，简单的旋律让人着迷。

歌词就三句话，都是简单的口语。旋律改编自美国乡村民谣《哦，苏珊娜》，认知度高，许多儿童摇摇车上有这个旋律，节奏简单欢快，容易记住，可传唱性强。

6月3日起，蜜雪冰城在B站、抖音、快手、微博等平台推出该主题曲，随后推出中英双语版、韩语版、法语版等。接着，广大网友自主开始二次创作，形成了多种方言版、搞笑版，例如黄梅戏版、东北二人转版、梅开二度和声版等，最终形成了病毒性传播。

不久，网上流传"到店唱蜜雪冰城主题曲可以免单"的说法，又引起一轮传播。

6月份，该主题曲在几大平台上共引发了数十亿次传播，蜜雪冰城的品牌知名度得到大幅提升。

◇文案越容易被改编，传播越广

OPPO R9手机的广告语"充电5分钟，通话2小时"，被广大网友改编为："走路五分钟，出汗两小时""学习五分钟，睡觉两小时""坐车五分钟，等车两小时"等。

酷狗音乐的文案"啥都不说，就是歌多"，被各种品牌进行改编，例如，餐饮品牌"啥都不说，就是肉多"，金融品牌"啥都不说，就是钱多"，地产品牌“啥都不说，就是楼多”，果茶店“啥都不说，就是人多”等。

为什么这种文案会流行呢？原因有三：一是有趣；二是品牌做了大量广告投放；三是易于被改编——消费者可以自行替换文案中的部分内容，来表达自己想表达的意思。

因此，要想让人改编、传播你的文案，就要降低文案的改造难度——只需更换一两个词，不破坏原有的结构，就可以表达完全不同的意思。

有些文案需要改动太多词汇，使得整句话的结构变得模糊，或者难以脱离原有的场景与内涵，或者要考虑押韵，这就不容易被编成段子传播。

案例《后会无期》引领造句热

2014年7月，韩寒的电影《后会无期》上映后，无处不在的台词金句引发了网友的热议。“喜欢就会放肆，爱就会克制。”“听过很多道理，依然过不好这一生。”“小孩子才分对错，成年人只看利弊。”“连家乡都没有了，我们跟野人也没什么区别。”“你连世界都没观过，哪来的世界观？”

这些台词朗朗上口，意味隽永，受到年轻人的喜爱，迅速引发网友的造句热，演变出众多版本。

“听过很多道理，依然过不好这一生”被改成“叫过很多声岳父，依然当不上女婿”“打过很多年游戏，依然过不了这一关”等。“喜欢就会放肆，爱就会克制”被改成“自助就会放肆，AA就会克制”“朋友圈就会放肆，加了爸妈就会克制”“热恋就会放肆，暗恋就会克制”“没老师就会放肆，有老师就会克制”“暑假就会放肆，开学就会克制”“瘦就会放肆，肥就会克制”“满电就会放肆，没电就会克制”“有Wi-Fi就会放肆，用流量就会克制”“月初就会放肆，月末就会克制”等。

网友们玩得不亦乐乎，同时推广了这部电影。

第3节 故事

故事营销是通过讲述一个与品牌理念相契合的故事来吸引目标消费者。

——菲利普·科特勒

1.故事是高效的沟通媒介

◇人们喜欢听故事

什么东西吸引人、能广泛传播？答案是故事。《论语》没几个人会背，牛郎织女、武松打虎、孟姜女、白娘子的故事妇孺皆知。

古今中外，人们都喜欢听故事，《三国演义》为什么比《三国志》受欢迎？因为《三国演义》讲故事。无论是神话、传说、小说、八卦，还是戏剧、电影、电视剧、网剧，其本质都是故事。

故事有很多种，如寓言、童话、科幻、战争、爱情、穿越、侦探等。美国斯坦福大学组织行为学教授奇普·希斯（Chip Heath）对大量故事进行了研究，他把故事分类整合，根据情节归纳为挑战型、联系型和创造型三种类型。挑战型的故事激励人们设立更高的目标、接受更大的挑战、更加努力地工作或更加坚持。联系型的故事激励人们与他人合作、帮助他人或对他人更加宽容。创造型的故事激励人们与众不同、创新、实践新方法。

◇故事能传播思想、激发情感，实现有效沟通

故事就像血管中的血液一样，能够承载信息、传递信息给像细胞一样众多的个体。故事情节是外壳，故事主题是内核。好故事的情节跌宕起伏，人物鲜活，细节生动，让人身临其境、感同身受。

每个故事都要传达一个主题思想——无论是神话、寓言、传说，还是成语故事。例如，“狼来了”的故事提醒人们说谎要付出昂贵的代价，“灰姑娘”

的故事说明帮助他人会有回报，“郑人买履”讽刺不懂变通者，“螳臂当车”说明自不量力等。

故事具有教化作用，能灌输意识形态。小说、戏剧、影视、游戏的内核都是故事，这些文化产品就是以人们喜闻乐见的方式传播意识形态，引导人们的价值观。

当你讲述自己或者与自己关系密切的人的故事的时候，容易让受众产生联系感、引起受众的共鸣。只要由衷地讲述关于自己的失败、尴尬、不幸、危险或灾难的故事，你就能让受众迅速地建立起深度的参与感。为什么呢？这是因为人们在听故事时，会放松精神，放下戒备心，让自己进入故事中的世界。人们会轻松、迅速地理解和接受故事，产生代入感，从而实现价值观及情感的无声输入，产生心理共鸣。

在说服受众方面，故事比理性的内容更有效率。故事能激发情感，而理性内容（如产品规格、数据等信息）会引发人们的思考，延缓人们的行动。好故事能够调动受众的情绪，将喜、怒、哀、乐等情感植入受众的内心。在潜移默化中，故事传达的主题思想就避开了受众意识的审核和过滤，避免产生对抗或反驳，直达受众的潜意识，并成为受众自己的感受或观点，让受众认为并坚信这是他自己得出的结论，从而实现了认同与内化。从某种程度上说，我们所有的决定都是自己做出的，至少在我们自己看来是这样。我们不会受人强迫，不会被人说服，只能是我们自己改变了主意。

什么是好故事？

好故事有三个标准。

一是真实可信。不一定是真人真事，但要能够自圆其说，如果被消费者找到漏洞，品牌就难免被打上虚假的标签。

二是正能量。故事要传达真善美，演绎真情，这样才能让人产生共鸣，经久不忘。

三是情节吸引人。优美的故事，在鲜活生动的角色、引人入胜的情节中将品牌隐匿其中，潜移默化地完成品牌传播，给客户留下深刻印象。研究发现，受众对具有丰富故事性的宣传活动会产生正面的印象，对品牌的好感与信任度增强。

人们耳熟能详的好故事通常有三类情节：反差、悬疑、英雄。

反差就是两个元素相对比的差异，反差越大就越让人感到意外，比如“王子”和“灰姑娘”，“白雪公主”与“七个小矮人”，“屌丝”与“白富美”，“嬉皮士”与“苹果CEO”等。某网红煎饼店就擅长讲故事——“老板娘开跑车送煎饼果子”“百度高管放弃百万年薪去街头卖煎饼果子”，都是很好的故事。

悬疑情节让观众带着疑问一步步看下去。

英雄情节通常是树立一个共同的敌人和共同的目标，然后层层打怪。

2. 故事营销的策划要点

◇故事能高效传播品牌理念

故事是营销信息的良好载体，成本低、易于传播。

以讲故事的方式来传达信息，人们会情不自禁地被故事的魔力所吸引，信息在轻松休闲的场景中实现了传递。以“很久以前”或者“我来给你讲个故事吧”开头，人们马上就提起了兴趣。然而，大部分的营销宣传都非常枯燥，“我来给你说说我们公司的产品吧”——你还会感兴趣吗？听到这样的开场白，大多数人都不想再浪费时间听下去。

故事营销，就是通过精心设计的故事来塑造品牌形象，赋予品牌某种意义或者某种能触动人们情感的理念，传播品牌文化。企业要将品牌理念（包括愿景、使命与价值观）蕴含于故事情节之中，在受众享受故事的过程中，潜移默化地在其心智中植入品牌信息。成功的品牌背后几乎都有令人难忘的故事，这些故事涵盖了品牌的创建历史、内涵、精神、象征等。

讲故事不仅能够娱乐消费者，而且能与消费者有效沟通、说服消费者。故事容易让人们产生共鸣和代入感，仿佛故事情节是其经历过的事情，从而使其与品牌建立紧密的情感联系，增强其对品牌的归属感、信任感。

◇营销故事的类型

企业的营销故事主要有三类：产品故事；客户体验故事；创业传奇故事。

（1）产品故事

产品故事能够赋予品牌精神内涵，提升品牌魅力，让人印象深刻。

案例 德芙（DOVE）巧克力的故事

1919年的春天，卢森堡王室，小厨师莱昂偶然结识了美丽的芭莎公主。芭莎喜欢吃巧克力，她是费利克斯王子的远房亲友，在王室里地位很低，稀罕的美食——冰激凌，轮不到她去品尝。于是莱昂每天晚上悄悄溜进厨房，为芭莎做各种口味的冰激凌，而芭莎教莱昂英语。情窦初开的甜蜜萦绕着两个年轻人。

由于王室之间政治联姻的需要，公主最后要被迫远嫁外国。不久，小厨师看见了憔悴的芭莎公主，他在给芭莎的冰激凌上用热巧克力写上“DOVE”，这是“do you love me”缩写，他相信芭莎一定能猜透他的心声。但是，冰激凌送到公主面前时，巧克力已经融化了。

多年后，双方历经磨难和波折，终于明白了彼此的爱意，但是太晚了，三天后公主就离开了人世。厨师悲痛不已，苦心研制出不容易化掉的“DOVE”巧克力，旨在告诉天下有情人爱要及时说出口。

案例 SK-II护肤精华露的故事

1975年，一队喜欢寻根问底的科学家，在一次参观日本北海道的清酒酿酒厂的过程中，偶然注意到年迈的酿酒工人拥有一双犹如婴儿般细嫩的手。他们研究发现，在清酒酿造过程中蕴含着一个令肌肤晶莹剔透的秘密，也是大自然独一无二的恩赐——活细胞酵母精华（Pitera）。

SK-II的科学家研究发现，青春美丽的终极奥秘在于肌底细胞活化程度、胶原蛋白含量等，而活细胞酵母精华具有多种神奇的功效，例如活化肌底细胞、促进肌肤新陈代谢等。

1980年，SK-II推出了核心成分是活细胞酵母精华的护肤精华露，俗称“神仙水”，创立了一个全新的护肤品类。

（2）客户体验故事

客户体验故事，即客户实际使用效果的故事，通过讲述产品或服务给客户生活带来的积极改变来传达产品的实际价值。相比于企业的自吹自擂，客户现身说法的可信度比较高。我们往往会对别人的实际体验深信不疑，还会将故事情节与自己的生活场景联系起来，想象自己使用该产品时的情景。

芝宝（Zippo）打火机就有很多客户体验故事。例如：第二次世界大战期间，很多美军士兵都有一款Zippo打火机，晚间可以把玩着Zippo打火机来消磨时间，或者在它的照耀下写一封家书；Zippo打火机曾救过士兵的性命，子弹打中Zippo，机身被打得凹进去了，士兵因此逃过一劫；飞行员曾利用打火机发光引导救援队找到自己。在很多人眼里，Zippo就是打火机，男人将拥有一款Zippo打火机视为成熟的标志。

20世纪90年代，快餐连锁店赛百味（Subway）宣传自己是健康快餐，就讲述了一个真实的客户故事：一位深受肥胖困扰的男士每天坚持自创的“赛百味饮食法”，体重从400斤减到了160斤。这则“用户减肥故事”在美国取得了轰动性的效果。

客户体验故事来源于客户。一种途径是访谈客户，客户通常很乐意分享自己的使用感受。另一种途径是企业客服部门收集客户的反馈。营销策划人员不要去编造客户体验故事，虚假的东西终究会被人们发现。

客户体验故事是企业强大的营销资源，可以作为宣传材料广泛使用在产品手册、产品包装、社交媒体、新闻稿、广告等方面。

（3）创业传奇故事

怎样搜集整理创业传奇故事呢？不妨从回答下列问题开始：谁创立的企业？企业是何时创立的？在哪里创立的？如何创立的？为什么要创立这个企业？企业的最初愿景是什么？自成立以来，企业保持了什么传统？

常见创业传奇有三类。

一是创始人的故事，例如，通用电气（GE）创始人“发明大王”爱迪生，从销售员做起的董明珠，从军14年的任正非等。

二是创业时期的故事，例如，小米公司开业时每人喝一碗“小米粥”，苹果、迪士尼、惠普、亚马逊、谷歌等伟大企业都是创始人在自家车库创办的。

三是普通员工的点滴故事，也能感动人，例如，海尔的送货安装人员、海底捞的服务员、京东的快递员等。

案例 皇家珠宝商卡地亚

卡地亚珠宝（Cartier）的许多故事都与皇室有关。

根据卡地亚的故事，英国国王爱德华七世（1901—1910年在位）称赞卡地亚为“国王的珠宝商和珠宝商的国王”，并于1904年授予卡地亚英国宫廷一等供货商许可证。

从此，卡地亚珠宝在欧洲宫廷声名鹊起，逐渐成为欧洲各国皇室的御用珠宝商。

这些历史故事赋予了卡地亚“贵族首饰”的地位。

案例 希尔顿酒店的传奇故事

一天深夜，一对老年夫妇走进一家旅馆，但旅馆已经客满了。好心的服务员不忍心让这对疲惫的老人另找住处，况且其他旅店恐怕也客满了，于是，他将老人带到一个房间，老人见这是一间干净整洁的屋子，就愉快地住下来。

第二天，当他们到前台结账时，服务员却说：“不用了，因为我把自己的屋子借给你们住了一晚——祝你们旅途愉快！”原来如此，服务员自己一夜没睡，在前台值了一个通宵的夜班。两位老人十分感动，老先生说：“孩子，你是我见过的最好的旅店经理人，你会得到报答的。”服务员笑了笑说：“这算不上什么。”他送走了老人，转身就去忙工作了。

不久后的一天，服务员接到了一封信，打开一看，里面有一张去纽约的机票并有简短的附言，邀请他去做一份新工作。他来到纽约，按信中标明的路线来到一座金碧辉煌的大酒店。原来，几个月前的那个深夜，他接待的是一对亿万富翁夫妇。富翁专门买下这座酒店，深信他会经营好这座酒店。

这就是希尔顿酒店首任经理的传奇故事。

第4节　视频

电影具有以视觉形象去直接感染观众的强大力量。

——普多夫金[①]

1.视频内容的感染力强

◇视频的传播效率高

心理学研究发现，人们通常只能记住少部分听到、读到的内容，而能记住更多看到的内容。人脑接收和理解图像的速度比接收和理解文字的速度快得多。市场调研公司Forrester Research研究发现，一段60秒的阐释型视频与180万个文字所传达的信息量相当。媒体服务商美通社（PR Newswire）研究发现，在一篇普通的新闻稿中加入视频等多媒体元素，用户参与度将增加77%；普通观众观看视频会比阅读文字多记住58%的内容，观看视频者购买产品的概率比其他人群高64%。

数字时代，人们可以通过移动设备随时随地、随心所欲地观看、上传视频。随着移动通信技术发展，短视频与直播流行起来，抖音、快手、秒拍等平台的人气火爆，人们已经习惯用视频进行娱乐、表达与社交。2021年年底，中国网络视频用户达9.75亿人，其中短视频用户9.34亿人，直播用户7.03亿人。

视频的形式多种多样，包括电影、电视剧、短视频（微电影）、网络游

① 普多夫金（1893—1953），苏联电影导演、演员、电影理论家，创立了蒙太奇电影理论。

戏、视频直播等。

◇视频能够激发情感

视频是用来讲故事的，强调现场感、冲突性、故事性，首要目标是引起观众的共情，而不是引导观众理性思考。

值得注意的是，简单易懂的信息以视频方式呈现时感染力较强，而复杂难懂的信息以文字的方式呈现时感染力较强。例如，财经资讯更偏理性、专业性的分析，更适合文字表达。

视频能够潜移默化地传递品牌理念，使品牌与消费者建立紧密的情感联系。

首先，视频在细节描写上非常方便，能通过具体的形象，特别是人物形象，直接刺激观众的视觉和听觉。

其次，观看视频时，观众的注意力会不自觉地从信息本身转移到人物魅力以及周围环境等方面，因而在视频故事中植入产品、品牌等营销信息，不显得突兀、生硬。

最后，视频故事能激发消费者的情感，或者故事传达的价值观与消费者相吻合，使其产生共鸣。这样一来，品牌与消费者之间形成了一座桥，品牌可据此走进消费者的内心，实现润物无声的营销效果。

2. 视频营销的策划要点

视频营销，即视频中植入品牌，主要形式有：电影和电视剧植入、网游植入、自制影视剧、短视频植入以及视频直播等。其中，视频直播在下一节单独介绍。

（1）电影和电视剧植入

20世纪中期开始流行电影植入，主要有场景植入、对白植入、情节植入、形象植入及全景植入等方式。在进行场景植入时，场景和剧情要与营销信息融为一体，要与目标客户的现实生活相吻合。情节植入时，要将产品或品牌标志有机地融入电影、电视剧的情节之中，通过情节渲染和场景再现让观众在不知不觉中对产品或品牌留下印象。2013年6月上映的电影《女人公敌》就是聚美优品品牌形象的全景植入，电影上映后不久，片中提及的“河马家”产品就宣告售罄。

如果将营销信息简单地插入电影、电视剧之中，品牌与故事情节没有直接联系，品牌不合时宜地、昙花一现地在节目中露一两次脸，就和传统的硬广告没有区别。

如果品牌露面次数过多，影视作品变成了加长版的广告，就会令人反感。

案例 普拉达冠名电影

关于时尚与职场的影片比比皆是，但是最经典的还是2006年由大卫·弗兰科尔（David Frankel）导演的《穿普拉达的女魔头》（*The Devil Wears Prada*）。这部堪称“最佳时尚教科书与职场成长指南”的电影，制作成本仅3500万美元，却实现全球票房3.3亿美元，还获得了奥斯卡提名。

高档时装品牌普拉达（Prada）注意到，单纯赞助一部电影只能获得少数几个镜头，观众难以记住品牌。因此，普拉达决定直接冠名电影。在电影《穿普拉达的女魔头》中，主人公的性格特质也被浓缩成一个词——普拉达。

普拉达品牌随着这部电影走遍了世界，哪里有人谈论这部电影，哪里就有人谈论普拉达，普拉达以这种方式在观众心中留下了深深的烙印。

反植入广告，就是在那些让人感觉不舒服的地方植入竞争对手的产品或品牌，破坏消费者对竞争对手品牌的印象。

美国真人秀节目《泽西海岸》里的Snooki是位臭名昭彰的明星，不是被媒体曝出混乱不堪的私生活，就是因醉酒被逮捕。人们发现，她每张被媒体拍到的照片里总有一只COACH包。原来，这是另一家奢侈品公司赠送给Snooki使用的。除了起诉这家公司，COACH只好赠送Snooki其他品牌的包，以避免她继续破坏自己品牌的形象。

（2）网游植入

与电影、电视剧一样，网络游戏也是品牌与消费者进行沟通的媒介。将品牌或产品信息植入游戏，可以使消费者对品牌产生认同与好感，提升品牌知名度、传递品牌理念、宣传新产品。

一些汽车厂商授权开发赛车游戏，让更多消费者知道自己的品牌，汽车性能也能在一定程度上通过游戏体现出来，例如保时捷赞助的《极品飞车·保时捷之旅》、福特赞助的《福特赛车》、大众赞助的《欢乐甲壳虫》等。快消品领域的中粮悦活、乐事薯片、光明牛奶等都擅长开展游戏植入，在《开心农场》《植物大战僵尸》等游戏里就有很多品牌的影子。

除了传统的植入方式，还可以在游戏中设置互动环节，调动消费者的参与热情，甚至让消费者尝试和体验新产品。

例如，中粮推出的“中粮生产队”社区互动游戏，将中粮旗下的福临门玉米油、福临门大米、长城葡萄酒、金帝巧克力、五谷道场方便面等多个产品植入游戏，并将每一款产品“从田间到餐桌”的产业链巧妙融入，寓教于乐，玩家既可以了解中粮产品的生产过程，还可以参加各种抽奖活动，奖品就是中粮的产品。

（3）自制影视剧

近年来，有些企业尝试自己创作影视剧，宣传品牌并产生新收入。

红牛媒体工作室拍摄体育赛事、极限运动等方面的多媒体内容，并提供给世界各大媒体。例如，红牛媒体工作室投资200万美元拍摄的单板滑雪纪录片《飞行的艺术》，就集合了惊险华丽的单板动作、令人揪心的冒险历程。这些影视剧不仅在红牛品牌推广方面起到了关键作用，而且通过出售版权、点播、票房与广告等产生了可观的收入。

星巴克的首部原创动画作品是*1st & Main*，每集时长在1～2分钟。故事的主角是咖啡店里一群画风清奇的小动物：店长棕熊Julie、咖啡师狸猫Diego、店员章鱼Iggy，以及一直泡在星巴克的常客河狸Chet……动画片围绕星巴克门店情景展开，通过日常的琐碎趣事，含蓄地表达了星巴克的门店文化与品牌风格。*1st & Main*开播后每周推出一集，分发到星巴克官网与APP，以及Facebook、

Instagram、YouTube等社交平台，YouTube单集点击量平均达30万次。

SK–II的品牌理念是“改写命运”。2016年，SK–II制作发布了短片《她最后去了相亲角》，探讨中国“大龄剩女”的婚姻情感问题。2021年电影工作室SK–II STUDIO成立，聚焦反映当代女性生活的电影，2021年3月推出首部影片《中间泳道》，讲述了日本游泳选手对抗白血病、最终重返赛场的故事。

（4）短视频植入

基于移动端小屏观看的短视频兴起后，传统视频营销的缺点越发明显，如成本高昂、不接地气、无法共情等，公众的视频审美已从单纯的画面审美过渡到内容审美。

短视频，又称微电影，其成功的关键是创意策划。策划要点如下。

1）时长短

由于观众经常处于移动状态，利用碎片时间观看，所以微电影的时长要短。

2）内容吸引人

要在短时间内抓住人心，并将营销信息准确传达到目标人群心中，需要极其敏锐的洞察力和高超的艺术水平。

年轻人习惯使用移动终端下载和观看微电影，喜欢流行元素，也迷恋搞笑和可爱的事物。

微电影的主题要与产品的核心价值、品牌形象相匹配，主题（即病毒基因）应符合主流审美和价值观，以唤醒广大观众内心深处的情感需求。亲情、友情、爱情、行善、人生励志、草根逆袭等主题都比较吸引人。

3）情节紧凑

现在网上的有趣内容太多了，微电影的情节要紧凑，要在3～5秒内快速抓住人的眼球。情节稍微拖沓一点，人们的手指就“划走”了。

4）提升参与感

年轻用户不再满足于被动接收信息，希望参与内容创作，微电影可以让用户自由选择剧情走向，感受不一样的体验。近年来，互动视频受到年轻人的喜欢，包括爱奇艺、腾讯等视频网站都推出“量身定制”功能。

5）不断创新

近年来，短视频创新层出不穷，如定制剧情+品牌作为角色融入、用户自主选择剧情走向的互动视频，受到广大年轻人的欢迎。

案例 滴滴出行《车后人》

2020年8月，滴滴出行推出悬疑宣传片《车后人》。

深夜，一位准备下班的滴滴师傅，突然又接到了新单。上车的是一个小伙子，师傅却对着空无一人的后座来了一句“最后一单，送完就回家”，一时令人毛骨悚然。

师傅开着开着打起了哈欠，这时候车后座传来一位女子的忠告：“你应该休息一下”“你已经很累了”。这可把师傅惹急了：“我能怎么办？我休息了谁来挣钱？我欠了十几万，孩子的抚养费，我父母的住院费，我休息了谁来挣这个钱？”

眼看师傅情绪激动，小伙子忍不住往车后座瞄了一眼，发现根本没人，顿时背脊发凉。就在师傅与女子争吵时，一辆大货车迎面驶来……镜头一转，师傅才发现原来是一场梦。

这时，滴滴APP响起了温馨提醒：“您是家里的顶梁柱，挣钱虽重要，身体更重要……”广告画风由冷变暖，原来这是滴滴为防疲劳预警系统制作的安全教育片。

案例 招商银行《世界再大，大不过一盘番茄炒蛋》

2017年11月，招商银行推出宣传留学生信用卡的4分钟微电影《世界再大，大不过一盘番茄炒蛋》。

一个刚到美国留学8天的男孩，邀请来自不同国家的朋友到家里聚餐。为了在同学面前展示一道地道的中国菜，男孩向母亲求教：“妈，番茄炒蛋是先放番茄还是先放鸡蛋？”

母亲“秒回”，父亲也凑到语音里掺和，男孩听不清楚，就有点不耐烦，说：“妈，你这发的什么东西啊！我听不太清楚。”

没过一会儿，妈妈发来视频详细解说制作过程，视频里妈妈亲自下厨，现做了一盘番茄炒蛋。男孩在视频教程的帮助下，完成了番茄炒蛋，以地道的中国美食赢得朋友们的肯定和赞赏。

有个同学得知他来自中国，随便问了一句："中国和美国的时差是多少？"男孩答："12个小时。"这时，他才意识到，父母是在凌晨给他做示范拍视频。

字幕写出父母的心声："想留你在身边，更想你拥有全世界。你的世界，大于全世界。"

这则短片投放3次触达50万人，大多数人看后进行分享转发，再加上大量自媒体转发，总播放量达到上亿次。

这则短片很快刷爆了朋友圈，风靡一时，是由于其含有亲情、有趣、冲突、争议等多个病毒基因。

一是表现父母与子女之间的亲情，感人至深。母亲讲解时，父亲也凑到语音里掺和；录完视频等儿子回复，但收到的只是一句"好的"和一个笑脸表情。这些细节都让人动容。

二是话题有趣。番茄炒蛋是中餐里最大众化的菜，几乎人人会做，也有很多人不知道"番茄炒蛋是先放番茄还是先放鸡蛋"。

三是故事情节具有多种冲突。例如：孩子聚会的热闹和父母深夜的冷清；孩子很久才回复信息，父母收到消息立即回复。

四是引起争议。有人指责男孩不具备独立生活能力，不体谅父母，是"巨婴"；有人认为故事情节不合理，不会做可以上网搜视频教程，没有必要凌晨把妈妈叫醒；有人认为故事的价值观不正确，"当孩子走向更大的世界，爱仍然如影随形"是落伍的观念。

第5节 直播

茫茫人海遇见你，我会把你放心里。
万水千山总是情，点点关注行不行？
人间自有真情在，点点红心都是爱！
不管礼物有没有，祝你幸福到永久！

——直播间的顺口溜

1.直播是内容营销的新形式

◇直播营销常态化

2020年，新冠肺炎疫情导致线下商业停滞，直播营销充分发挥了“宅经济”“非接触经济”的优势，各行各业都将营销主战场转到直播平台，网红、明星、店主、导购、微商、企业家以及政府官员纷纷变身主播，涌向直播间为品牌代言、推销商品。2020年6月，国家人社部在“互联网营销师”职业下设立新工种“直播销售员”，将直播营销热潮推向高峰。

根据中国演出行业协会网络表演（直播）分会发布的《2020年中国网络表演（直播）行业发展报告》，截至2020年年底，我国主播账号超1.3亿个，网络直播用户6.17亿人，电商直播用户3.88亿人，2020年电商直播销售额达9610亿元。从平台看，淘宝直播2018年销售额约1000亿元，2019年约2000亿元，2020年超过4000亿元。

随着媒体生态的演变和用户注意力的迁移，直播将成为常规营销方式，具有电子商务、品牌宣传、活动促销、导购卖货等多方面作用。

◇直播营销的优势

直播功能成为电商和社交平台的标准配置，直播员将成为常态化职业，这源于直播营销的两方面优势。

（1）成本低，简单方便

直播电商属于零售业，只不过传统的摊位、柜台前最多几十个人围观，而坐在手机前直播，可以给几十万、几百万人讲解，覆盖人群更广、成本更低、更方便。

2020年年初的新冠肺炎疫情期间，笔者一位开饰品批发城的朋友关闭了旗下的十几家线下连锁店，将批发市场变成了直播基地。他说，运营一个直播号就是开一家门店，培养一个主播就是培养一个店长。

直播营销的成本低。笔者一位朋友以前开实体店，在疫情期间转型成为主播。她说，她以前开服饰实体店，房租、装修、压货至少需要上百万元，而在抖音、快手上开直播，每天花几千元就能买不少流量，直播间流量再少也比实体店的人流量大，还没有其他费用。

（2）高效展示商品信息，客户体验好

随着社会基础设施的不断进步，零售业态不断演变，从地摊、店铺、电视购物，到电商，沟通效率越来越高。传统电商为消费者克服了时间和空间的限制，但商家不能及时解答消费者的问题，消费者只能看，不能摸，不能试。

直播电商使购物体验发生了革命性变化，通过视频展示+讲解推荐+现场测评+实时互动的方式，直观展示商品的复杂信息，包括新功能以及客户体验情况，营造亲临现场的真实购物体验，信息输出功率（单位时间的信息量）高，消费者的代入感强烈，消费行为变得简单方便，购买转化率得以大幅提高。

电商的商品展示方式（商品介绍详情页）不同，购买转化率不同，根据笔者与电商运营领域的朋友沟通，转化率的大致水平是：图文信息是1%，短视频是3%，而视频直播达到7%。

2. 提升直播的吸引力

直播的本质是内容营销，主播其实是视频内容生产者。无论是开展品牌宣传还是销售商品，本质上都是向客户提供直播内容。

为了吸引观众关注与停留，直播内容要具有吸引力，应该注意以下几点。

（1）提供有价值的内容

直播员的基本职责是介绍、展示与推销商品，发布促销信息，答疑解惑以及售前售后服务，关键是向观众提供有吸引力的内容。

一是提供专业知识或者技能。例如，投资理财品牌的主播要提供专业投资建议，运动品牌的主播要提供健身知识，化妆品品牌的主播要提供化妆技巧，旅行品牌的主播要做特别目的地风景直播，等等。

二是传播品牌的独特内容，如介绍品牌理念、产品工艺流程等。以卖水果为例，主播可以介绍原产地、果园，当地空气与环境资源，以及果农种植、采收与加工水果的全过程。

（2）通过“演戏”吸引人

有些主播擅长在直播间“演戏”，比如开展悲情营销、制造冲突等。

人们喜欢在网上围观悲惨的事情并产生共情。近年来，社交平台上流行这样一个秘诀：讲述悲惨的情感故事或者离奇的情感纠纷，获取广大网友的同情，赚取流量，然后变现（广告收入、打赏等）。为什么会有很多观众参与呢？逻辑可能是这样的：有些人发现原来还有比自己更惨的人，心理平衡了；顺便买个东西自我感觉有爱心，还能向人宣传。

有的电商主播在“血泪清仓”时进行情绪表演——一会儿激动、失落、伤心、生气，转眼间便兴奋异常、激动不已。

有的电商主播开展团队冲突式表演。例如，主播与几个助理相互配合，主播一轮轮降价，助理阻拦、生气、哭着离开。大家在直播间大喊、争吵、摔东西甚至产生肢体冲突。

（3）讲故事

有的主播擅长讲一些离奇荒诞的故事，激发人们的猎奇心。经常看到一些主播在直播间帮忙解决各种家庭纠纷，包括夫妻出轨、婆媳关系、子女教育、财产纠纷、狗血关系等，实际上，这些纠纷都有剧本，主播都是按剧本进行表演。连麦的当事人，称为“麦手”，就是直播助手、情感演员，负责即兴表演。麦手与主播连麦时，要么极尽哭闹之事，要么和另一方破口大骂，故事越离奇，吵架越激烈，越能引发看客共鸣，直播间的流量也越高。

这些离奇故事的情节听起来都是陈词滥调，很多观众也知道是假的，但他们就是喜欢看，还喜欢参与到剧情发展中，因为直播间里的剧情比电视剧更接地气、更具有冲突性、更浓缩。其实，世界上无聊的人还是挺多的，很多时候，别人的快乐我们不懂。

直播员要不断创新，打造自己的特色，持续提升直播技能，这方面可以向网红主播学习。值得注意的是，直播员要坚守“红线”，遵纪守法，不要打法律法规的“擦边球”。

第7章

策划事件营销

重大的历史事件中，没有一件是随机自然发生的，所有这些事件无不是精心策划的产物。

——西奥多·罗斯福

1.事件营销：公关事件化

在日常生活中，的确有一些震撼人心的事件会引起轰动效应，引发人们争相议论、传播，但大多数事件都是人为策划、运作出来的，其目的是吸引大众的眼球，影响大众的行为。

老罗斯福总统看得很透彻，一切重大事件背后都是人在运作，如果一件事情的发生对参与方没有好处，这件事情是不会演变成重大事件的。因为重大事件的发生需要强大的组织协调力量，如果没有重大利益，就不会有人去做。

所谓事件营销，就是利用具有新闻价值、社会影响的事件或人物，吸引人们跟风、凑热闹，实现传播营销信息的目的。

在信息泛滥的今天，人们往往在心中编织了一张张过滤网，以阻挡信息进入大脑。而事件参与起来简单、自主，人们觉得独特、有趣，重大事件是消费者普遍关注的，企业的营销信息如果能搭上重大事件的顺风车，就容易吸引消费者和媒体的关注，顺利进入消费者的大脑。

世界上没有无缘无故的事件，没有不经策划的爆发。我们在网上看到的热点事件，大部分都是“局”，都是策划出来的。优秀的营销策划人员，不能像普罗大众一样去看热闹，而要看透各种“局”背后的“门道”，还要善于“搞事情”。

2. 事件营销的形式

事件营销分为造势和借势两种形式。所谓“势”，是指广受关注的重大新闻事件、热点话题或名人。

造势，就是企业自己制造新闻事件、热门话题或打造名人来吸引公众关注。造势包括造新闻、造热闹、造红人、造英雄等方式。

造节也是一种造势。2009年，阿里巴巴搞了一个“光棍节”，现在叫“双11”，已经成为世界上规模最大的购物节，2021年“双11”销售额达9651亿元。从2010年起，京东在店庆日6月18日推出大力度促销活动，将“6·18”打造成年中的主要购物节，2021年“6·18”销售额达5785亿元。

借势，就是借助社会重大事件或名人的影响力，实现产品或品牌的曝光。在“势”中植入营销信息，使品牌与“势”建立联系，将公众对热点的注意力转移到品牌之上，人们关注“势”时，也连带记住了品牌。

“虽有智慧，不如乘势；虽有镃镇，不如待时。”镃镇是古代的一种类似大锄头的农具。这句话的意思是：虽然有智慧，不如借助形势；虽然有大锄头，不如等待农时。

借势包括借势事件、借势名人（名牌）、跨界联合、冠名赞助等方式。很多企业想成为奥运会、世博会、世界杯等重大活动的冠名赞助商或者合作伙伴，这也是一种借势。

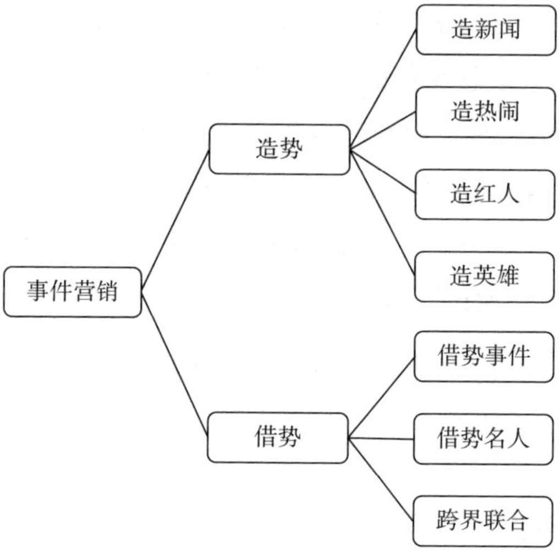

图7.1　事件营销的主要形式

第1节　造势——造新闻

这个世界本来就是一个超大的精神病院，只不过每个人的疯狂程度不同罢了。

——尼采

1.制造新闻事件，吸引关注

人们常说的造势，通常是指造新闻，就是制造新闻事件，吸引大众与媒体的关注。

企业公关的最高境界是吸引媒体主动报道自己，吸引大众自发谈论与转发。可是，媒体和大众为什么要宣传你呢？实际上，媒体和大众传播的是新闻，只要企业将营销活动变成新闻事件，把企业想要传播的信息植入新闻事件之中，就能吸引媒体自发报道和大众口碑传播。

新闻是指刚刚发生或正在发生的新鲜、独特的事件，其本质是对公众有价值的信息。企业开展造势营销，要依据新闻的规律，制造具有新闻价值的事件。

新闻传播学研究发现，事件新闻价值的大小可以从四方面的属性来判断。

- 有用：事件要么与公众利益相关联，包括经济利益，也包括安全、公正、道德、荣誉、审美等社会利益，要么能满足人们的某些心理需要，例如新奇、有趣等。
- 及时：报道越及时，内容越新鲜，新闻价值就越大。
- 重要：对国计民生的影响越大，新闻价值就越大。
- 显著：新闻中的人物、地点的知名度越高，新闻价值就越大，国家元首、政府要人、名人明星、历史古迹、风景名胜往往都是新闻的好源头。

2. 造新闻的策划要点

（1）事件含有病毒基因

要洞察广大网民的心理，根据网民的关注点去策划事件的方向、领域、引爆点以及与营销信息的结合点。例如，开市客的新店开业活动就利用了“贪婪”“稀缺”“意外”等病毒基因。

案例 开市客：将新店开业打造成新闻事件

2019年8月，全球零售超市巨头开市客（COSTCO）在上海的超市开张时，推出了多款名牌低价商品，包括茅台酒、五粮液酒、爱马仕包等，例如飞天茅台1498元，远低于市场价，很多商品瞬间被抢光。由于到店客流量太大，周边道路严重拥堵，开市客被迫暂停营业。

靠着几天限量补贴引发的抢购狂潮，开市客将新店开业打造成新闻，引发各路媒体和自媒体纷纷报道、讨论，还上了央视，搞得妇孺皆知，赚足了眼球，品牌知名度与美誉度大幅度提高，这比雇人排队的效果好太多，花几十亿广告费都难以达到如此宣传效果。

（2）社会化、娱乐化

事件要社会化、娱乐化，不要局限在本行业或者商业领域之内。

要从媒体的需求出发，策划吸引媒体的新闻事件。要先考虑怎样才能吸引网站编辑、版主、媒体记者以及意见领袖KOL、网络大V的眼球，然后才有可能吸引大众的眼球。

案例 苹果《1984》：将广告打造成公众事件

1984年1月24日，苹果推出麦金塔（Macintosh）电脑，引发了个人计算机领域的一场革命。这是世界上第一台采用图形用户界面的个人电脑，与当时采用DOS命令行纯文本用户界面的IBM PC形成了鲜明的对比。为了让全社会都关注这场革命，乔布斯制作了经典的广告片《1984》。

哐，哐，哐……一个漆黑、阴森的大厅里，跑进来无数个光头男人，他们一排排坐下，表情木讷，看着前方一个巨大的屏幕。屏幕上是一个貌似“大哥”的人，表情同样木讷，正在声嘶力竭地讲话。突然，一个白衫红裤、身材健美、手握铁锤的姑娘冲进大厅，以扔链球的方式把铁锤掷向屏幕。屏幕应声而碎，“大哥”的影像烟消云散。

这则广告以英国作家乔治·奥威尔（George Orwell）的讽刺小说《1984年》为背景。小说描写人们在1984年生活在一个叫欧什尼亚的专制国家，“大哥”控制着人们的一举一动，到处都是“大哥”的头像海报，上面还有“大哥在注视着你”的文字。苹果公司借用《1984年》中的场景，广告中的“大哥”隐喻IBM对计算机行业的垄断统治、思想僵化和一成不变，砸碎屏幕的健美女子代表着叛逆、自由、创意、变革及先进的生产力——苹果的麦金塔电脑。

这则60秒的短片仅在1984年1月22日美国超级杯橄榄球大赛的电视转播中播出了一次，就造成了空前的轰动。美国三大电视网和将近50个地方电视台随后主动进行了重播，上百家媒体撰文评论《1984》的现象和影响，这些都为苹果公司和麦金塔电脑做了免费的宣传。由于很多电影院老板非常喜欢这个广告片，他们又免费播放了几个月。

案例 布兰森：高调作秀，吸引眼球

维珍集团创始人理查德·布兰森特立独行，叛逆、大胆、高调，成功吸引了大众的眼球。

海湾战争期间，他驾驶飞机进入炮火连天的巴格达接回被扣押的43名英国人质。他曾两次驾驶“维珍大西洋挑战号”摩托艇横渡大西洋，创造了世界纪录。他是第一个驾驶热气球飞越大西洋的人——当然是“维珍大西洋飞行者号”热气球。为庆祝维珍大西洋航空公司诞生20周年，他驾驶世界上第一辆高速水陆两栖赛车“阿夸达号”在2小时内横渡英吉利海峡，创造了世界纪录。无论是横渡英吉利海峡还是大西洋，布兰森每次破纪录的冒险都是为了推广“维珍大西洋”品牌。

2021年7月11日，接近71岁的布兰森搭乘维珍银河公司的太空飞机飞入距地70千米的太空，揭开了太空旅游的序幕。

作为英国最抢镜头的“嬉皮士资本家”，布兰森成为维珍品牌最好的代言人，他反对传统、标新立异、不拘一格的个性深深烙在维珍品牌之中，并让维珍品牌以极低成本获得大范围传播，持续吸引着求新求异的时尚人群。

（3）有机植入营销信息

新闻事件要与营销信息有机地、紧密地结合起来，实现润物无声、潜移默化的效果，不能在事件中生硬地植入营销信息。

案例 巴西富豪埋葬豪车宣传公益

2013年9月20日，巴西亿万富翁奇金欧·史卡巴（Chiquinho Scarpa）宣布将把价值150万美元的宾利车埋到自家的后院里。

史卡巴在Facebook上直播了他在圣保罗豪宅的后院中为爱车挖“墓穴”的过程，巴西全国上下一片哗然，媒体跟进，大家都想看这个富翁的笑话。“葬车”当天，前来围观的媒体进行现场直播，几个主持人忙得不亦乐乎，不是嘲讽史卡巴的逸事，就是开心地大笑……

然而，就在车子开下“墓穴”时，史卡巴突然叫停了仪式，表示自己有事要宣布，云集而来的媒体全都急忙跟上。史卡巴拿起话筒说：“我欺骗了你们。‘葬车’只是想吸引你们的注意。我有一件比葬车更重要的事要和大家谈谈……在我宣布‘葬车’的这一个星期里，许多人指责我说，好好的车，为什么要埋掉它呢？如果你用不着了，也应该捐掉才对。但是，大多数人却会埋掉比车更宝贵的东西——心、肺等各种健全的器官。车和这些东西比起来，又能算什么呢？我上演的这出闹剧，只是想要吸引你们的注意，想要告诉大家：有多少人因为器官不足而死去？又有多少人带着健全的器官死去？有多少人在下葬时，也陪葬了如此昂贵的财富呢？我呼吁最近对我恶语相向和嘲笑我的那些人成为器官捐献者。这样做，你们将拯救无数生命。”

说着，史卡巴举起了一块牌子，上面写着：“我是一名器官捐献者，你呢？”表示他已经率先做出了决定。几位在场的明星和艺人也加入进来，表示他们已加入器官捐献者的行列。

史卡巴身后的海报上写着：“下周将是全国器官捐献周”“多么荒唐啊，要埋掉比宾利更加宝贵的东西：你的器官”。

第2节　造势——造热闹

世界上只有一件事比被人议论更糟糕，那就是没人议论你。

——王尔德

1. 制造热闹，吸引眼球

◇造热闹的本质

造热闹，俗称炒作，这一概念最早出现在娱乐圈，就是通过“闹绯闻”

“明星对骂”“打官司”等方式，吸引媒体关注与公众眼球，提高知名度。随着互联网的发展，网络成为造热闹的主要舞台。

激烈的矛盾冲突是造热闹的灵魂。制造话题、制造噱头或者制造冲突，营造热闹的景象，同时植入品牌信息，可以引起人们关注和传播，提升品牌知名度。

◇造热闹的3种类型

（1）制造话题

话题要吸引人，吸引媒体关注。关于明星、名人的话题比较吸引人。例如，京东创始人刘强东与流量女王奶茶妹妹的相识、恋爱、结婚、生子等过程，吸引了大量媒体持续报道，长期占据媒体的娱乐版与科技版的头条，无形中帮京东节省了天价的广告费。

钟薛高品牌给人的印象是潮酷、独特，这来源于品牌的内容营销与造势营销。钟薛高从产品设计、口味、包装、价格、消费场景等方面打造差异化品牌形象，让品牌成为话题中心，以引起人们的关注与讨论。譬如，其独特的产品设计，使其成为人们拍摄打卡的产品，满足了人们的社交需求。

（2）制造噱头

①开展“天价拍卖”活动。

②搞一些非常轰动的仪式，彩旗飘飘，锣鼓喧天，警车开道，直升机护送等。

③制造“价格暴涨”的假象。价格炒高了，就会引人关注。

（3）制造冲突

与人吵架、打赌等，是互联网企业常用的营销手法，也是很多企业和个人成名的终南捷径。依靠吵架，有人一战成名，有企业灭掉了观战对手，拉开了与竞争对手的距离。

案例 特朗普擅长自我炒作

美国前总统特朗普通过推特（Twitter）发布自己的观点与政策，有时一天能发一两百条推文，被称为“推特总统”。特朗普擅长吸引公众关注与媒体报道。

- 制造争议话题。特朗普的推文会大胆地表述自己对争议话题的观点，如种族、民族主义与全球主义、金融危机、地位不平等以及性别歧视等，这触动了人们的基本价值观，煽动性比较强，他的粉丝通过转发和赞扬他的推文以表示支持，而反对者则通过转发评论来批评、嘲笑他。
- 内容真实、首发。推文未经过滤，直接展示他的真实感受，这让人感觉诚实而亲近。不论喜爱与否，人们相信自己了解的是真实的特朗普。
- 与人吵架。在大众面前制造个人对抗，冲突越激烈，就越吸引眼球，推文的传播范围就越广。
- 激发共鸣。特朗普经常与粉丝进行一对一沟通。很多推文针对某人，并且要求回复，这样易于与受众建立情感联系。

通过这些举措，特朗普赢得了数千万的忠诚粉丝，打造了强大的影响力。2016年美国总统大选期间，特朗普获得每张选票的成本大约是2美元（主要花费是电视广告），“获客成本”（CAC）远低于竞争对手。

2. 造热闹的策划要点

◇网上造热闹的步骤

开展网上造热闹，不仅要策划剧本，还要依靠团队协作以及专业演技。以话题炒作为例，炒作剧本通常包括4个步骤。

（1）制造吸引人的话题

要从网民的欲望情感和社会心理出发，设计病毒基因，制造话题。近年来的热点话题炒作，常用的病毒基因包括冲突、好奇等人性弱点，愤怒、同情弱者等人性情感，以及从众、搞笑、仇富、八卦等社会心理。

制造话题，争议第一。说好也行，说坏也行，没人说不行。

值得注意的是，话题要持续不断，掌握好节奏，不定期亮相，不断吸引网民眼球。例如，董明珠与雷军的“5年10亿元赌局”，从打赌之日起，双方就不时地拿赌局来说事儿，持续吸引网民眼球与媒体报道。

案例 松露巧克力事件

松露是一种类似蘑菇的真菌，产量稀少，营养丰富。松露巧克力就是做成松露形状的巧克力。在中国台湾，这种巧克力一直被定位为高端巧克力，售价较高，因此生产商越来越多，市场竞争越来越激烈。

有一年情人节前夕，一位台湾商人从意大利引进了含有真正松露的松露巧克力，同时在媒体上曝光：市面上的松露巧克力没有松露，只有他的松露巧克力才名副其实。这引起了轩然大波，大量媒体纷纷报道，人们认为传统的松露巧克力有误导消费者之嫌，应该改变标识，否则应该做下架处理。

后来人们发现，松露巧克力之所以拥有这个名字，是因为巧克力的外形像松露，而非内含松露。如果不含松露的巧克力是假巧克力的话，那么所有的糖葫芦都是假的（因为糖葫芦根本就不含葫芦），红烧狮子头也是骗人的（因为里面根本没有狮子）！

这次成功的话题炒作，帮商人做了大量免费宣传。

（2）选择媒体平台

各种媒体平台的属性不同。论坛以话题为导向，是具有相同兴趣群体的谈论平台，内容相对聚焦；而微博、微信等社交媒体以用户为中心，不以话题或兴趣为导向，用户在微博上可以按照自己的兴趣发表话题。当前，网络炒作的主阵地已经从论坛转移到微博、微信、今日头条以及短视频、直播等平台。

发布话题时，要选择一个媒体平台作为主阵地，密集发布，形成热点，吸引媒体与网民的注意力。

（3）信息发布与维护

选定媒体平台后，就发布信息，包括发帖子、发微博等。

信息发布后需要维护，就是将帖子保持在首页，吸引别人对微博进行转发、评论等，保持话题的谈论热度。

一是利用意见领袖KOL（包括明星、名人、网红等）、消费领袖KOC（包括各种达人、微商等）转发信息、发布评论，吸引KOL与KOC的粉丝关注。[①]

二是"演戏"，具体做法包括演双簧、制造争议、一人演多角等，制造热闹景象，吸引大众关注。这些工作通常由网络推手、直播助手等具体负责。

（4）灵活应对

视频、直播等内容营销方式，就像一场影视表演，可以制订详细具体的活动计划，包括每个分镜头脚本、时间轴对白、投放时间和细节。而网络炒作属于事件营销，更像是一场足球比赛，无法制订详细具体的计划，需要灵活应对，因为我们有一个无法预测的对手——网民的无序反应，即使你经验丰富、技巧高超，可以在赛前部署阵型和进攻计划，确定每个球员的位置，制订最好的开局和布局策略，也不能确定比赛中球员什么时候用左脚，什么时候用头球。

在炒作过程中，与网民互动最为重要。企业只能根据网民的反应，灵活调整炒作计划、话题投放强度及时间。细节化的固化预案通常没有考虑与网民的互动，会使营销效果打折扣。

① 详见"病毒营销三部曲"之《客户经营》一书。

开展网络造势要严格遵纪守法

网络推手，也称网络营销策划师、网络公关、网络推客，通常以网络营销公司、网络公关公司的名头出场。网络推手通常为企业提供品牌宣传、产品推广、口碑维护、危机公关等服务。他们通过大胆的创意活动，带领广大“水军”在网上呼风唤雨，制造热点话题，吸引媒体与网民的注意力。前些年，有些网络推手甚至充当网络“打手”，帮助企业或个人诋毁、诽谤竞争对手，操纵公众舆论，影响法院判决，成了“网络黑社会”。有些网络推手的炒作手法不可取，他们经常挑衅公共道德，宣扬低俗、八卦、仇官仇富等心理，甚至触犯法律，故意造谣，诽谤、攻击目标对象，有些“大V”经常发表偏激言论，抨击时政，以吸引流量，提升自己的商业价值，这可谓是火中取栗，极易违反法律法规并受到严厉制裁。

“水军”，原指中国古代的舟师。网络“水军”源于网络“灌水”，最初是指匿名网民在网络平台上自娱自乐。随着互联网的快速普及，应运而生的网络推手组织大量网络“水军”，在门户网站、论坛、贴吧、博客、QQ、微博、微信等网络媒体上大量发布信息，制造话题，炒作事件，抹黑或吹捧明星，宣传或诋毁产品。

现在，随着国家法律法规逐渐完善，网络造势已经告别草莽期的混乱，走上了正轨。在开展网络造势时，要严格遵守《反不正当竞争法》《消费者权益保护法》等，不得有欺诈用户的行为。

第3节 造势——造红人

世界是一个舞台，所有的男男女女都是演员。

——莎士比亚

1. 网络红人的影响力大

网络红人，简称网红，指网络平台上粉丝（关注者）数量较多的人（账号），包括微博博主、微信公众号、电商主播、短视频（抖音、快手、B站等）账号等。网红的收入模式包括商业演出、广告代言、直播带货、粉丝打赏等。

◇网红进化史

进入互联网时代以来，几代主流的社交平台都孵化过各式红人。

2004年前后，PC版论坛是网友们的聚集之处。芙蓉姐姐、天仙MM、凤姐等第一代网红自带话题，一张照片、几句言论，就能引来无数跟帖。芙蓉姐姐成名仅靠一张照片，网络拍客把她的照片上传到水木清华、北大未名等论坛上，网友的大量嘲讽让她迅速走红，成为猎奇型网红的鼻祖。

2012年前后，随着微博的流行，第二代网红走上前台。有些人通过奇葩言行收获粉丝；有些人通过情感鸡汤、搞笑段子、星座运势、漫画卡通等内容吸引粉丝；有些名人经常对热点问题发表观点、与粉丝互动，收获了海量粉丝，影响力倍增，如演员姚晨、作家韩寒等。

到了短视频和直播时代，papi酱、李子柒等新一代宣传带货型网红开始轮番占据流量舞台。

近年来，电视节目的观众日渐稀少，电视广告式微，娱乐明星的广告收入连年下滑。为了持续吸引粉丝并实现商业价值，娱乐明星纷纷转战网络平台，转型成为网络红人，甚至成为网络平台的正式员工。

网红的成长离不开网红经纪机构。2009年，美国首先出现网红经纪机构（Multi-Channel Network，MCN），最初是将YouTube上的内容创作者联合起来建立频道，实现相互引流，扩大频道影响，解决市场推广与收入变现的问题。近年来，国内网红经纪市场蓬勃发展，MCN向网红提供孵化、培训以及运营等全流程服务，包括编导、摄像、剪辑、形象包装、粉丝运营、市场推广以及获得收入等。

◇网红影响消费行为

网红对粉丝消费行为的影响，主要体现在两个方面。

（1）吸引粉丝认同并跟随

广大粉丝长期关注网红，内心认同、仰慕网红，容易与其产生情感与价值上的共鸣。网红将自己的个性赋予所代言的品牌，向粉丝推荐这些蕴涵自己个性与品位的品牌。这种情况下，粉丝会产生爱屋及乌心理，认可网红的选品能力，产生消费追随性。可见，在网红直播场景下，商品品牌本身的影响力相对下降。

（2）激发粉丝冲动型消费

优秀的网红主播不仅能够讲解商品卖点，烘托气氛，还擅长开展限时限量限价的饥饿营销。主播一般会限制每款链接的数量，先上少部分货让大家抢："这个价格今晚直播间只有1000份，抢完就没了……来，倒计时，上链接。"商品被抢光了，主播会问助理："还能加货吗？"以营造一种销售火爆的氛围。

低价格与抢爆款氛围会激发粉丝冲动型消费，这导致后期的退货率居高不下。有数据显示，服装在传统门店的退货率通常低于3%，而直播电商的退货率为30%，女装直播的退货率甚至超过50%。

由此可见，能够诱发冲动型消费的商品适合由网红直播销售，包括决策风险低、满足感性需求的潮流类、创新类商品。决策风险低的商品有两类：一是低介入度商品，即容易做出消费决策的商品，如日用品、饮料零食、水果生鲜等；二是低价商品。满足感性需求的典型商品是化妆品、服装服饰等。

案例 令人惊叹的网红直播

2016年是直播元年，网红主播在直播间唱歌跳舞卖萌，获得粉丝打赏。阿里巴巴首先将网红张大奕带到淘宝直播间，并联合网红经纪机构孵化了众多网红主播，抖音、快手、腾讯、拼多多也快速跟进。

2018年“双11”，张大奕旗下淘宝店28分钟销售额破亿元，旗下公司于2019年4月在纳斯达克实现股票上市。

2020年4月1日，罗永浩抖音直播首秀吸引了4800多万人观看，推销22种品牌商品，单场销售额达1.1亿元。

2.打造红人的要点

网红依靠优质内容来吸引粉丝。电商主播生产真人互动直播视频，微信自媒体生产图文内容，短视频博主生产视频内容，都是为了吸引人们观看。

电商主播、微信自媒体、短视频博主都是内容创作者，他们是数字时代的新型“演员”，与影视、小品、相声、戏曲的演员类似，通过生产优质原创内容来吸引粉丝。

当前，网上内容越来越同质化。网红要打造差异化内容，有三个要点。

（1）塑造品牌形象

网红首先要确定自己的品牌形象，打造自己的价值观与人格魅力，即所谓的打造“人设”，在消费者的认知里占领独特的位置，能与某个群体进行心灵沟通、产生情感共鸣。

例如，互联网时代，人们欣赏积极进取的奋斗者，罗永浩敢说敢干、坚韧有担当、自嘲有趣的品牌形象，正好符合时代精神，就快速收获了大量粉丝。

确定品牌形象以后，网红要通过各种方式传达品牌形象，除了自己的一举一动之外，还包括产品、内容、活动、物料及文创周边等，让人们感知到品牌形象。

案例 李子柒：通过优质内容塑造品牌形象

古风美食博主李子柒坚持还原真实的田园生活，精心打造高质量的视频短片。她精益求精，短视频帧帧如画，古风古韵，制作水平媲美电影大片，收获了大量粉丝。

她花大力气学习制作各种美食佳肴、酿酒、种菜、造纸、做酱油、编扇子、采莲，等等，视频拍摄周期很长，制作视频《黄豆酱油》时，从种豆、收获、存储，到制曲、晾晒和最后的熬煮，时间超过一年半。制作视频《兰州牛肉面》时，她花两个月时间向技艺精湛的老师傅请教，加上查阅资料、走访调研、深入学习以及拍摄、剪辑，前后历时三个月。

在中国传统文化中，女子寡言、重孝，而李子柒是一个回归田园、陪伴祖母的女性，她在视频中很少说话，全部行为和话语体系都在不断地塑造自己的品牌形象——“诗意的东方田园生活”，她代言的螺蛳粉、藕粉、粽子、红糖姜茶、米糕等，都是中国传统文化中的标志性美食。

2020年8月，李子柒当选为第十三届全国青联委员。2021年2月，李子柒获评新浪微博2020年度热点人物。2021年，李子柒以1410万的YouTube订阅量刷新了由其创下的“YouTube中文频道最多订阅量”的吉尼斯世界纪录。

（2）打造鲜明特色

为了吸引观众关注与停留，网红需要不断创新，塑造自己的特色。以网红主播为例：有的网红主播提升观众的视觉舒适感；有的不断发红包或者组织抽奖游戏；有的有奇思妙想，不断生产各种吸引人的创意；有的擅长演戏；有的知识渊博、语言优美；有的用各种有趣的段子来吸引观众；有的开展场景沉浸式推销，比如利用“必入/买”“吐血推荐”“好用到飞起”等字眼；有的有超强的临场应变能力，口才棒或者能歌善舞；等等。

（3）加强技术创新

网红加强技术创新的方向有三：专业化、明星化、技术化。

专业化：提供优质导购服务。

一个主播什么商品都销售，只能说明直播行业还不成熟。随着直播市场的深入发展，主播市场将细分化、专家化，主播要聚焦于某个特定细分领域，例如美妆、服装、数码、医疗美容、珠宝、宠物、书画、瓷器、农产品等，培育专业能力，成为该领域的权威专家。

聚焦特定品类以后，主播既可以给客户提供个性化导购服务，又可以与品牌商家建立长期合作关系，深耕整合供应链，包括采买和品控等环节。

明星化：生产优质娱乐内容。

传统娱乐明星生产影视节目内容，有稳定的粉丝群体。网红主播要将自己明星化，生产优质娱乐内容。一是直播风格化。如打磨文案、展示个性。二是将自己“艺人化”，直播之外拍电影、上电视、唱歌等，增加曝光度。三是直播娱乐化、内容综艺化。主播在直播间唱独角戏所提供的娱乐效果有限，未来要进化成复杂场景下多人互动的“综艺化直播”，在娱乐场景下与粉丝沟通。

技术化：创新形象与交互方式。

随着5G、VR（虚拟现实）、AR（增强现实）、AI等技术的成熟，主播的形象与内容呈现方式会更加丰富、交互感更强。借助VR/AR设备，网红可以更加真实地站到用户面前，与用户进行沉浸式、游戏化的互动，让用户深度了解产品使用体验。例如，有些平台与品牌商家利用虚拟偶像（虚拟的动漫形象）进行直播，受到年轻人的欢迎。

第4节　造势——造英雄

没有崇拜者就没有英雄和神使。

——爱默生

1. CEO营销

◇企业家是企业品牌的组成部分

人们对英雄着迷，人们记得那些成为蜘蛛侠、蝙蝠侠、钢铁侠的人的故事。人们崇拜英雄，喜欢与英雄的企业合作。

把企业创始人或者CEO打造成超级英雄，塑造一个有传奇色彩的角色来传播企业的使命、愿景和价值观，能够使目标客户与企业在更有意义的层面上产生共鸣。

造英雄是商界的经典做法，也称CEO营销、企业家造神，是指包装企业家个人的品牌形象，将其打造成具有影响力的英雄人物，然后为本企业代言，提升企业品牌的知名度和美誉度。

许多企业已经成功打造了超级英雄，例如苹果的乔布斯、肯德基的桑德斯上校、维珍集团的理查德·布兰森、特斯拉的马斯克，以及阿里巴巴的马云、格力的董明珠、小米的雷军等。这些超级英雄的故事，令广大客户与员工兴奋、着迷。他们高超的企业经营能力和独特的人格魅力，成为企业品牌形象的重要组成部分。

在许多人眼里，乔布斯是一位令人惊叹的英雄。他的传奇经历、充满魅力的个性及富有魔力的演讲都让人们钦佩不已，让“果粉”疯狂。乔布斯代言苹果产品，使苹果产品不仅成为时尚的电子消费品，还拥有了乔布斯个人的传奇魅力。

◇企业家是企业品牌的最佳代言人

格力电器的CEO董明珠被许多网民亲切称为“网红董小姐”，她在60岁之后一反常态，将自己打造成中国制造业工匠精神的代表，励志、富有正能量，吸引了大量眼球。她作为格力品牌的代言人，宣传效果要远胜过普通的影视明星。

数字时代，品牌代言人不仅要胜任传统的广告角色，还要能与目标用户进行全方位的情感互动和价值观沟通。谁是企业品牌最理想的代言人呢？不是动辄百万、千万元代言费的明星，恰恰是企业的创始人或CEO本人。创始人亲自代言本企业，往往比明星代言的效果好，更比硬广告的效果好。企业创始人最认同和热爱自己的产品，他们的价值观代表了企业的价值观，他们的创业和经营故事就是最具感染力的品牌故事，他们最能代表企业与用户进行情感沟通。在消费者眼中，马云就是阿里巴巴，雷军就是小米，刘强东就是京东，周鸿祎就是奇虎360。

以前，企业家可以不发声，或者由别人来发声，而社交媒体环境具有一种倒逼机制，要求企业家承担媒体义务，发出声音。但是，很多企业创始人的形象模糊、知名度不高，这就需要先打造个人品牌形象和知名度。

通过策划、整合、传播企业家各方面的优势资源，将企业家打造成某热门领域的权威人士和意见领袖，占领麦克风。这样一来，企业家在举手投足之间就能代言自己企业的品牌，吸引各路媒体和大众的关注，不用花钱，还没风险。

当然，企业家代言的前提，是企业家自身形象与品牌形象相吻合。如果企业家不愿意抛头露面，也不能强求。

案例 超级英雄马斯克

埃隆·马斯克（Elon Musk）是当今的世界首富。他自己租房子住，却投巨资在自动驾驶、太阳能、火箭回收、脑机互联、星舰飞船、火星移民、星链计划、超级高铁、地下城等事关全人类未来的高科技项目上。他在这些领域都取得了非凡的成就，这让他成为超级英雄，成为全球科技圈最热门的“硅谷钢铁侠”。

众多媒体和网民围绕马斯克写文章，这让他获得了大量的免费宣传。马斯克在推特上有数千万粉丝，他的一言一行都是媒体与公众关注的焦点。

广大粉丝崇拜马斯克，爱屋及乌，也喜爱马斯克旗下的特斯拉汽车。人们为他的崇高理想和付出的实际行动而敬佩他，很多人买特斯拉都是冲着马斯克的人格魅力而来。不打广告，不请明星代言，不打折销售，马斯克将特斯拉打造成为近十年来最酷、最令人向往的品牌。

2. 将企业家打造成英雄

◇造英雄的方向

包装企业家，可以宣传企业创始人或CEO的成长经历、管理风格、社会责任等特点或优势，将企业家塑造成具有影响力的创业英雄、行业领袖、业界专家或慈善家等。例如，马云、周鸿祎、李开复将自己打造成新经济领军人物、互联网创业领袖；雷军、张瑞敏将自己打造成互联网转型、互联网思维的代言人等。

包装企业家，要符合三个方向：一是符合大众心理；二是塑造英雄形象；三是符合发展趋势。

其一，符合大众心理。

包装企业家时，要符合目标人群的集体心理，能唤起人们的共情心、认同感。包装企业家的最高境界，是把企业家变成某种价值观的精神符号。这种价值观越基础，能产生心理共鸣的人群规模就越大，产生的影响力就越大。例如，乔布斯就代表了“创新”“与众不同”，马云、刘强东就代表了“白手起家”“新经济”，他们都成为人生励志符号。

其二，塑造英雄形象。

塑造英雄形象就是编造传奇故事，塑造企业家的个人英雄形象，将企业家打造成名人。

在“求异”一节中讲到，人都有自我维护心理。当个人取得成就时，就会强调自己的能力和努力，相对于已取得的成就，个人的起点越低，自己的本事就显得越大。

大众喜欢草根逆袭的故事，所以我们看到明星CEO们纷纷把自己打扮成“草根”，强调自己的低起点，夸大自己的奋斗经历。如果这些明星CEO一出场就走“高富帅”路线，他们还会有吸引力吗？大家还会认同他们吗？

为什么名人传记长期畅销？因为它讲述的都是英雄的成长故事，满篇都是拼搏、奋斗、超越自我等正能量，这是人类自古以来就喜欢的、人类社会重复了几千年的故事结构。事实上，大部分名人的传奇经历都经过了精致的包装，譬如夸大小时候的悲惨生活、隐瞒优越的家庭背景等，以凸显自己的努力和能力。

外行看热闹，内行看门道。营销人员要会看门道，而不是凑热闹；要欣赏、借鉴成功人士怎样编造传奇故事，而非痴迷于学习其成功经验、被套路。

其三，符合发展趋势。

近年来，一些明星企业家扛着“互联网思维”“互联网创新”“数字化转型”等大旗，高调宣传自己的创业经验，引领发展趋势，持续吸引媒体关注与公众眼球。

实质上，这些商界领袖都是利用人们的焦虑心理，玩的是高段位的营销策划，既打击了传统企业的自信心，让他们陷入焦虑、迷茫，又将自己打造成商界领袖，可以随时随地为本企业代言。

案例 商界“大佬”炒作“互联网思维”

从2013年起，面对社会上普遍存在的对互联网的焦虑心理和快速致富的欲望，一些企业家趁机大肆炒作“互联网思维”。

所谓“互联网思维”，就是利用互联网的优势来指导、改造其他行业的思维方式。“互联网思维”涵盖一切，没有标准答案，适用于所有企业。媒体为了阅读量和点击率，需要这样的话题，便推波助澜。于是，“互联网思维”成为前几年持续“高烧”的话题之一。

按理说，企业的发展战略是商业机密，可是为什么商界“大佬”们乐此不疲地高调宣传呢？其实，这有多方面的原因。

首先，这些企业率先探索并掌握了数字时代的商业规律，其经验遥遥领先于商界同行，不怕公开。其次，作为新的商业领袖，这些企业想掀起一场创新潮流，率领其他企业一起前进，而不是单枪匹马地闯禁区，这样也能降低创新风险。最后，中国企业家中的一些新老领军人物，利用人们对互联网的焦虑心理，大肆渲染自身的成功经验，将本企业打造成新经济领军企业，将自己打造成“互联网思维”的领军人物、互联网化转型的趋势代言人，成功塑造个人品牌，然后为本企业代言。马云、雷军的知名度已经达到了一线娱乐明星的水平，永远自带聚光灯，一举一动都是新闻——这能为阿里巴巴、小米节省多少广告费啊！

◇包装企业家的方法

怎样打造企业创始人或CEO的英雄故事呢？

不妨问问企业创始人或CEO以下问题：你的超能力是什么？你的企业相比于其他企业的优势是什么？你的企业克服了哪些困难才走到了今天？在创业的道路上你经历过哪些失败？你有什么冒险故事？你喜欢什么、讨厌什么？

将企业家包装成有影响力的创业英雄、行业意见领袖，主要途径如下。

（1）上电视

大众媒体是造英雄的必备工具。借助大众媒体，包括参加电视节目、成为杂志封面人物或者头条新闻人物、出席各种公开论坛等，企业家将自己打造成社会热点人物，进而形成影响力和公信力，实现由“人”到“神”的转化。

马云曾经与央视保持着密切的关系，2004年获得CCTV“中国经济年度人物”，2006年成为《赢在中国》总评委。这不仅成功推广了阿里巴巴，还让马云进入了顶级企业家俱乐部。聚美优品的陈欧曾经不断出现在《快乐女声》《非你莫属》等电视节目中，与知名企业家一起参加《天天向上》等电视节目，还出演了微电影《我是陈欧，我为自己代言》等。

从2015年开始，全国兴起“大众创业、万众创新”浪潮，一些创业者为了打造知名度，剑走偏锋，按照娱乐圈的玩法开展互联网创业，用夸张的个性吸引人群的关注。有些人不仅游走在创业圈的秀场，还频频穿梭在《非诚勿扰》《青年中国说》等电视节目中，大谈理念或思维，用出位的言行展示自己。在那个全民创业的年代，大众和媒体都喜欢年轻人的创新创业的故事，而投资人的主要工作就是包装创业者及其企业，包装好了才能获得更多的商业利益，于是，媒体与投资人推波助澜，协力将创业者打造成为创业明星。

（2）玩微博

当前，微博是企业家塑造个人品牌形象的重要舞台。一些企业家微博玩得相当好，其主要经验有两个方面：一是形成“T”字型微博，既专注本行业，又紧抓社会热点，这能增强自己的影响力；二是“唱双簧”，找一个与自己影响力相当或影响力更大的“大号”作为伙伴，双方互动起来，成倍放大影响力。

（3）讲故事

名人创业的故事大多经过了演绎，有些完全是杜撰的。很多成功企业家都善于通过传奇故事塑造自己的英雄形象。

（4）直播

通过视频直播，与广大消费者建立直接连接，体现企业家的亲和力、专业能力和人格魅力，从而提升企业品牌的知名度和美誉度。

企业家开展直播时，建议将自己定位为品牌形象代言人，重点是塑造与展示企业形象，而不是去推销、叫卖产品；建议聚焦在品牌文化建设方面，例如采取讲故事的方式，重点阐述企业的使命、愿景与价值观。

（5）娱乐作秀

有些企业家喜欢作秀，娱乐大众，获得公众的喜爱，进而成为企业品牌的代言人。英国维珍集团的理查德·布兰森好出惊人之举，是CEO营销的鼻祖。张朝阳要酷作秀，其实是为了打造搜狐品牌的娱乐形象。万科创始人王石攀爬七大洲的高峰，坐氢气球升空，俨然是一个大众明星。

（6）演讲

大学生向往成功，向往传奇。企业家到大学进行演讲，不仅能够塑造自己在年轻人心目中的形象，还能与年轻人建立情感联系，而年轻人最有可能成为新品牌的支持者和消费者。

马云是口才最好的商界领袖之一，常年在各地演讲。罗永浩的演讲达到了单口相声的水平，早些年，他的个人演讲《一个理想主义者的创业故事》系列，场场爆满，门票价格与德云社相当。

第5节　借势——借势事件

君子生非异也，善假于物也。

——荀子

站在风口上，猪都能飞起来。

——网络流行语

1.关联重大事件，吸引眼球

有些产品很难引起人们的注意，你需要把产品与人们生活中更关心、更熟悉或更热门的信息绑定在一起，让这些信息成为人们谈论和使用你产品的诱因。

◇借势事件的类型

借势事件包括借势新闻事件、借势热点话题、借势节日以及借势影视节目等方式，目前比较流行。

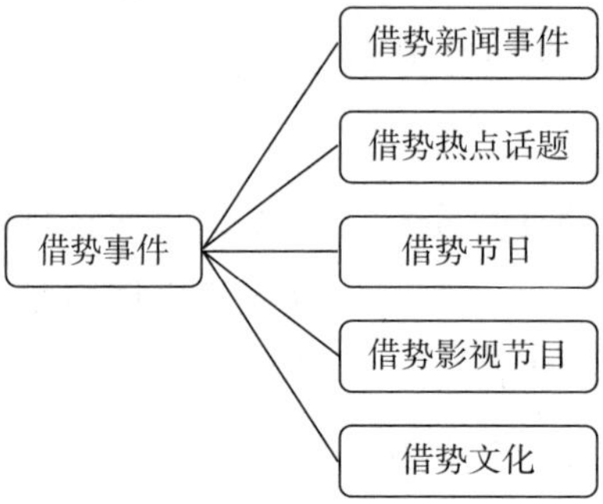

图7.2　借势事件的类型

（1）借势新闻事件

新闻事件的内涵，参见“造新闻”部分的内容。

（2）借势热点话题

由于人们很少关注抽油烟机，方太就把抽油烟机与女性皮肤保养关联起来，不断制造话题，因为女性每天都关注皮肤保养问题。

社会上总有各种热点，例如，前些年的热点话题有公务员热、社会道德、贫富差距、食品安全、生育政策（二胎三胎）、对外关系等，都可以借其势营销。

案例 利用社会热点制造话题

江苏卫视的热门节目《非诚勿扰》善于借势热点。在2013年的一期节目上，曾发生“副乡长相亲遭全灭灯”事件。当时的一个社会热点是：公务员职业越来越热，公务员考试报名人数屡创新高。在这种环境下，四川阆中的一位副乡长上节目，24名女嘉宾全部“灭灯”，造成了一个轰动性的事件。主持人孟非不忘调侃副乡长相亲也是“下基层”，既提高了节目的趣味性，也引发了社会热议和媒体广泛报道。

2013年，武汉东湖牡丹节刚开幕，就有一条新闻登上了多家媒体的头条，引起社会热议，那就是《武汉牡丹节：4朵天价绿牡丹被游客偷偷掐走》。虽然文章的开头谴责了部分游客素质低下，但更大的篇幅是在介绍牡丹节的时间、地点，门票价格等，这显然是一篇软文。这个利用“道德滑坡”问题打造的话题，只要登上多家媒体的头条一天，就足以让牡丹节游客盈门了。

（3）借势节日

节日期间，人们的消费欲望比较高。不同的节日，具有不同的文化内涵。每逢佳节，各大品牌都会使出浑身解数提升品牌知名度与影响力。

案例 方太：给你一个最强大的智能妈妈

2016年母亲节，厨具品牌方太推出微电影《给你一个最强大的智能妈妈》。6分钟的视频一直在介绍全球首个主动式厨房智能系统——方太智能M的功能：给你做丰盛的早餐、净化空气、当闹钟、洗水果、做甜点、失恋时安慰你、劝你别抽烟伤害身体……世界上真有这么体贴细腻的智能家电吗？

原本以为是介绍品牌黑科技的广告，最后却是“神转折”——M就是Mother（母亲），并点名主题“世界上最强大的智能，是妈妈的爱”，用出人意料的方式触动人们心中最柔软的地方。

该短片借势母亲节，宣传方太的品牌理念“家庭幸福”，令人印象深刻。

（4）借势影视节目

当出现某个火爆的电影、电视剧或者综艺节目的时候，大众的关注度很高，品牌也会趁机借势。

2020年国庆节期间，电影《我和我的家乡》迅速成为国庆档票房冠军。随着电影票房的大卖、评分的高涨，众多品牌前来借势，例如，伊利推出限量版“会说家乡话的牛奶”，抖音拍摄了“我和我的家乡”短片，速食品牌鲜面传以“家乡味道”命名新产品等。

节日、影视节目都属于文化范畴。借势文化，还包括利用传统文化、优势文化等，参见第5章“文化”一节。

2.借势之道

策划借势事件，有四个步骤：寻找；节奏；关联；放大。

（1）寻找：捕捉热点事件，寻找热点话题

每天都有大量的事件发生，包括国际、国内、社会、政治、经济、军事、行业等各个方面的事件，以及名人明星的热点事件。哪些可以借，哪些不能借呢？

选择热点事件，有两个标准：一是影响力，关注的人越多，影响力越大；二是新鲜度，没有发生过或者极少发生的事，更加吸引眼球。

案例 选择热点事件

2003年3月20日，伊拉克战争爆发当天，统一润滑油的广告“少一些摩擦，多一些润滑”开始在央视播出，这既突出了产品特点，又与民众期盼和平的心态产生了强烈共鸣，一举成为消费者心目中的大牌滑润油。

2011年初，电影《阿凡达》在全球热映，张家界、黄山开始争抢阿凡达悬浮山原型的名头。张家界旅游区趁势将“乾坤柱”景点更名为“哈利路亚山”，并推出“阿凡达悬浮山神秘之旅”，吸引了大众眼球。

蒙牛借神舟五号上天推出航天员专用牛奶，也是经典案例。

营销策划人员要具有敏锐的“网感”，预测、预判网上信息，及时抓住广受关注的事件，借助热点事件的关注度和影响力打造品牌知名度，宣传品牌理念。策划人员通过深入生活，洞悉社会热点、网络热词和流行热潮，逐渐就会知道什么样的事件是网民喜闻乐见的，甚至在某个事件刚发生时就能知道以后会不会火，在捕捉舆情热点方面捷足先登。

另外，切忌片面追求轰动效果而损害品牌美誉度。如果企业借势社会丑恶事件、人道灾难事件，虽然能获得大量转发，但收获的却是网民的鄙夷。

（2）节奏：根据热点事件的发展阶段，做出正确姿态

现在，网民的注意力非常分散，网上的热点往往一两天就成了“旧闻”，时机稍纵即逝。找到热点事件后，要根据事件发展的阶段特征，及时摆出正确的姿态，这样才能产生最大的影响力。

一般而言，在事件的第一阶段，求新需求旺盛，要以最快的速度发布信息；在第二阶段，碎片信息太多，要追求发布最全的信息；在第三阶段，主流观点泛滥，要提出最有高度、最深刻的观点；在第四阶段，众说纷纭，大众审美疲劳，要提出最犀利的观点，或者制造“神转折”。

（3）关联：巧妙嫁接，建立品牌与热点事件的关联

值得注意的是，当前的大多数借势操作都缺乏技术含量，简单粗暴。当出现一个热点事件时，大家都一窝蜂地去借势，也就是加个LOGO、改改文案而已。当所有热点都被简单套用，公众就会走眼不走心，借势这种营销方式也就失效了。

所谓“借”，就是制造关联，在新闻事件、热点话题与品牌之间制造一个合乎情理的关联点，使热点事件与品牌结合起来。

案例 杜蕾斯擅长借势热点

2012年伦敦奥运会上，刘翔摔倒后仍坚持跳完全程。杜蕾斯的微博是：“最快的男人并不是最好的，坚持到底才是真正强大的男人！”

2013年8月，针对当时发生的光大证券乌龙、薄熙来受审、薛蛮子上央视等热点事件，杜蕾斯的微博是：

“光大，是不行的。”

“薄，迟早要出事的。”“薄，不可怕，鼓开来，才可怕！”

“蛮干，也是要出事的！”

2020年10月，苹果公司召开iPhone 12发布会，宣称其支持5G，持久流畅。杜蕾斯打出“持久装”的图片，文案是：“5G很快，但你可以慢下来。”

案例 邦迪创可贴：借势热点

2000年夏天的朝韩峰会期间，邦迪创可贴推出广告：“邦迪坚信，世界上没有愈合不了的伤口！”

美国前总统克林顿与白宫实习生莱温斯基的绯闻曝光后，克林顿与希拉里的夫妻感情出现了裂痕，全世界的媒体大肆渲染报道。邦迪拿克林顿和希拉里当年笑眯眯的照片做广告，不过照片上两人之间多了一道裂缝，文案中像煞有介事地宣称：“有些伤口，邦迪也无能为力。”感情的伤口邦迪也帮不上忙——让人在忍俊不禁的同时加深了对品牌的印象。

以设计宣传海报为例，企业可以将品牌与热点事件巧妙嫁接起来。首先要找出热点事件中的代表性元素，例如春节的鞭炮与对联、元宵节的元宵与花灯、情人节的戒指与玫瑰等。其次，对图形进行拆分、组合、扭曲、拉伸，或者对文字进行拆分、重组、挖补等，融入产品外形、品牌LOGO及广告语等元素，使其既保持原有风格，又能展示借势的品牌，从而使热点与品牌完美结合起来。例如，在鲍勃·迪伦获得诺贝尔文学奖时，杜蕾斯将象征着鲍勃·迪伦的帽子的顶部进行拉伸，使帽子看起来就像安全套使用时的形状。

案例 必胜客：与总统选举建立关联

美国总统选举是一个全球热点事件。必胜客的主要消费群体是30～50岁的中青年人群，这些人比较关注总统大选。2013年，必胜客针对当时的总统选举制造了一个话题：在奥巴马和罗姆尼的辩论中，如果现场观众或电话提问观众向候选人提出“吃比萨是选意大利辣肠还是香肠”的问题，就能终身免费享用必胜客比萨。这就在人们心中建立了一个等式——“总统选举=比萨”。人们看着辩论就会想起比萨，必胜客就与总统选举这一事件紧密关联起来，成为媒体报道的热点。

结果，有些人觉得这件事很有趣，有些人则觉得这是嘲笑美国选举制度。一正一反，各种玩笑和批评不绝于耳。

于是，必胜客按照预定计划，顺水推舟取消了这次活动，既尊重了社会舆论，也不用让那些不要命的“吃货”免费吃比萨了。

这个热点话题的病毒基因主要有3个。一是人们很好奇，该怎样向总统候选人提这样无聊的问题？二是这件事如果真的发生，那就太搞笑了。三是奖励非常诱人——终身免费吃比萨。通过话题嫁接，必胜客把比萨巧妙地植入总统选举辩论节目中。尽管在节目中两位候选人对比萨只字未提，但是人们在观看他们辩论时就会想起比萨，想到必胜客欢乐餐厅，脑子也会盘算着该吃什么口味的比萨。

（4）放大：制造关联话题，传播品牌理念

把关联点放大为一种附着在热点事件之上的衍生话题，吸引公众广泛参与，在公众热议过程中凸显品牌的核心诉求。

以必胜客借势美国总统选举为例，必胜客一直强调自己是“欢乐餐厅”，很多人都觉得这个玩笑给选举添加了趣味。必胜客像煞有介事地发表声明，还制作了视频短片做推广，把关联点放大为热点话题。在那段时间，美国多个脱口秀节目都把这件事当成段子，很多美国人都喜欢用这个段子开玩笑：“请问比萨选辣肠还是香肠？”

第6节　借势——借势名人

好风凭借力，送我上青云。

——曹雪芹

如果说我看得比别人更远些，那是因为我站在巨人的肩膀上。

——牛顿

关于借势他人的词语很多，例如借鸡生蛋、借花献佛、借船出海、借刀杀人、借台唱戏、狐假虎威等。在营销实践中，借势名人（名牌）的常见做法有3种：与行业佼佼者站在一起；借势老大；名人代言。

1.与行业佼佼者站在一起

让自己出现在大品牌旁边，就像站在马云身边，即使你再普通、渺小，也能收获超乎想象的关注度。

与行业佼佼者站在一起，就是把自己和名人（名牌）联系在一起，沾名人（名牌）的光，从而提高知名度。新品牌诞生之初，要想获得消费者的认同，捷径就是借势大品牌，给消费者潜意识里注入自己也是大牌的形象。

为了帮助新球星提高认知度，经纪人、俱乐部及媒体往往会给他们起一个外号，例如“智利C罗桑切斯”“德国梅西马林”。小米公司刚起步时，中国互联网圈就有个“雷布斯”。

为了树立品牌的高科技形象，新能源汽车品牌的命名就蹭著名科学家的公众认知度，比如马斯克的特斯拉、贾跃亭的法拉第。

案例　拼多多借势特斯拉

2020年7月21日，拼多多平台上出现了“25万团购特斯拉Model 3”活动，售价比官方价格便宜4万元，只有5台。拼多多补贴5个客户一共20万元，就蹭上了特斯拉的“高大上”形象，借助特斯拉品牌摆脱自身“五环外”“劣质商品”的形象，怪不得特斯拉声明团购无效。

案例 汉堡王：究竟谁是王？

2017年7月，汉堡王在比利时首都布鲁塞尔开了第一家店。为了庆祝新店开业，汉堡王大张旗鼓地搞了一个评选活动：“究竟谁是王”（Who is the king），要比利时人在Burger King和比利时国王King Philippe中间选一个。不过消费者很快发现，汉堡王根本没给大家机会选国王菲利普。第一次选择King Philippe，汉堡王会说国王不会炸薯条。如果不甘心，第二次选择国王时，汉堡王会反问原因，并把“Yes”选项缩小——就是不想让你选。第三次汉堡王干脆赤裸裸地表示：“选我选我，1欧元皇堡就是你的啦。”最后，比利时王室发话了：“我们没有批准这个商业推广。”汉堡王只好给自己一个台阶，宣称自己以49%比51%的微弱差距失去了国王（King）的称号。

案例 总统与滞销书的故事

一位出版商手头有一批滞销书。他苦思冥想，有了一个主意：给总统送一本书，并三番五次去征求意见。忙于政务的总统不堪其扰，便回了一句：“这本书不错。”出版商便用总统的这句话大做广告：“现有总统喜爱的书出售！”很快，这些书被抢购一空。

不久，这位出版商又有书卖不出去，他又送了一本给总统。总统上过一回当，想奚落他，就说：“这本书糟糕透了。”出版商听了脑子一转，又大做广告：“现有总统讨厌的书出售！”不少人出于好奇争相抢购，这些书又售完了。

第三次，出版商又有书送给总统，总统吸取了前两次的教训，便不作任何答复。出版商仍然大做广告：“现有总统难以下结论的书出售，欲购从速。”书居然又被一抢而空。总统哭笑不得。

2.借势老大

借势老大，就是借势行业领军企业，使自己也显得强大，吸引大众眼球和媒体报道。常见方法有两种：一是依附，傍老大；二是攻击，叫板老大。

◇傍老大

百事可乐刚创立时，受到了老牌巨头可口可乐的阻击。可口可乐以其悠久的历史和美国传统文化为卖点，反复比较自己的“老”与百事可乐的“新”，嘲笑百事可乐是一个刚刚诞生、没有历史、没有文化的品牌。百事可乐便利用可口可乐的“新老论”，顺势而为，打出了“新一代的可乐，新一代的选择”的口号，主要面向喜欢尝试新鲜事物的年轻人。可口可乐铺天盖地的广告反而帮助百事可乐树立了“新一代的可乐”的品牌形象。

作为高档车领域的后起之秀，宝马打出“坐奔驰，开宝马”的口号，使消费者认为宝马是与奔驰一样级别的豪华轿车，将竞争对手的优势转换成自己的。不同的是，宝马更注重驾驶体验，而奔驰则是为不愿意驰骋的“老人家”准备的。蒙牛刚起步时，曾打出口号：“向伊利学习，争创内蒙古乳业第二品牌”。“穿耐克上场，穿安踏训练”，安踏的这句宣传语，有异曲同工之妙。

◇叫板行业老大

在梁实秋总结的骂人艺术中，有一条是“无骂不如己者”，意思是，要骂人，就必须挑比你厉害的人物来骂，例如比你有名、比你官大、比你得势等。骂大人物，就怕他不理你，他一回骂，你就算骂着了。骂一个不如你的人，你越骂他越得意，甚至能把一个无名小卒给骂出名了。

美国的一家小唱片公司因为侵犯了一家行业巨头的著作权而遭到起诉，这家唱片公司就与行业巨头对簿公堂并且大肆宣扬，虽然两次败诉，却依然坚持上诉，最终仍以败诉告终。但是，这次蚂蚁与大象的对决吸引了很多人的关注，使一家名不见经传的小唱片公司成为美国家喻户晓的知名公司。

真正的高手只把“第一”作为对手。新兴企业往往通过叫板、攻击本行业的领先企业，实现借势上位。苹果公司成立不久，就把IBM作为自己的对手。TCL刚进入电脑行业时，公开向行业老大联想叫板，这使其知名度迅速飙升，两年后便成为销量第三的国产电脑品牌。2012年前后是中国智能手机行业的起步期，当时多家厂商不约而同地“攻击”行业领头羊苹果公司，把“打败苹果”作为目标。

名创优品的创始人叶国富多次叫板马云，声称名创优品的模式才是零售业的未来。2016年10月25日，《21世纪经济报道》头版广告是：“杭州老马，还记得四年前的约定吗？如果你认输，北京老王那一个亿，我帮你给！”落款是“广州阿富”，一时间，引发全民猜测和热议，赚足了眼球。

3. 名人代言

大众对名人（包括明星）有一种崇拜心理，在潜意识里喜欢名人，模仿、追随名人的习惯和行为偏好，还会爱屋及乌，接受他所代言的品牌。

名人代言，就是企业利用名人来宣传品牌，将名人的魅力转移到品牌上，利用名人的号召力来提升品牌知名度和影响力。

（1）代言人要具有集体人格

代言人不仅要有思想内涵、个性特征与人格魅力，形象气质与品牌定位接近，还应该具有象征性的集体人格——代表独特的价值观与生活方式，为品牌赋予文化灵魂，能与目标人群进行心灵沟通，让其获得集体认同和归属感。消费者看代言人，是看一个理想化的自己，而不是粉丝看高高在上的偶像。

运动品牌New Balance（新百伦）的品牌理念是“追求卓越品质”，由历经人生沧桑的李宗盛代言。李宗盛本色出演短片《致匠心》，“人生没有白走的路，每一步都算数”，这更像是李宗盛的人生独白，实现了明星特质与品牌理念的完美契合。聚美优品陈欧的“为自己代言”“我能证明这是谁的时代”准确表达了年轻一代的集体人格。韩寒代言骆驼，为品牌赋予了“率性表达、喜爱挑战”的灵魂。

有些明星的名气大、相貌好，但身上缺乏象征性的集体人格，代言效果往往不够理想。

（2）产品与品牌是主角

名人代言看起来简单，但要做好却不容易。很多企业请名人代言时，在名人面前过于自卑，广告突出了名人，丢了产品和品牌。最后，公众记住了名人，却没有记住品牌。

名人代言的首要原则是，名人是用来衬托产品与品牌的，不能抢产品和品牌的“戏”。在苹果的广告里，产品永远是绝对主角，无论多大牌的明星都是配角——在iPod的系列电视广告里，超级巨星们竟然只留下了剪影！

（3）注意防范风险

明星代言的风险较多，要注意防范，譬如明星的特质与品牌不吻合，明星闹丑闻、绯闻，明星发表不当言论或违法犯罪等，都会连累品牌。

第7节　借势——跨界联合

他山之石，可以攻玉。

——《诗经》

一花独放不是春，万紫千红春满园。

——《古今贤文》

1.跨界联合能发挥协同效应

跨界联合，又称异业合作、联合营销，是指不同行业的企业联合起来，发挥各方营销资源的协同作用，相互借势，拓展消费场景，发展新客户，提升品牌形象，实现1+1>2的效果。

当一个品牌无法代表一种生活方式与价值观时，就需要多个品牌联合起来，从多个维度诠释目标客户群的特征，使消费者形成立体的、具有纵深感的品牌印象，产生更具张力的品牌联想。跨界联合对合作品牌均有好处，各品牌可得到共同客户群的一致认可，避免了单兵作战模式下各品牌易受竞争品牌冲击的弊端。

品牌跨界合作，拓展了消费场景，例如：

- 可口可乐与优酷合作推出娱乐性质的台词瓶。
- 优衣库与人人网合作推出“排队游戏”。
- 为女性生理期提供服务的“大姨妈”APP推广新品牌姜汁糖茶。
- 智能手环的跑步千米数可以兑换“天天酷跑”的游戏金币。
- 易到专车与单读空间合作推出“单读车”，让用户在车上读书。

可见，品牌开展跨界联合，有三个前提条件：一是目标客户群相同，品牌风格与定位相近或者相契合；二是服务于同一个消费场景；三是双方可以共享线上平台或线下门店资源，实现合作共赢。

案例 农夫山泉与网易云音乐的跨界合作

农夫山泉是线下渠道，网易云音乐是线上渠道，双方用一段话诠释了品牌的契合性——“创造宇宙生命的，不仅是水，还有故事。有水的星球不孤独，有故事的星球才完整。”

农夫山泉将精选的乐评印刷在矿泉水瓶身上，让每一瓶水都带有音乐和故事，例如，“祝你们幸福是假的，祝你幸福是真的”“愿所有的晚安都有回应”等。这次跨界合作让两个品牌触及以前难以覆盖的用户。

另外，用户用手机扫描农夫山泉瓶身上的二维码，可以跳转到网易云音乐的相应歌单，呈现出沉浸式星空，点击星球会弹出随机乐评，还可以拍照、同框合影并分享到社交平台。

案例 喜茶与QQ音乐的跨界合作

年轻人追求品质生活，喜欢时尚、个性、社交，为了深耕年轻消费市场，新茶饮品牌喜茶与数十个新潮时尚品牌开展跨界合作，包括食品饮料、服装服饰、文创、生活用品、化妆品等。喜茶还与互联网公司合作，例如与爱奇艺合作售卖联名杯套、与美团合作推出环保袋等。

喜茶与QQ音乐满足的都是休闲放松需求，跨界合作拓展了双方的消费场景，喜茶从线下现制消费品拓展到了移动音乐场景，让消费者在听歌时想起喜茶。双方推出了联名新产品“布蕾QQ麻薯球”——外层是绿色麻薯，里层包裹黄色爆浆布蕾，融合了QQ音乐标志性的黄绿色风格，新品名称中还含有QQ字样。

喜茶联手QQ音乐在线打造“灵感音乐公司”，通过灵感之茶与灵感音乐的共通点实现了品牌连接。双方还推出周边产品，包括联名的礼盒、搪瓷杯、耳机盒、绿钻体验卡、行李帖以及斜挎包等，实现品牌与消费者生活场景相联结。趣味的灵感专辑H5、风格鲜明的灵感音乐皮肤、高颜值的周边礼包以及人物头像，这些个性体验给年轻客户带来了新鲜的社交资本，驱使他们在社交平台上分享传播。

2.跨界联合的主要方式

跨界联合的主要方式包括联合产品、联合促销、渠道共享、联合会员。

（1）联合产品

这种跨界方式比较流行。外显型产品能够展现人们的生活方式与价值观，例如服饰、汽车、快消品、互联网服务等，这些行业的品牌经常会走到一起，推出各种跨界联名定制款，或者与其他行业的品牌合作，共同吸引流量并引发社交分享。

在2004年的巴黎车展上，奔驰展示了由乔治·阿玛尼设计的CLK特别版敞篷跑车，引起了轰动。奔驰与阿玛尼都是针对高端人群的品牌，目标客户重合度很高，推出的联合产品容易让客户认同。

1999年，德国的运动服饰品牌彪马（Puma）与高档服饰品牌Jil Sander合作推出了高端休闲鞋。2003年，彪马为宝马MINI专门设计了一款驾驶鞋Mini Motion 2 Part Shoe。

2018年，麦当劳为庆祝巨无霸汉堡诞生50周年，与卡西欧G-Shock手表合作推出了联名款手表。

案例 钟薛高：广泛跨界联名，触达多个用户群

2020年“双11”期间，钟薛高与多个品牌推出联合产品，包括与泸州老窖推出“断片雪糕”，与三只松鼠推出“大鱿鱼海鲜雪糕”，与荣威推出“懒上瘾雪糕”，与小仙炖推出“燕窝流心雪糕”，与奈雪的茶推出白桃、香芋、巧克力味雪糕，与飞亚达推出联名礼盒等。钟薛高还与娃哈哈、五芳斋、奥利咖啡工坊、朱仙镇木版年画等品牌开展联名合作。

通过这些跨界合作，钟薛高触达更多的用户群体，收获了数亿次阅读量，维系了品牌的热度和话题度，也拓展了客户。

案例 中国联通与互联网企业推出联合产品

2016年，中国联通开始与腾讯、阿里巴巴、百度、京东等互联网企业合

作推出联合产品，共享销售渠道与供应链，借助互联网企业的线上客户触点优势，延伸业务覆盖范围，精准获取客户。

中国联通与腾讯联合推出的“大王卡”月租19元，无漫游费，境内接听免费，使用腾讯产品（微信、QQ、腾讯视频等）时流量免费。“小王卡”月租9元，使用QQ音乐或腾讯视频时流量免费。

中国联通与阿里巴巴联合推出“钉钉卡”，用户互打国内电话免费，联通可共享阿里巴巴的海量客户资源，这提升了联通在企业客户市场的竞争力。

（2）联合促销

通信运营商通常与生活服务商合作，向客户赠送生活服务类优惠券、代金券，提升客户满意度。

案例 T-Mobile的“周二大促”活动

2016年二季度，通信运营商T-Mobile推出APP“T-Mobile Tuesdays”，用于发布促销活动信息。每周二，T-Mobile通过该APP发放合作商家的优惠券、代金券，包括赛百味、达美乐、打车软件Lyft、游戏商Pokemon Go，奖品还有电影票、游戏道具等。

可口可乐品牌的影响力很高。面向大众用户的新兴品牌经常联合可口可乐开展促销活动，站在巨人的肩膀上，借助可口可乐的庞大客户群和良好品牌形象，提升自身的品牌形象和销量，比如小米、腾讯、方正电脑、联想电脑以及网络游戏《魔兽世界》等。

案例 小米与可口可乐的跨界合作

2013年，小米与可口可乐玩起了跨界联合营销。3月16日至6月15日，消费者购买可口可乐产品后，就有机会“揭盖”赢取小米手机。小米为可口可乐的“揭盖赢好礼”活动提供手机、优惠券等作为奖品，并定制可口可乐主题的手机UI和手机后盖；可口可乐则让小米手机的名称和LOGO出现在3亿瓶可乐的包装上。3个月内，在全国8个省市销售的3亿瓶可口可乐的瓶身上出现了小米手机的LOGO，消费者还有机会通过抽奖获得小米手机。另外，用户登录小米网的可口可乐活动专区，输入瓶盖内的13位字符，还能参加其他抽奖活动。

（3）渠道共享

国内彩电企业创维和厨卫企业华帝开展合作，在国内三四线城市进行渠道共享。华帝专营店展示和销售创维彩电，创维渠道也销售华帝产品。

化妆品借道OTC药店渠道也是渠道共享的典型做法。

2009年，橱柜企业欧派联合大自然地板、东鹏陶瓷、美的中央空调、雷士照明、红苹果家具，六大品牌组成的“冠军联盟”，通过渠道共享、产品互补等方式，给消费者带来了一站式的购物便利和折扣优惠。实行联合营销后，欧派的营业额增长了60%。

（4）联合会员

会员制是使客户留存与复购的基本手段。

联合会员是会员制的基本形式之一，就是不同行业的企业将彼此的产品或服务作为会员权益，让客户在更多元的场景下享受会员价值，同时从合作方引流新客户。实体零售、通信、金融、航空、酒店，以及电商、互联网服务等行业流行这种模式。传统做法是企业与知名品牌合作，向会员赠送合作品牌的优惠券、代金券、消费折扣等。当前流行做法是企业向会员赠送数字服务（如视频、音乐、游戏、阅读、照片存储、生活服务、知识付费等）的年度（月度）使用权、代金券、优惠券等。

有些企业结成战略联盟，打通会员权益体系、对接会员数据，通过会员权益互通共享与资源互换，实现相互导流与聚客，提升市场竞争力。

案例 视频平台的联合会员

2018年4月，视频网站Hulu与音乐服务商Spotify推出联合会员，会员可享受包含双方产品的组合套餐服务。

腾讯推出了多种联合会员。2018年，腾讯视频与腾讯QQ、QQ音乐、大王卡等推出联合会员；腾讯视频与喜马拉雅FM的联合会员叫“喜讯联合会员”，年费合计436元，客户半价就能成为两家平台的年度会员；腾讯视频与唯品会推出的联合会员，原价397元的双VIP年卡，只需198元。

爱奇艺也推出了多种联合会员，例如爱奇艺+携程、爱奇艺+贴吧、爱奇艺+咪咕、爱奇艺+百度网盘等。2018年，爱奇艺和京东打通双方的会员体系，实现数据打通、流量共享和会员权益互通，2019年知乎加入进来，视频、电商和社区三大平台实现联合。

第8章

策划活动营销

这个世界上好看的脸蛋太多，有趣的灵魂太少。

——王尔德

1.传统促销活动缺乏吸引力

传统的促销活动虽然五花八门，但实质不是有奖销售，就是打折降价。

以有奖销售为例，具体方式很多：有奖促销，例如“购物满99元送周年庆T恤”等；有奖征集广告语、段子、祝福语、创意点子等；有奖竞猜，包括猜图、猜文字、猜结果、猜价格等，揭晓谜底或答案，最后抽奖；有奖调查，要求消费者回答问题，然后参与抽奖。饮料品牌普遍开展“开盖有奖”，这仿佛成了行业“标准”。

消费者对这些活动已经很熟悉了，“招”用老了，就难以吸引人。

2.活动营销的策划要点

数字时代，促销活动要转变为活动营销。

所谓活动营销，就是针对目标人群的需求和偏好，注重参与、互动、体验、娱乐及线上线下一体化，策划开展富有感染力的营销活动。

开展活动营销的要点如下。

（1）活动要有趣

活动的病毒基因通常包括有趣、惊喜、运气、游戏、社交、友情、免费（赠品）等。笔者认为，企业策划活动时，有趣是第一法则。

大众的一个重要特点是无聊、时间多。企业要设计开发一些有趣的活动，吸引其参加。微信刚推出时，最吸引人的功能不是即时信息、语音聊天，而是“摇一摇”“附近的人”。很多人有空就“摇一摇”，正因为无聊才会觉得这个功能好玩。

有趣的本质是一种惊喜、一场愉悦的意外——你认为事情应该是这样，但结果不是。在游戏中，未来的关卡是未知的，玩家对升级后的世界感到好奇，所以会努力打怪。

企业可以在APP、活动网站、活动过程里嵌入一些小游戏；可以提供一个能让用户变得特别的功能，譬如定制行为，给照片加发型、变声、涂鸦等；可以提供“比较”功能，譬如比开机时间、比运气、比得分等；还可以嵌入各种各样的占卜、趣味小测验，譬如性格、星座以及职业测试等。

前几年，西安的“摔碗酒”很好玩，随着抖音网友的分享变得更加火爆，很多酒友甚至专程去排队体验。

2015年，Uber开展“叫直升机”“英雄专车”“一键呼叫CEO”等活动，用户可以通过Uber找工作、找对象、送外卖、领养小动物等。

杭州万象城曾经开展“三拳两胜赢店长”活动。消费者和店长玩“剪刀石头布”游戏，赢多少局就获赠相应的折扣券。

哈根达斯曾推出一款APP。用户用手机摄像头扫描冰激凌杯盖，屏幕上就会出现一个拉小提琴的小人，如果扫描两个杯盖，还能看到双人合奏。演奏时长刚好2分钟，因为将冰激凌从冰箱里拿出来融化2分钟的口感最佳。

优衣库在门店开展“搭出色”活动。门店里设置一面巨大的镜像屏幕，用户站在屏幕前，屏幕会自动把人像叠加到背景图片中（比如巴黎夜景）。这样，用户就可以秀自拍发朋友圈，说自己“在巴黎”。

索尼申请了一项专利——将电视广告转换成交互式网络视频游戏的系统，用户看电视时遇到了广告，大声喊对应品牌的名字，就可以跳过这个广告，继续看原来的电视节目。

案例 加多宝：你敢喊，我就敢送

2013年春节期间，迎合热闹欢快的气氛，加多宝在全国主要城市开展了“你敢喊，我就敢送”活动：在大型商场布设专门的售卖机，当消费者大声喊出“过年来罐加多宝”且音量达到一定分贝时，售卖机内置的智能识别系统就会启动，吐出一罐加多宝凉茶。在北京朝阳大悦城，活动开始仅8小时就吸引了5000人参与，其中有1200人得到了加多宝凉茶。

由于需要使用特殊设备，该活动不可能到处开展。于是，加多宝建立了活动网站，网友录制声音并上传，声音分贝排前50名就能获得惊喜大奖，上传成功即可抽取幸运奖。截至2013年2月15日，460万人参加了线上活动。

案例 太二酸菜鱼：通过“对暗号”吸引粉丝

太二老坛子酸菜鱼在全国有数百个粉丝群——太二宇宙基地群，每个群有一个“小二哥”，发布上新动态、预约定位等信息，和粉丝唠嗑闲聊。小二哥不像淘宝客服一样刻意讨好粉丝，也不像大品牌发布官方消息具有距离感，他有时调皮，有时妙语连珠，有时与粉丝互怼，通过长期互动与粉丝建立了长期感情。小二哥还在群里发布当月暗号，粉丝在门店就餐时使用暗号，就能获赠一道神秘菜品。

点菜时，你对店小二说要对暗号，首先出示太二宇宙基地群，店小二说“吃鱼拯救世界”，你回答“抖一抖，啥都有”，并与店小二一起抖肩，就会获赠一份神秘菜品。如果你点“新年好棒棒蟹棒”，店小二说“送你好棒棒”，你回答“我要接着棒”并与店小二完成碰拳动作，就会获得蟹棒免单。

与普通优惠活动相比，每个月都会改变的暗号更具有趣味性、话题性，吸引粉丝们持续到店消费。

案例 汉堡王的活动营销

2004年，汉堡王开展了“讨你喜欢的鸡”活动。网页上，一只鸡在客厅里鼓励浏览者输入各种命令，只要输入的命令与300多个提前录制的视频中的任何一个相符，这只鸡就会依照要求进行表演。这只鸡可以做俯卧撑、侧滚翻、后空翻、迈克尔·杰克逊式的月球漫步、啄米、小便、摇尾巴、关灯等动作。如果接到做出猥琐行为的指令，它便会走到摄像头前，满脸失望地摆摆手。如果让它吃麦当劳的巨无霸汉堡，它便会把手伸到喉咙里做呕吐状。一周之内，这只鸡就迎来了2000万名访问者，人均访问时间达到5分44秒。在活动期间，汉堡王鸡肉汉堡的销量大幅度增长。

2017年9月，汉堡王在法国推出“神秘汉堡”，顾客只要花2欧元就能收到一个装在白色盒子里的“神秘汉堡”。

（2）提供互动性

父亲节期间，“看看你和父亲有几分相似”的小测试就比“父亲节必买”的文案更具感染力。

有些企业利用新科技提升互动体验。例如：KFC利用增强现实（AR）技术制作小游戏，用户只要做比心动作即可召唤满屏泡泡，用炸鸡桶接住泡泡、射击泡泡能赢多重奖励；百事可乐制作震动广告，以“颤抖吧吃货们”为主题让人们震动起来，给用户带来4D动感体验。

（3）举行挑战赛

企业可以利用人们喜欢对比的心理，举办各种挑战赛，设置丰厚奖品。

有些互联网产品内置比较机制，让客户相互比较，吸引客户使用。

360安全卫士告诉你，你的开机速度战胜了全国87%的客户；《王者荣耀》告诉你，你是“朝阳区第一韩信”；余额宝告诉你，你的收益超过了全国77%的客户；在你引吭高歌后，唱吧会告诉你，你的演唱准确率超过了多少人。除此之外，还有全民K歌的好友擂台、微信运动的排行榜、无数的社交游戏等。

微信读书开展“和好友比拼读书排行”活动，让阅读不再孤单。让客户和相似的人互相比拼，有助于提高阅读时长和客户黏性；让客户与好友竞争，能协助客户塑造自己想要的形象，继而在其炫耀过程中吸引更多新客户。

（4）提供独特的情感体验

在物质生活日益丰富的今天，消费者越来越重视精神需求，寻找能表达自我的产品。因此，活动的核心不再是奖品带来的物质利益刺激，而是企业在多大程度上关怀客户，满足他们的个性化需求。赠送独特的、价值难以评估的礼品，例如刻有客户名字和个性化祝福语的物品、特定产品或服务的使用权等，不仅不会触发客户对金钱的关注，反而会增强客户的新奇感和受尊重感，打造独特的情感体验。

案例 西贝莜面村：亲嘴打折节

为了塑造“爱”的品牌理念，2016年2月14日情人节，西贝莜面村举行了第一届“亲嘴打折节”，活动主题是“亲个嘴，打个折，I LOVE 莜”，活动宣传语是“吻得越深，折扣越大”。顾客用餐完毕，按规则进行亲吻，就可以获得相应折扣——脸颊轻吻9.9折，拥抱亲吻8.8折，法式湿吻7.7折，错位舌吻6.6折。西贝还向顾客赠送玫瑰花，开展“我爱猜猜歌”“爱要大声说”等互动游戏。顾客在“西贝”微信公众号上传“亲嘴”照，参与线上评选活动，可以获得200元现金券。

2017年2月14日，西贝莜面村全国186家门店统一开展第二届“亲嘴打折节”活动，共有14万名顾客参与：年轻情侣、带孩子的小夫妻、中老年夫妻用不同的接吻方式传达爱意，其中46%的顾客选择了错位吻。

活动当天，西贝的百度指数比平时激增了10倍，微博阅读量超过1200万；新增会员2万多人，创历史单日新高；进店客流量同比增长了19.5%。

（5）吸引消费者参与

现在，很多企业都会举办发红包、赠送手机等活动，这吸引了很多人参与。大家不仅想“抢”到红包或者手机，更重要的是通过参与活动寻找刺激、得到快乐。

活动要让消费者参与进来，尊重消费者的个性，让其展现自我，并提供能够彰显自我形象的奖品。

开展线上活动时，要建立专门的线上活动平台，例如在官方网站、官方微博、APP、微信公众号或小程序上建立活动页面，在SNS平台上建立企业公共主页等，要基于活动平台，开展线上线下多渠道整合的传播活动。

案例 小米的创意活动

2011年8月，小米利用微博平台开展“我是手机控”活动，让人们回忆、展示自己用过的手机，回顾自己的成长历程，短短几天就有上百万用户参与。随后开展的“智勇大冲关”活动，让人们比拼谁更了解小米手机的参数，优胜者可以获得“小米小区”的勋章、积分，参与人数上百万，参与人次达1800万。

红米手机与QQ空间合作，在线上举行发布活动，注重与用户互动。活动先是让人们猜测要发布什么新产品，有650万人参加。产品发布后，有750万用户预约，首批10万台红米手机90秒售罄。

2019年8月1日，小米官方发起“小米最美员工大赛”，雷军发微博号召米粉来投票，称“小米好看的小哥哥小姐姐很多”。此前雷军曾表示，小米第一帅是自己，因为比自己好看的都被开除了。

第9章

营销策划的通用法则

无规矩，不成方圆。

——孟子

营销活动要想富有感染力，除了含有病毒基因、采取恰当的活动方式之外，还要坚守红线、简单、具体、相关、创新。这5项原则是营销策划的通用法则，也是沟通的基本原则。如果营销活动不能满足这些基本法则，其感染力就会打折扣。

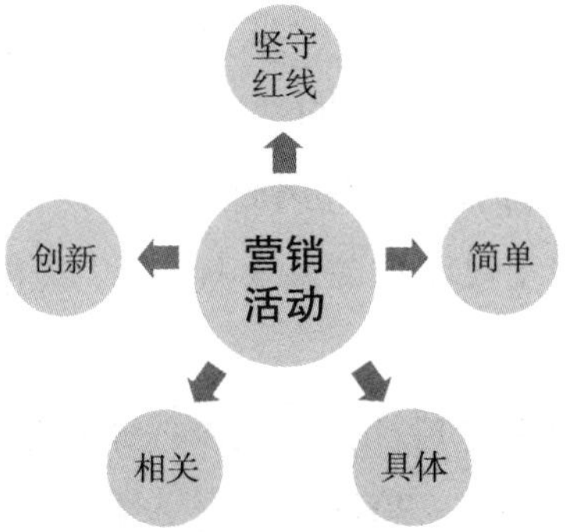

图 9.1　营销策划的通用法则

第1节　坚守红线

纪律是自由的第一条件。

——黑格尔

没有自由的秩序和没有秩序的自由，同样具有破坏性。

——西奥多·罗斯福

1. 营销策划不碰红线

前些年，有些企业为了博人眼球，营销活动涉及色情、低俗、八卦等，打法律法规的“擦边球”，挑衅社会道德和公众的忍耐力，引发争议和广泛传播。这种操作是“在刀尖上跳舞”，很容易触犯法律并受到严厉的制裁。

利用欲望情绪、社会心理策划病毒营销活动的时候，要严守底线，不碰红线，追求高线。

（1）遵守法律法规，严守底线

营销策划人员要严格遵守各项法律法规，不要打“擦边球”。

《中华人民共和国广告法》规定，广告内容不得妨碍社会公共秩序或者违背社会良好风尚，还规定，广告不得含有淫秽、色情、赌博、迷信、恐怖、暴力的内容。

《中华人民共和国民法典》规定，“民事主体从事民事活动，不得违反法律，不得违背公序良俗。”所谓公序，是指社会一般利益，包括国家利益、社会经济秩序和社会公共利益；所谓良俗，是指一般道德观念或良好道德风尚，包括社会公德、商业道德和社会良好风尚。

《中华人民共和国妇女权益保障法》规定，“禁止通过大众传播媒介或者其他方式贬低损害妇女人格”。

因此，营销宣传活动要坚持社会主义核心价值观，不能违背公序良俗、污染社会风气，禁止血腥、暴力、恐怖、迷信，禁止低俗、恶俗、“软色情”、物化女性，禁止炒作绯闻、丑闻、劣迹，禁止恶搞经典、严肃题材娱乐化等内容。

雇用他人进行欺骗性销售诱导，虚假宣传、虚假交易、“刷单炒信”等都属于相关法律规定禁止的行为。

开展营销宣传活动时，经营者不得就自身或其商品的性能、功能、质量、曾获荣誉、资格资质等做虚假或引人误解的商业宣传，欺骗、误导消费者或相关公众；不得虚构交易额、成交量、预约量等与经营有关的数据信息；不得虚构用户评价、收藏量、点赞量、投票量、关注量、订阅量、转发量等流量数据。

（2）坚持正确的文化导向，不碰红线

近年来，网上出现泛娱乐化倾向，低俗炒作现象屡禁不止，流量至上、畸形审美、“饭圈”乱象等不良文化冲击主流价值观，一些有关明星的宣传信息内容失范，绯闻八卦、隐私曝料占据网站平台头条版面、热搜榜单，占用大量公共平台资源，人民群众反映强烈。为了进一步规范娱乐明星网上信息，营造积极健康向上的网络环境，政府网络信息管理机构将严把娱乐明星网上信息内容导向，加强正面引导，建立负面清单，禁止娱乐明星网上信息含有宣扬畸形审美、低俗绯闻炒作、恶意刷量控评、虚假不实曝料、诱导非理性追星等内容。

直播员要遵纪守法，不打法律法规的“擦边球”，坚持弘扬社会主义核心价值观。

当前，直播员尤其要严格禁止以下行为：

- 直播内容涉及“色、丑、怪、假、俗、赌”。
- 炮制低俗情感剧情，收割老年人的营销诈骗行为。
- 在直播间营造虚假人气、虚假带货量。
- 卖惨带货、演戏炒作。

诚信是一项美德。通过杜撰悲惨故事赚网友的“同情钱”，实质上属于诈骗行为；而通过演戏吸引观众眼球，也不是长久、体面的做法。

2021年3月，抖音发布了《“卖惨带货、演戏炒作”违规行为处罚公示》，对卖惨带货、编造离奇故事、演戏炒作等行为进行违规处罚。

与文化工作者类似，营销人员也会影响大众的心理与情绪，在策划营销活动时，营销人员要向文化工作者学习，坚持正确的文化导向。

第一，坚持正确的政治方向、舆论导向、价值取向，弘扬真善美，批驳假恶丑，充分发挥价值引导、精神引领、审美启迪的作用；把社会效益、社会价值放在首位，把思想精深、艺术精湛、制作精良统一起来。

第二，坚决抵制泛娱乐化。坚定文化自信，大力弘扬中华优秀传统文化、革命文化、社会主义先进文化；树立节目正确的审美导向，严格把握演员和嘉宾选用、表演风格、服饰妆容等，坚决杜绝“娘炮”等畸形审美；坚决抵制炒作炫富享乐、绯闻隐私、负面热点、低俗“网红”、无底线审丑等泛娱乐化倾向。

第三，广播电视和网络视听文艺节目坚持讲品位、讲格调、讲责任，抵制低俗、庸俗、媚俗，不断推出优秀作品，满足人民群众精神文化需要。

（3）遵守社会道德规范，追求高线

世界各国都要求商业宣传要遵守社会道德规范。

营销策划人员要守公德、严私德，以高尚品行树立良好社会形象。策划人员要对自身道德建设有更高的要求，心怀敬畏，要加强思想自律和行为约束，诚信从业，自尊自重、自珍自爱，自觉遵守社会公德。要培育和践行社会主义核心价值观，自觉摈弃低俗、庸俗、媚俗的低级趣味，自觉反对拜金主义、享乐主义、极端个人主义的腐朽思想。

2.加强网络文明建设

数字时代，企业营销宣传的主阵地是互联网。营销策划人员要不断学习，深刻掌握有关法律法规，成为网络文明建设的主力军。

2021年9月，中共中央办公厅、国务院办公厅印发了《关于加强网络文明建设的意见》（以下简称《意见》）。笔者初步总结了如下要点。

（1）加强网络文明建设的意义

《意见》指出，加强网络文明建设，是推进社会主义精神文明建设、提高社会文明程度的必然要求，是适应社会主要矛盾变化、满足人民对美好生活的向往的迫切需要，是加快建设网络强国、全面建设社会主义现代化国家的重要任务。

（2）加强网络文明建设的指导思想

《意见》强调，要坚持以习近平新时代中国特色社会主义思想为指导，大力弘扬社会主义核心价值观，全面推进文明办网、文明用网、文明上网、文明兴网，实现网上网下文明建设有机融合、互相促进，为全面建设社会主义现代化国家、实现第二个百年奋斗目标提供坚强思想保证、强大精神动力、有力舆论支持、良好文化条件。

（3）加强网络文明建设的工作目标

《意见》明确了建设目标，如：社会主义核心价值观深入人心，人民群众网上精神文化生活日益健康丰富；网民思想道德素质明显提高，向上向善、诚信互助的网络风尚更加浓厚；网民网络素养不断提升，网络平台主体责任和行业自律有效落实；网络违法犯罪打击防范治理能力持续提升；网络空间更加清朗。

（4）加强网络空间建设

《意见》指出，要加强网络空间文化培育。要以社会主义核心价值观引领网络文化建设，要激发中华优秀传统文化活力，打造广大网民喜闻乐见的特色品牌活动和原创精品，推动中华优秀传统文化创造性转化、创新性发展。

《意见》指出，要加强网络空间道德建设。强化网上道德示范引领，推动形成崇德向善、见贤思齐的网络文明环境。大力传播诚信文化，倡导诚实守信的价值理念。

《意见》指出，要加强网络空间行为规范。培育符合社会主义核心价值观的网络伦理和行为规则，鼓励各地区各部门结合文明创建工作制定出台符合自身特点的网络文明准则，规范网上用语。

《意见》指出，要加强网络空间生态治理。规范网上内容生产、信息发布和传播流程，深入推进公众账号分级分类管理。深入推进“清朗”“净网”系列专项行动，深化打击网络违法犯罪，深化公众账号、直播带货、知识问答等领域不文明问题治理，开展互联网领域虚假信息治理。

第2节　简单

简洁是智慧的灵魂，冗长是肤浅的藻饰。

——莎士比亚

少则得，多则惑，是以圣人抱一为天下式。

——老子

1. 大道至简

◇简洁是智慧的灵魂

懒惰是人的天性。在日常生活中，我们懒得去想，懒得去读，懒得去写。英国哲学家罗素说过："有些人你要他去思考，不如砍了他的头。许多人宁愿去死，也不愿思考。"

我们容易把简单的事物复杂化。成长、学习的过程中形成的偏见和对个人利益的追求蒙蔽了我们，我们迷恋复杂和高深，诸如各种新概念、新方法。

西方商界流行的"奥卡姆剃刀定律"，是指对事物的解释要尽量简单，不应使用任何不必要的内容，"如无必要，勿增实体"，最简单的就是最本质的、最好的。对企业而言，简单的产品才有人使用，简单的营销活动才有感染力。

◇通过简单化，把握事物本质

如果你不能把事情简单地说清楚，那就是你还没有完全弄明白。

人们喜欢简单，但是大多数人没有能力做到简单，因为做到简单很难。只有复杂的头脑才能发现简单的道理，只有智者才能把复杂的事物描述得简单清晰，只有大师才能做到深入浅出、言简意赅。

简单化，是指经过深度思考后从复杂中抽象出简单，就是剥去外壳、找到核心。通过简单化把握事物的本质，有3个要点。

第一，遵循常识。

大多数情况下，事物的本质都是常识。我们遇到问题的时候，要用普通人的经验去看待它，不要脱离普遍的经验，大道理都是简单的，不要以为堆砌高大上的名词、特立独行、把事情搞得很复杂才是高端、专业。

常识显而易见、容易理解，常识让事物变得简单，犹如重剑无锋，却能一剑封喉。智者把常识视作本分，善于把复杂的事物简单化。如果你在自己的专业领域内遇到一个让你眼花缭乱的新概念或新产品，那么它大概率是错的、假的或者低劣的。

第二，浓缩简化，删除多余。

简单不是少，而是没有多余。通过浓缩、简化，修剪掉多余的东西，就能直达事物的本质。采取强制排序的方法可以剔除次要、多余和不相干的元素，包括非常重要但不是最重要的事物，只保留唯一最重要的东西，这就是事物的本质。

雕塑家米开朗基罗说："美就是净化过剩的过程。"卓越创作的本质，就是收集想法与经验并将其压缩提炼成一个更小的、易于分享和记忆的内核的过程。信息被压缩得越多，从创作者到读者的传递效率就越高。

第三，聚焦重点。

简单才能做到专注，专注才能做到极致。高手能够心无旁骛、瞬间入定、专注地做好眼下的事情。

乔布斯指出："专注和简单一直是我的秘诀。简单比复杂更难，你必须努力厘清思路，让它变得简单。但最终这是值得的，因为一旦你做到了简单，你就能创造奇迹。"为了把有限的注意力高度聚焦，乔布斯把分散精力的事情全部过滤，对事情设定优先顺序，并把精力集中在最核心的事情上。

1997年，乔布斯返回苹果公司。他一上任就砍掉了70%的项目，随即又砍掉了90%没有特色的产品，只专注于iMac、iPod、iPhone、iPad。研发iPhone 4时，他要求"把最复杂最强大的功能最简单化"，结果极简的iPhone 4

开创了智能手机时代。

2.营销活动简单化

营销活动简单化有4个要点：掌握商业模式；让创新容易被理解；产品种类尽量少；简化营销信息。

（1）掌握商业模式

在开展营销策划之前，首先要掌握企业的商业模式，否则，营销活动就是白花钱。这一点对于新创企业尤其重要。所谓商业模式，就是企业的生意模式、赚钱方式，又称为价值创造逻辑，有3个要点：目标客户，产品价值，产品优势。

营销策划之前的自测题：你了解自己的公司吗？

问题1：你的目标客户是谁？

你的脑海中要具体、清晰地浮现出目标客户的画像。他们在哪里生活？有什么兴趣爱好？经常在哪个平台购物？等等。

问题2：你为客户创造什么价值？

你能给客户带来什么好处，解决什么问题——节省费用？方便生活？更健康或者更快乐？更有效率？诸如此类。

问题3：你的优势是什么？

客户为什么要选择你，而不选择你的竞争对手？“桃李不言，下自成蹊”，当你擅长某件事时，你的专业性就会吸引客户纷至沓来。

问题4：你能用二三十个字把公司说清楚吗？

请用二三十个字介绍自己的公司，并让你的亲友听明白。如果做不到，说明你还不知道自己在做什么，你还不了解自己的业务。

如果你不能用消费者听得懂的语言将业务说清楚，说明你的业务还不成熟。描述语越多，说明你对业务越没有把握。如果你的介绍是：“我们的产品是一个跨平台的、用户对用户的、彼此分享内容的多平台社区，用来……”

估计没有人能听明白。

（2）让创新容易被理解

人们总是利用自己熟悉的东西去理解新事物。将新事物与已有事物关联起来，人们就容易理解并接受。同样，如果新知识与已有知识联系起来，人们就容易理解、记忆。

营销人员要利用用户熟悉的事物来解释新事物，包括新概念、新产品、新功能、新体验、新卖点，这样能够让用户快速理解。

贝尔当年在申请电话的专利时，专利名为“一种新型电报改良技术”。

乔布斯发布第一代iPhone时，没有直接说“智能手机”，因为当时还没有智能手机这个概念，乔布斯声称要发布3个产品——一个电话、一个大屏幕iPod、一个上网设备，这3个产品都是人们熟悉的。然后，乔布斯说，实际上只发布1个产品，它具备这3个产品的功能，它就是iPhone。

如果你完全不了解智能电视机顶盒：如果宣传语是“自由遥控你的电视”，你可能没有感觉；如果宣传语是“让电视1秒变电脑”，你瞬间就明白了——原来是可以像操控电脑一样自由操控电视啊！

（3）产品种类尽量少

公司应该只提供一两种“很棒”的产品，而不是生产几十种“不错”的产品。亚马逊只生产和销售一款产品——Kindle，网飞（Netflix）只提供一种服务，苹果只同时推出一两款产品。

产品种类少，宣传语才能非常简单，从而容易被理解、被接受。产品种类少，供应链才能简化，产品宣传页与客户体验才能简化。

产品种类少，企业业务活动才能简单，经理才能深入了解细节，确保各方面工作高效率运行。例如，由于苹果公司的业务简单，乔布斯才能参与到具体的产品设计与营销宣传工作当中。

（4）简化营销信息

第一，简洁为美。

简短的语句、熟悉的词语和简洁的句法，让读者轻松理解。

保持句子简洁的方法，是尽量去掉不重要的句子成分、使用主动语态等。在写文章时，要舍弃无关紧要的细节，深入探讨重要细节。

先说观点再说论据，可以提高沟通效率。这种逆向表达的方法，能够争夺注意力。一方面，现在是信息爆炸的时代，连续的信息刺激让人们渴望“即时满足”，人们的注意力极易分散。你要在听众和读者的注意力消散前，尽快将观点传递出去——先抓住注意力，再展开详细论述。另一方面，这种沟通方式让听众容易理解，容易记住要点，从而吸引他们继续听（读）下去，进一步了解具体论据。

第二，营销信息超级简单。

营销信息越简单，人们的认知成本越低，就越容易广泛传播。能流传千古的诗句都是简单易懂的，例如“床前明月光”“更上一层楼”。唐朝诗人白居易每作一首诗，都要念给街头巷尾的老婆婆听，如果她们听得懂，这诗就不用改了，如果听不懂，就还要改——连老婆婆都听得懂，其他人自然都听得懂。

品牌口号、产品卖点要尽量简单，能够单独成立，不需要再沟通解释。例如，耐克把品牌理念浓缩成“Just Do It”。

第三，营销活动简单易行。

营销活动要让人易于理解、容易参与。能够火爆流行的事情，一定是参与起来很简单的。2014年夏天流行的“冰桶挑战”游戏就很简单，浇一桶冰水，不拘时间，不限场地，不限穿着，再上传一段十几秒的视频——多简单啊！而让人去游泳几千米或者做5分钟平板支撑并拍下来就不简单。

第3节　具体

民间谚语通常用具体形象的语言来表达抽象的道理，例如：

- 早起的鸟儿有虫吃。
- 种瓜得瓜，种豆得豆。
- 前人栽树，后人乘凉。
- 饭后百步走，活到九十九。

1. 人天生喜欢具体

◇人们喜欢具体，不喜欢抽象

如果你能凭借感官（尤其是视觉）认识某个事物，这个事物就是具体的。具体的观点能让人产生画面感，就像一幅画呈现在眼前一样。例如："8核处理器"是具体的，"高性能"则是抽象的；"帮客人熨衬衫"是具体的，"世界顶级客服"则是抽象的。

研究发现，具体的词语能激活大脑涉及视觉和运动区域的更多的神经元。当要求人们倾听一些与嘴、手和腿有关的句子时，例如"我咬苹果""我握着刀""我踢球"，控制人们下巴、双手和双腿的大脑区域就被激活。

我们天生喜欢具体、形象的东西，讨厌抽象的东西。

案例　智力测验题

有4张牌，每张牌的每一面都写着一个字母或文字：A、D、3或6。如果牌的一面是元音字母，它的背面必然是偶数。你需要翻哪张牌来验证这一规则呢？

绝大多数人都答错了，他们的答案是A牌或A和6两张牌。

这个题目不简单。不要以为题目出错了，其实正确答案是A和3两张牌。

我们来做另一道题目。

有4个人在酒吧里，一个人在喝可乐，一个人在喝啤酒，一个人16岁，一个人26岁。规定21岁以下的人不能喝啤酒，那么我们需要去检查谁呢？

这个题目很简单，几乎每个人都能答对：那个喝啤酒的和那个16岁的。

实际上，这两个问题的性质完全一样，区别仅仅在于前一个问题涉及抽象的数字和字母，后一个问题涉及具体的人。

这道题其实是美国加利福尼亚大学进化心理学家勒达·科斯米德（Leda Cosmides）设计的一项实验中的题目。这项研究表明：人类对具体、形象的东西敏感，对抽象的东西不敏感。对于抽象的东西，人类难以理解和记忆，不同的人可能会以不同的方式解读，这让人际交流变得困难，活动难以协调。

对人类记忆的研究发现，人类的大脑擅长记忆具体、形象的事物，例如苹果、飞机，不擅长记忆抽象的概念，例如正直、民主。

信息越具体，就越可信——人们潜意识会认为：既然你描述得这么准确，那应该是有依据的，而不是随意乱说的。

◇具体的信息富有感染力

作家都知道，详尽、准确、具体的描述能吸引读者的注意力，这是写作的基本方法。

1980年美国总统竞选时，里根击败时任总统卡特的竞选口号就很具体：“你们是不是比4年前更富有呢？”“衰退的定义就是你的邻居没工作，萧条的定义就是你没工作，复苏的定义就是卡特没工作！”

创造一个包含具体词语的新短语，可以帮助读者记忆。例如，管理大师W.钱·金（W.Chan Kim）和勒妮·莫博涅（Renee Mauborgne）提出了“蓝海战略”，纳西姆·尼古拉斯·塔勒布（Nassim Nicholas Taleb）提出了“黑天鹅事件”。

具体的语言能帮助人们理解新概念，尤其是对于新手而言。如果你需要把自己的观点传达给满满一屋子的人，又不确定他们各自的知识水平，那么唯一可靠的办法就是使用具体的语言。当我听别人讲解陌生的内容时，经常会被无比抽象的语言弄得一头雾水，这时我经常会要求对方举一两个具体例子来帮助理解。

因此，当你布置工作、下达任务、提建议的时候，不要讲抽象的语言，你最好告诉人们具体应该做什么。

2. 营销活动具体化

具体的营销活动才富有感染力。在策划内容营销、事件营销或者活动营销时，不要针对抽象、模糊的芸芸众生，而要想象目标客户就站在你面前；不要撕心裂肺、刻意为之，而要想想怎样与目标客户交谈并引起他的兴趣；不要虚情假意、装腔作势，而要真心实意、推心置腹，使目标客户产生真实的情感共鸣。

营销活动具体化有4个要点：形象化描述；将受众具象化；语言直白，揭示要点；类比参照物。

（1）形象化描述

营销宣传通常要表达抽象的概念，例如速度、性能、可靠性、安全性等，但大众对这样的抽象概念难以产生直观感受。因此，需要对抽象概念进行形象化描述，一是刺激人们的感觉器官（视、听、触、嗅、味等），让人联想到具体的事物，产生身临其境的代入感；二是营造具体的使用场景（时间、地点、人物、事件等），让人想象使用产品的美好体验。

表9.1　形象化描述

例子	抽象的描述	形象具体的描述
政治演讲	我希望追求平等，减少种族歧视！	我梦想有一天，在佐治亚的红山上，昔日奴隶的儿子和昔日奴隶主的儿子坐在一起，共叙兄弟情谊。（马丁·路德·金）
MP3	纤细灵动，有容乃大！	把1000首歌装到口袋里！（乔布斯）
豪华汽车	将力量、速度和豪华融为一体。	在时速60英里时，这辆劳斯莱斯汽车上的最大噪声来自它的电子钟。（大卫·奥格威）
阿里巴巴将自己与eBay对比	你比我规模大，在美国我打不过你，但是我比你更懂中国，在中国你打不过我。	eBay是海中的鲨鱼，我是扬子江中的大鳄。在海里你会赢，在扬子江我会赢。（马云）

续表

例子	抽象的描述	形象具体的描述
手机	夜拍能力超强的手机。	能够拍星星的手机。
黑芝麻糊	传承制造经典!	小时候妈妈的味道。
求婚者	我们一定会幸福生活，白头到老!	我想在我们年老的时候，依然能牵手在夕阳的余晖下漫步海滩。

（2）将受众具象化

策划营销活动之前，请仔细思考你的目标受众。你要把受众想象成一个具体的人：他是谁？他的认知水平怎么样？你想让他从你的文章（或者视频、事件等）中获得什么信息？

“股神”沃伦·巴菲特（Warren Buffett）是伯克希尔·哈撒韦（Berkshire Hathaway）投资公司的CEO。他在写致股东的年度公开信时，总是把读者想象成他的两个妹妹多丽丝和伯蒂。巴菲特的这两个妹妹很聪明，但她们不熟悉投资领域。通过这个方法，巴菲特撰写的年度公开信不仅能够提供充分信息，还易于阅读。

（3）语言直白，揭示要点

有些标语口号的内容宽泛，笼统抽象，难以给人们留下深刻印象。如果标语能够直白地表达要点，一针见血，就能吸引人，发挥作用。

案例 史上最“狠”的安全教育广告

2014年8月5日，在深圳罗湖区的地铁9号线工地门口，竖起了一块安全教育告示牌：“亲爱的工友们，在外打工，注意安全，一旦发生事故，别人睡你媳妇，打你孩子，花你的抚恤金！打工安全，为你自己。”

这段颇具个性的安全教育标语引发了热议，被称为史上最“狠”的安全教育广告。网友评价其“简单、直接，直刺要害，秒杀一切安全口号！”

（4）类比参照物

将抽象的道理、数据置入人们日常生活的具体语境，与参照物进行类比，会让人们印象深刻、易于接受。

罗永浩在做老罗英语培训的时候，做了一个“1块钱试听8次课”的广告。老罗在广告里加入了多个参照物的图片——包子、大蒜、玉米棒子、打火机、棒棒糖、安全套等，让平面广告有了画面感。一个包子、一头大蒜就能听一次课，这凸显了价格的优惠，激发潜在用户行动起来。

第4节　相关

世间所有的内向，都是聊错了对象。

——陌陌的广告语

真正喜欢你的人，24小时都有空；想送你的人，东南西北都顺路。

——滴滴顺风车的广告语

1.吸引眼球容易，宣传品牌很难

数字时代，想出名并不难。通过有趣的内容、疯狂的事件或者新奇的活动，刺激人的欲望情感，给人留下深刻印象，就能让人议论纷纷。

2015年7月，网上疯传一则“斯巴达勇士被北京朝阳警察按倒在地”的消息。原来，这是一家沙拉店开展的营销活动。商家原计划让一群半裸的“斯巴达勇士”在北京三里屯、国贸等地以快闪的形式出现，与群众进行亲密互动，并免费派发沙拉，但是，没料到“勇士”们引发大量路人围观，对周边交通秩序造成影响，警察便进行干涉，怎料劝阻无效，遂果断将其摁倒。画风突转，活动变成一则笑话。

2015年11月，某手机APP在北京进行了一场低俗的推广活动，一队臀部印有APP二维码的比基尼女郎招摇过市。尽管活动短时间内获得了极大关注，但对产品推广没起任何作用。

企业开展营销活动的根本目的是宣传品牌、提升销量。如果营销活动没有包含病毒基因，只是喋喋不休、自吹自擂，就不会有感染力，难以产生实际效果。如果营销活动含有病毒基因，却与产品无关，与品牌无关，与目标客户无关，也只能是“赔本赚吆喝”。营销活动很热闹，但是“狂欢”过后，人们谈论的是营销活动本身，而不是品牌。而且，引人注意和令人讨厌经常同时出现，让人难以区分。

2. 营销活动与品牌相关

◇病毒营销要与品牌相关

营销活动要与品牌关联起来，要适合产品品类。无论是内容、事件还是活动，都不能片面追求新奇、争议或热点，活动不仅要将品牌有机植入，要与产品的功能、用途直接或间接相关，而且要围绕品牌定位持续进行沟通传播，从而实现提升品牌知名度与美誉度、促进销售的目标。

事件营销要注意将品牌植入，针对目标客户突出品牌价值，防止白热闹一场。活动营销更要紧密围绕产品或品牌，甚至直接以品牌产品为道具，活动要有趣、好玩，提升品牌曝光度。

内容营销要通过内容与目标客户进行情感沟通，内容还要与产品功能或用途相关。例如，本节引言部分，陌陌与滴滴顺风车的宣传文案既富有哲理，直击年轻人的心灵，又润物无声地宣传了产品功能与卖点。

案例 微信朋友圈的“鸡汤文”

近年来，在微信群、朋友圈，“鸡汤文”和标题吸引人的视频与文章、搞笑段子已经取代了电视购物，成为减肥健身类产品、保健品、药物的宣传渠道。这些文章的头部和尾部通常都有很多广告，大部分与文章内容相关。例如，讲健身的文章，头部和尾部是丰胸、减肥广告，点击这些链接，就会看到相应产品的功能介绍和购买链接。自媒体转发这些文章后，可以根据浏览量、广告点击量来获得收益。

◇改变视角，制造关联

有时候，营销活动很难与产品、品牌关联起来。营销人员可以改变视角，寻找、制造关联，具体做法如下。

（1）改变产品展示维度

有些行业离人们的生活较远（如原材料生产商），有些产品是普通的日常生活用品，很难吸引人，营销人员可以改变产品的展示难度，将“无聊”的产品变得有趣。例如，筷子很平常，你可以展示外国人使用筷子的滑稽场景，吸引受众的兴趣，然后再讲述自己的筷子的故事。再例如，指甲刀很平常，你可以讲述古人怎样修剪指甲，调动受众的兴趣，然后再讲述自己的指甲刀的故事。一些司空见惯的日用品，都可以如法炮制。

（2）联系上游产品

营销人员可以挖掘产品的成分、零件的故事，引发人们的好奇心。例如，消费者对牙膏司空见惯，但牙膏里的某种成分可能是一种“神奇物质”——这东西居然可以用来刷牙？葛兰素史克旗下的抗敏感牙膏品牌舒适达曾经发布一则公关软文《玻璃竟然可以刷牙！》，成功吸引了人们的注意力。实际上，所谓的“玻璃”，只不过是其牙膏里的一种成分——Novamin（一种改性的生物活性玻璃），这种“玻璃”曾用于医学骨科领域——膝盖、股骨、脊柱的修复。而牙齿也是骨头，所以往牙膏里添加该物质也合乎情理。

（3）联系下游产品

特种玻璃生产商康宁公司（Corning）曾经制作了一个短片《由玻璃构成的一天》，介绍由玻璃构成的各种电子产品的应用场景，充满了科幻色彩。虽然没有多少人关心玻璃，但人们都关心未来，这个短片强化了康宁在特种玻璃行业的领导地位。

（4）联系类似产品

如果把普通产品做成很高端的样子，就很有趣。例如，方便面是普通产品，而西餐显得高端，网络文章《如何把方便面吃出法式大餐的感觉》就获得了数百万的浏览量。

第5节　创新

统治世界的是想象力。

——拿破仑

有意栽花花不开，无心插柳柳成荫。

——《增广贤文》

1.创新是营销策划的灵魂

今天是信息泛滥的时代，注意力成为稀缺资源。人们只会对新鲜的事物产生印象，记不住跟风者。只有足够新颖、独特的营销创意，才能吸引稀缺且碎片化的注意力。

创新是营销策划的灵魂，有5个要点：摸清规律；掌握方法；培育想象力；创意为王；大量试错。

第一，摸清行业营销规律。

新创企业要尽快摸清行业营销规律。有些新创企业一成立就遇上了“风口”，轻松融来一大笔钱。企业大手大脚“烧钱”，钱“烧”完了，也没搞清楚行业市场规律，运气好的能继续融到钱，运气一般的就关门大吉了。

因此，企业首先要弄清楚目标客户的需求与行为特征，搞清楚行业营销规律，再花钱做规模化推广。例如，不同品类的产品在不同媒介上进行宣传的效果不一样，而且很多媒介可能并不适用。

第二，掌握病毒策划方法。

营销人员要掌握病毒营销策划方法，结合自己的行业、企业、品牌定位、外部环境特征，摸索出一套适合自己的病毒营销策划方法论，包括适用的病毒基因、活动方式以及实施技巧等。这样一来，策划的营销活动的感染力就比较强，引爆市场流行的概率也会比较高。

第三，培育想象力。

所谓创新，就是对知识进行截取、拼接、重组。创新要基于丰富的想象力或者说联想的能力。爱因斯坦说："想象力比知识更重要，因为知识是有限的，而想象力概括着世界上的一切，推动着进步，并且是知识进化的源泉。"

想象力在很大程度上取决于知识面与经历。一个人的知识结构决定了他的想象力。在农夫的想象中，皇帝用的一定是金扁担，而农妇想象中的皇宫生活是"东宫娘娘烙大饼，西宫娘娘摊鸡蛋"。机械时代的科幻小说，例如凡尔纳对于未来高科技的描写，大多基于机械革新，例如整排的按键和机器，而在现今的科幻小说中，大多是触屏和全息屏。

培育想象力，不仅要多阅读，而且要保持好奇心，多走、多看，尽可能丰富自己的人生体验。

第四，创意为王。

营销创意80%是靠脚走出来的，20%才是策划人的智慧。尤其要重视现场走访，包括走访销售现场与生产现场，了解客户使用感受，亲身体验产品，还要了解竞争对手的情况。

创意来源于日常积累，与我们平常的调研、阅读、观察和思考有关。如果没有长期的思考、生活积累与跨界经验，一拍脑袋、一皱眉头就闪耀的灵感，大都没有实际价值。

策划病毒创意的基本方法是头脑风暴。针对某个主题，营销策划团队开上一天的"头脑风暴"会议，通常可以拿出几十个、上百个创意点子。

改善头脑风暴的方法

- 克服群体思维，防止团队思维固化和相互毒化。最好邀请外面的人参加，尤其是一些潮流领导者。十几岁的青少年和大学生对新趋势、新潮流特别敏感，可以请他们出谋划策。

- 将团队头脑风暴与个人思考相结合——先群体讨论，再单独深入思考。
- 让团队成员通过文字方式进行互动。
- 将面对面的“头脑风暴”与线上“头脑风暴”相结合。

第五，大量试错，及时调整。

风险投资的基本规律是高风险、高收益，“成三败七”，这也是病毒营销的规律。开展病毒营销活动时，要借鉴风险投资行业的一些做法。

一是大量试错。像风险投资一样，考虑几百个创意点子，才能选出几个想法给予“资金投入”——具体实施，投入人力物力。因此，要多手准备，“东方不亮西方亮”，虽然不知道哪个创意能成功，但创意越多，成功概率就越高。要不断制造大事件、小话题，不断发出声音，平静不属于营销策划人员。

二是及时止损。对于没有前景的活动，要及时止损，停止投入资源。

三是集中突破。当一个营销活动在网上开始自发传播，露出流行的苗头时，就要集中资源投入，努力将其打造成一场市场流行风暴。

2. 不要迷信病毒营销

◇正确管理预期

病毒营销是小概率游戏，营销人员要端正心态，合理管理领导及团队的预期。大部分营销活动不会产生实际效果，个别营销活动可能会吸引一些眼球，大概能收回营销费用，只有极个别的活动会引爆市场流行，其价值要超过几十个普通的营销活动之和。

病毒营销不是万能的，不要单纯追求病毒营销。尽管市场上的喧嚣和议论会影响潜在客户的购买行为，但通常难以驱使其做出购买决策。尤其是在购买新产品、高价产品时，产品满足客户的痛点需求、周围真实客户的体验感受与评价等，通常比有感染力的病毒营销活动更为重要。①

◇用平常心做营销

所谓平常心，就是回到事物本源的心态，也就是努力认清事物的本质，认清什么是正确的事情。你要不断超越自己，而不是抱着侥幸心理、赌博心态，不要认为花钱就能买来奇迹，不要迷信大师，不要迷信“灵光一闪”。要策划出引爆流行的营销活动，需要一丝不苟、日积月累，没有耐心是缺乏理性的表现。

美国广告大师李奥·贝纳（Leo Burnett）说过：“我从未见过，在任何真正伟大广告诞生的过程中，没有一点疑惑、没有堆满的字纸篓、没有殚精竭虑，没有对自我的恼怒和诅咒。”

现代管理学奠基人彼得·德鲁克指出：“创新不是电光石火刹那间的灵感，而是艰苦卓绝的工作。这种工作应该成为企业各个部门和各级管理人员的经常性工作。”开展营销策划工作，既要天马行空地策划病毒基因与病毒活动，更要踏踏实实做好营销基础工作。

第一，抱着穷人的心态做营销。

台湾企业家王永庆提出的“冰激凌哲学”是：卖冰激凌必须从冬天开始，因为冬天顾客少，这会逼迫你降低成本、改善服务。如果你能在冬天生存，就不会害怕夏天的竞争。

新创企业要时刻关注营销费用取得了多少实际效果，要抱着穷人的心态做营销，认真花好每一分钱，逼着自己不花钱、少花钱去拓展市场。

营销人员要从客户需求和产品卖点出发，不断发出声音——每天都能发布几篇或长或短的文章，借势每一个热点，三五天就策划一个活动，“只管耕耘，莫问收获”。如果能做到这一点，奇迹就一定会发生。

---

① 参考“病毒营销三部曲”之《不营而销》与《客户经营》。

第二，日积月累，持之以恒。

国学大师钱穆说过："古往今来有大成就者，诀窍无他，都是能人肯下笨劲。"

冰心有一首小诗："成功的花，人们只惊羡她现时的明艳！然而当初她的芽儿，浸透了奋斗的泪泉，洒遍了牺牲的血雨。"

明星企业特斯拉（Tesla）在很多营销细节上一丝不苟，持之以恒。在特斯拉的官网上，企业博客从2006年坚持写到了现在，创始人埃隆·马斯克（Elon Musk）本人就写了不少。

小米联合创始人黎万强曾经介绍小米举办新产品发布会的经验："小米的每场发布会，我们没有明星，没有美女，没有花哨的东西，基本上就是包一个场子，最核心的是PPT。我们花了最多的精力做PPT，每一张都是海报级别的。发布会的200多页PPT是从近1000页的素材中精选的，历经100多次修改，雷总亲自参与修改了至少七八十遍，发布会前一天晚上还在修改。每场发布会都是这样过来的，下次也同样如此。"

伟大的背后，要么是血，要么是汗，要么是无比寂寞的勤奋和无法与外人道的辛苦，要么是大把大把的曼妙青春好时光。成功只是一个结果，也许水到渠成，也许永无来日。

参考文献

［1］马斯洛．动机与人格［M］．3版．许金声，等译．北京：中国人民大学出版社，2012.

［2］道金斯．自私的基因［M］．卢允中，等译．北京：中信出版社，2012.

［3］卡尼曼．思考，快与慢［M］．胡晓姣，等译．北京：中信出版社，2012.

［4］伯纳姆．本能：为什么我们管不住自己［M］．李存娜，译．北京：中信出版社，2009.

［5］戴维·巴斯．欲望的演化（修订版）［M］．谭黎，等译．北京：中国人民大学出版社，2011.

［6］弗洛伊德，车文博．自我与本我［M］．北京：九州出版社，2014.

［7］达马西奥．寻找斯宾诺莎：快乐、悲伤和感受着的脑［M］．孙延军，译．北京：教育科学出版社，2009.

［8］弗里斯．心智的构建：脑如何创造我们的精神世界［M］．杨南昌，译．上海：华东师范大学出版社，2012.

［9］阿伦森．社会性动物［M］．邢占军，译．上海：华东师范大学出版社，2007.

［10］桑斯坦．谣言［M］．张楠，迪扬，译．北京：中信出版社，2010.

［11］西奥迪尼．影响力［M］．闾佳，译．沈阳：万卷出版公司，2010.

［12］凡勃伦．有闲阶级论［M］．程猛，编译．北京：北京出版社，2012.

［13］丹·艾瑞里．怪诞行为学［M］．赵德亮，译．北京：中信出版社，2010.

［14］霍格斯黑德．迷恋［M］．邱璟旻，译．北京：中华工商联合出版社，2011.

［15］拉斯韦尔．世界大战中的宣传技巧［M］．张洁，田青，译．北京：中国人民大学出版社，2003.

［16］古斯塔夫·勒庞．乌合之众：大众心理研究［M］．陈天群，译．南昌：江西人民出版社，2010.

［17］埃里克·霍弗．狂热分子：群众运动圣经［M］．梁永安，译．桂林：广西师范大学出版社，2011.

[18] 保罗·福塞尔. 格调：社会等级与生活品味［M］. 梁丽真，等译. 桂林：广西人民出版社，2002.

[19] 尼尔·波兹曼. 娱乐至死［M］. 章艳，译. 桂林：广西师范大学出版社，2009.

[20] 拉扎斯菲尔德，贝雷尔森，高德特. 人民的选择：选民如何在总统选战中做决定［M］. 3版. 唐茜，译. 北京：中国人民大学出版社，2012.

[21] 伊尼斯. 传播的偏向［M］. 何道宽，译. 北京：中国人民大学出版社，2003.

[22] 麦克卢汉. 理解媒介：论人的延伸［M］. 何道宽，译. 北京：商务印书馆，2000.

[23] 大前研一. M型社会［M］. 2版. 刘锦秀，译. 北京：中信出版社，2010.

[24] 三浦展. 下流社会：一个新社会阶层的出现［M］. 陆求实，等译. 上海：文汇出版社，2007.

[25] 格拉德威尔. 引爆点：如何制造流行［M］. 钱清，覃爱冬，译. 北京：中信出版社，2009.

[26] 乔纳·伯杰. 疯传：让你的产品、思想、行为像病毒一样入侵［M］. 刘生敏，等译. 北京：电子工业出版社，2014.

[27] 希思. 让创意更有黏性［M］. 姜奕晖，译. 北京：中信出版社，2014.

[28] 简·麦戈尼格尔. 游戏改变世界［M］. 闾佳，译. 北京：北京联合出版公司，2016.

[29] 约瑟夫·坎贝尔. 千面英雄［M］. 黄珏萍，译. 杭州：浙江人民出版社，2016.

[30] 奥格·曼狄诺. 世界上最伟大的推销员［M］. 安辽，译. 北京：世界知识出版社，2003.

[31] 姚群峰. 感染力：互联网+时代病毒营销策划的55个实操秘诀［M］. 北京：电子工业出版社，2016.

[32] 姚群峰. 不营而销：好产品自己会说话［M］. 北京：电子工业出版社，2018.

[33] 姚群峰. 客户经营：培育私域流量与社交裂变，制胜存量竞争时代［M］. 北京：企业管理出版社，2021.